国家社会科学基金重点项目"中国儿童福利发展战略研究"(17AZD016)

CHILD

尚晓援　乔东平
王小林　姚建平 ｜ 著

中国儿童福利
发展战略研究

CHINA'S

WELFARE

DEVELOPMENT STRATEGY

社会科学文献出版社
SOCIAL SCIENCES ACADEMIC PRESS (CHINA)

目　录

第一篇　历史　理论　制度　状态

第二篇　儿童福利与国家发展

第三篇　困境儿童福利

第一篇

历史　理论　制度　状态

导　言

尚晓援[*]

一　研究背景

（一）儿童福利研究：从改革实践到发展战略

关于中国儿童福利的发展战略，在国际上的研究不多。这和选题本身关注中国儿童福利制度发展的特点有关系。中国儿童福利的发展战略，是一项兼具理论和应用研究特点的选题。因此，对中国儿童福利发展深具使命感，并一直与儿童福利实践息息相关的中国儿童福利学界对这个领域的研究更关切，介入更多。

中国儿童福利制度的建设和改革，一开始具有和中国经济体制改革类似的特征，即摸着石头过河。从解决迫切的实践问题开始，随着改革的深化，逐渐向其他新的需要解决的儿童福利问题转移。在这个过程中，中国儿童福利研究的内涵逐渐丰富，覆盖面逐渐扩张，并更加关注制度本身的整体性建设和改革问题。经过40余年渐进的、改良式的发展，中国儿童福利制度改革面临战略发展的挑战，提出了对发展战略研究的要求。

在这个领域已经进行的研究，可以概括成三个发展阶段。

第一阶段，研究集中在如何解决儿童福利领域面临的具体问题，特别是困境儿童群体面临的具体问题，出现了一大批出色的实证研究。这些研究包括两个部分：儿童福利需求研究和儿童福利供给方（国有福利院和非

---

[*]　尚晓援，北京师范大学教授（退休），研究方向为儿童福利、儿童保护。

政府儿童福利组织）研究。儿童福利需求研究包括：对福利院内儿童的研究（尚晓援等，2003，2004，2005；Shang and Fisher，2013）；对流浪儿童的研究（刘继同，2003；姚建平，2008）；受艾滋病影响儿童研究（Shang，2009；刘继同，2010b，2010c）；孤儿和事实无人抚养儿童研究（尚晓援，2008；尚晓援等，2012；黄晓燕、许文青，2013；Shang and Fisher，2015）；残疾儿童研究（尚晓援、王小林，2013；李敬，2013；Shang and Fisher，2017）；流动和留守儿童研究（叶敬忠等，2005；潘璐、叶敬忠，2009；张克云、叶敬忠，2010；Chen et al.，2015）。对儿童福利供给方的研究包括对非政府儿童福利组织的研究（尚晓援等，2010；尚晓援等，2012）。

第二阶段，对中国儿童福利状况的综合性研究，如关于多维度儿童福利和儿童贫困问题的研究（王小林、尚晓援，2011；尚晓援、王小林，2012），对儿童营养问题的研究（史耀疆等，2013）。

第三阶段，对儿童福利制度建设的综合性研究，如对儿童保护制度建设的研究（尚晓援、张雅桦，2011；佟丽华、张文娟，2011），对儿童福利制度建设的理论基础的探讨（刘继同，2003，2005，2007，2012c，2021；乔东平、谢倩雯，2014；乔东平，2015；陆仕祯，1997，2001，2004，2006，2017；陆士桢、常晶晶，2003；陆士桢、徐选国，2012；程福财，2012；易谨，2012，2014；高丽茹、彭华民，2015；高丽茹、万国威，2016；彭华民，2012；姚建平、刘明慧，2018；万国威、裴婷昊，2019），对儿童福利发展战略的讨论（刘继同，2006a，2006b，2006c，2008a，2008b，2012b；刘继同、郭岩，2007），对儿童福利史的研究（姚建平，2015），以及从法治建设方面探讨儿童福利制度建设（包括儿童保护的制度建设）（佟丽华，2015；姚健龙，2006；姚建龙、滕洪昌，2017）。

这些年，关于中国儿童福利的研究成果丰富，不胜枚举。从中可以看出，中国儿童福利的研究，在制度改革和建设的过程中，逐渐形成了自己的特点：第一，问题取向的实证研究，密切关注儿童发展，特别是困境儿童面对的实际需求和挑战；第二，政策取向，致力于研究成果向社会政策的转化；第三，与中国儿童福利制度建设和发展同步，研究的深度和广度随实践延展。

这三个阶段的划分，一方面，大体上存在历时性演进的轨迹；另一方面，三个阶段并不是在时间上截然分开，而是经常互相重叠。如佟丽华对未成年人保护制度的研究，从 1990 年代已经开始。对困境儿童状况的关注，基于实证的研究，一直都存在，不过后期更加系统和全面。随着政策变迁，对制度和发展战略的探讨改变着关注的重点。其中，影响中国儿童福利发展战略的总体性问题逐渐浮现，并成为当下儿童福利学界关注的焦点。

（二）研究目的

这项研究关注的中心，是中国儿童福利发展战略。发展战略着眼于儿童福利的整体性发展，是关于一定阶段上，为了达到设定的战略目标，对儿童福利整体发展的统一过程如何展开的宏观设计。

发展战略的核心要素包括总体性的战略目标和受其制约的、为了实现总体战略目标而采取的局部的战略措施。本书关注的，主要是 2020 年全面建成小康社会后这一重要的转折阶段及其之后的儿童福利发展战略。本书对发展战略的研究，主要集中在对战略目标的探讨上。

这项研究为儿童福利制度的顶层设计而做，发展战略设计是儿童福利制度顶层设计中最关键的一步。儿童福利和儿童发展涉及国家的未来，关系到整个社会、千家万户。儿童福利提供不单纯是家庭责任或政府责任，需要构建政府、市场、公民社会、社区和家庭可以协同努力的共享平台。建立在基层创意基础上的、经历过分散试点的、有实证支持的顶层设计，对建立这样的平台至关重要。本研究致力于成为这样的制度创新的一环，通过对儿童福利发展战略的研究，为综合性的政策设计提供支持。

（三）研究的主要问题

这项研究提出的主要问题有如下四点。

第一，中国儿童福利发展的战略环境是什么？在这样的战略环境下，国家发展战略的回应及其对儿童福利发展的要求是什么？

第二，在既定的战略环境下，中国儿童福利发展的战略目标是什么？

第三，在中国目前的发展态势和挑战面前，中国儿童发展状态如何？主要的发展优势是什么？存在的问题是什么？

第四，为了进一步改善儿童的发展状态，实现预设的战略目标，需要选择什么样的福利制度模式？采取什么政策？

为了回答上述问题，这项研究将首先关注决定儿童福利发展战略目标的因素：国家发展的战略环境和战略目标，对未来的人力资源和人力资本的需求，以及在这种需求之下，儿童福利发展面对的挑战和机遇。其次，对中国儿童发展的状态进行分析，并探索儿童发展目标及其对儿童福利发展的战略需求。最后，本书将从国家和儿童发展的战略目标出发，根据历史、现实和未来需求，对中国目前的儿童福利制度进行分析，包括其优势、问题和制度缺口，进而对中国儿童福利发展战略做出分析和建议。

二　理论框架：从历史唯物主义到儿童福利的类型研究

（一）历史唯物主义

本书采用历史唯物主义的方法作为指导思想，研究中国儿童福利的发展历史及未来战略和技术路线。

基本研究思路：在国家发展的过程中，儿童福利属于上层建筑，深受经济基础发展和变迁的制约。自1953年第一个五年计划开始，中国进入新的国家主导的工业化发展阶段，其后经历了长达半个多世纪的持续工业化和经济发展，2010年才进入中等收入的发展阶段。在这个过程中，制约儿童福利发展的主要因素是国家宏观发展的经济基础和战略需要，包括当时的政治和经济需要以及反映这些需要的意识形态。随着中国经济迅速发展并进入中等高收入阶段，特别是2020年后进入新发展阶段，国家需要和国家治理发生相应变化，儿童福利发展进入新的阶段。其核心视角，正在从国家发展向儿童权利倾斜。但是，国家发展主导的特点并未改变，且这一特点还将长期制约儿童福利未来的发展战略。

从马克思主义的观点看，虽然经济基础在上层建筑的发展方面有决定性的作用，但是上层建筑本身的发展亦有相对独立的一面。经济基础的决定性作用，既体现在制度发展的驱动力方面，也体现在决定了福利类别的选择空间和制度变迁可以走多远。

在"两个一百年"奋斗目标的战略安排下，2020年全面建成小康社会后，实现第一个百年奋斗目标，中国将继续沿着"实现共同富裕"的目标前进。"让每个人都有人生出彩的机会"，预示着中国将建立一个更加包容、更加利贫的儿童福利制度。本书将沿着这一战略方向进行分析。

在上述大的理论框架之下，在这项研究中，我们试图使用社会福利类型研究、福利模式和制度变迁的分析框架，在对中国儿童福利发展历史进行梳理的基础之上，对中国儿童福利的发展战略进行更具体的分析。

（二）类型研究

本书使用的研究框架，包括经典的马克思主义理论，以及深受马克思主义理论影响、同时在当代社会福利和社会政策研究中有深厚影响的福利国家的类型研究。

这个研究框架是被最广泛接受的国际比较的研究范式（paradigm）的基础，如"福利国家的三个类型"（也翻译成："福利国家的三个世界"）的理论，并应用在包括儿童福利在内的多方面的类型研究中（Freymond and Cameron，2006）。然而，基于国际比较的，主要基于西方发达国家实证经验和数据分析而发展起来的类型研究，很难用来概括中国的发展类型。因此，其适用性在中国这样的发展中国家的研究中，存在很大的争议。

但是，在对西方福利国家发展进行研究的过程中出现的理论范式，特别是对社会福利供给过程中国家作用进行了高度概括和抽象的范式研究，对我们认识中国儿童福利发展战略的本质有重要的借鉴意义，也在中国得到了广泛的应用。在这项研究中，我们借助福利国家研究的基本理论范式，如普惠制或补救制福利，对中国儿童福利的发展类型进行概括。并把关注的核心集中在国家承担福利责任之上。

（三）部分普惠——中国儿童福利的未来模式

我们对儿童福利制度的研究发现，在以经济发展和提高经济效率为主要政策目标的市场取向的改革中，在儿童福利供给的不同方面，国家作用改革方向有所不同，曾经出现过从普惠模式或传统模式两极向补缺模式转变的迹象。这种转变在某些方面有积极的意义，但是在另一些方面则导致对困境儿童群体保护不足，以及儿童发展机会的不平等。因此，在价值目标确定之后，根据中国的实际情况，在这项研究中我们提出，为了实现社会平等的价值目标，需要重新强调国家在儿童福利供给中的主导作用。现阶段，中国儿童福利发展的理想模式是部分普惠的儿童福利制度。

什么是普惠制的儿童福利？部分普惠又指什么？我们认为"部分普惠"的福利制度包括两个方面。第一，以服务形式提供的儿童福利供给，都应该是普惠的，所有的儿童都可以平等享有。这包括教育、医疗、对残疾儿童及其家庭的服务、儿童保护服务。第二，以现金形式提供的福利，都应该是补缺性的。这种福利针对困境儿童及其家庭。在确定困境儿童的享受资格时，应优先考虑采取"类型救助"的提供形式，即针对特定的儿童群体提供现金救助时，救助对象为这一儿童群体的全体，不设定家计调查的条件。综合这两点，我们称之为部分普惠的福利制度。

三　研究视角

（一）可持续发展和人力资本的视角

《2030年可持续发展议程》是为人类、地球与繁荣制订的行动计划。可持续发展目标强调"所有人"，即"不落一人"的发展理念。"我们要创建一个普遍尊重人权和人的尊严、法治、公正、平等和非歧视，尊重种族、民族和文化多样性，尊重机会均等以充分发挥人的潜能和促进共同繁荣的世界。注重对儿童投资，建立一个让每个儿童在没有暴力和剥削的环境中成长的世界。建立一个妇女和女童都充分享有性别平等和一切阻碍女性权能的法律、社会和经济障碍都被消除的世界。一个公正、公平、容忍、开放、有社会包容性和最弱势群体的需求得到满足的世界"（联合国，2015）。儿童福利的目标是儿童发展和儿童权利的实现。本书把儿童发展和儿童权利的实现，放入全球化和中国可持续发展的大背景中考察。

儿童事业与经济发展互为因果：儿童发展离不开必要的经济支持和物质保障，因此，探讨儿童发展时，不能忽略对当时、当地经济社会发展背景的分析；同时，对儿童发展的投入，不是经济社会发展的负担，而是对未来的投资，将为经济社会发展提供最重要的人力资本。王小林等人的研究概括了人力资本与儿童发展的关系，主要表现在三个方面。①人力资本投资对培育国家长期的经济增长能力和发展能力至关重要。②人力资本积累过程具有动态性（Carneiro and Hechman，2003），生命周期的不同阶段对于形成不同类型的能力至关重要（Shonkoff and Phillips，2000），生命早期人力资本投资的回报率更高（Carneiro and Hechman，2003）。詹姆斯·赫克曼的研究表明，产前和幼儿期的投资回报率比老年人的投资回报率平均高出 7～10 个百分点（UNICEF，2016）。③家庭、学校、社区是人力资本形成的重要生态圈（王小林、冯贺霞，2018）。

从人力资本形成的视角出发，只有儿童发展机会均等，只有为所有的儿童提供能够最大限度实现他们发展潜力的环境，才能最有效地扩大国家的人力资本总量，才能提高国家在全球化背景下的国际竞争力。而且，经济社会发展的最终目的不仅仅是财富的增长和积累，最关键的是促进人的自由发展。

（二）基于儿童权利和生命周期的视角

中国以往的儿童福利制度建设，侧重国家发展。和儿童有关的政策，无不从属于国家发展的宏观战略。最明显的例子有教育和卫生事业的发展，以及计划生育政策（尚晓援、王小林，2018）。但是，在中国人均 GDP 和人类发展指数提高的过程中，在人力资本的发展更趋向家庭和个体人力资本深度积累的过程中，逐渐出现了从国家中心向儿童权利中心的转变。我们的研究纳入儿童权利的视角，兼顾国家宏观发展和实现儿童权利两个目标。换言之，儿童福利的发展，不仅是国家宏观发展战略中人力资本形成的需要，也是儿童权利实现的需要。目前，在国家发展面临多重挑战、人口逐渐进入深度老龄化的大形势下，两者方向一致，高度统一。

《儿童权利公约》对儿童权利进行了定义，它是缔约国关于保护儿童权利、促进儿童发展的共同承诺。其中规定，缔约国应确保每个儿童都能够享有安全、营养、幸福的童年时光，能够为儿童成长创造良好的生长环境（联合国，1989）。各国都应努力推动儿童享有生存、健康、保护、发展和参与等权利。

在儿童发展政策中，全生命周期保护和发展的理念还未得到深入贯彻。这就导致一些国家和地区往往忽视了儿童某一阶段的发展，例如，0~3岁儿童对营养和健康的需求，4~6岁儿童认知能力的培养，等等。考虑到儿童福利供给在儿童不同的生命周期阶段所具有的重要意义，本研究纳入儿童生命周期视角，以使战略制定有更明确的指向性，也能够更好地指导政策分析。

（三）社会平等和社会包容的视角

本书对部分普惠制的儿童福利的研究，纳入社会平等和社会包容的视角。在中国，社会阶层的分化、收入不平等已经成为社会各界关注的重大问题。此外，中国发展中出现了收入贫困之外的困境儿童问题，这些儿童面对的困难需要通过多样化的儿童福利服务供给解决。

经济增长的目的是支持人的全面发展，社会发展的目的是推动公平正义。改革开放40余年来，中国通过推动利贫性增长、包容性发展、多维度减贫等一系列政策措施，取得了较好的经济增长和社会发展成效（王小林、冯贺霞，2018）。但是，中国也面临教育、健康、社会保护等多方面的发展不平衡问题。因此，阻断不平等和贫困的代际传递，促进社会包容和社会和谐，应该成为儿童福利发展战略的重要目标之一。部分普惠制的儿童福利，可以成为达成这项重要的政策目标最有效的手段之一。社会公平正义和包容既是实现儿童权利、促进人类发展的必要条件，也是增加人力资本投资、实现可持续发展的重要前提条件。因此，社会公平正义是这项研究的一个重要价值取向。

四 研究方法

（一）数据收集方法

在本书的研究中，因为研究的范围涉及面较广，我们需要综合使用定性研究和定量研究的方法。资料收集方面，我们主要采用三种方法。第一，文献调查（历史文献和现实文献，已经发表的文献和未发表文献）。文献调查的内容包括：政策法规、调查报告、回忆录、统计资料（人口、经济发展、教育、卫生和综合性的统计年鉴等公开发表的资料）等。

第二，分析已经收集到的调查资料，包括定量和定性的资料。本课题成员在以往的研究项目中搜集了大量关于中国儿童福利制度的第一手资料，直接参与了多项儿童福利政策的制定（从问题发现，到形成政策议题，再到政策出台和实施等）。已收集的调查数据涵盖各类困境儿童群体：中国残疾儿童家庭状况研究，孤儿和事实无人抚养儿童调查，留守和流动儿童调查，贫困家庭儿童、受虐待儿童调查，国家养育的孤儿向成年过渡的调查，等等。研究团队还开展过综合性的研究，包括在多个儿童福利示范区进行的多维度儿童福利问卷调查，适度普惠制儿童福利先行先试地区研究，等等。

第三，开展专项实地调查。在使用实地调查数据中，课题组尽量使用现有资料，现有资料不足的方面，进行新的实地调查。调查地点包括发展程度不同（高、中、低）的三类地区的儿童福利状态、需求和服务供给情况。例如，高发展水平的江苏或浙江，中等发展水平的河南中部地区，低发展水平的云南等地的深度贫困地区。

（二）分析方法

第一，历史分析方法：从国际竞争、国家发展战略中人力资本建设的视角，观察和分析儿童福利在国家发展战略中的定位和影响。第二，文献分析方法：关于中国社会状态，包括社区、家庭、公民社会等方面的研究成果，进一步分析这些因素对儿童福利的影响，以及应该纳入儿童福利发展战略的各种条件，如公民社会参与儿童福利供给，进一步回答本书提出的研究问题。第三，定量分析方法：如对儿童人口统计资料进行分析，观察人口总量、人口结构、人口质量和人口流动等因素，对儿童和儿童福利状态的影响，进而分析这些变化对儿童福利发展战略的影响；或利用经济发展的统计资料和研究成果，分析经济发展水平、产业结构、分配结果等因素对儿童福利的影响，以及儿童状态对产业发展的影响，回答上文提到的儿童福利部分普惠制的必要性和可能性的问题；还包括对实地调查资料的定量分析。第四，质性研究方法：利用已经发表的和课题组已经掌握的实地调查资料，进行深度分析或二次分析。

五　本书结构

本书包括一个导言和八个章节，第一到第四章为总述性研究，第五到第七章是针对专门的儿童福利问题进行的分解性研究，第八章是关于中国儿童福利发展战略的基本思考。

导言阐述了研究背景和研究目的、理论框架和研究方法等。第一章讨论了儿童福利发展的重要理论问题，对儿童福利的类型研究和中国关于儿童福利的类型选择的讨论进行了考察，并探讨了部分普惠制儿童福利出现的必要性和可能性。第二章分析了儿童福利制度的四个方面，以及国家在儿童福利发展中的作用。第三章分析了儿童福利发展的战略环境，面对的风险和机遇。第四章对中国儿童发展状态进行了分析。这一章利用王小林等人创新性提出的儿童发展指数的研究方法，描述了中国儿童发展的状态和缺口。从三个维度研究了中国儿童发展状态：历史维度、全球维度和经济发展维度。全面展示中国儿童发展的成就和存在的缺口，为建立未来发展战略提供实证依据。

上述几章讨论了有关中国儿童福利发展战略的基础问题。研究中国儿童福利的发展战略，首先需要厘清制度背景和基础、儿童发展状态以及由此决定的目标体系。在这个基础上，才能做出儿童福利的模式选择，并进一步划定在国家、家庭和儿童之间，儿童福利的责任分担。同时，还必须明确承担国家责任落实的主体机构。

在对这些最基本的问题进行研究的基础上，需要更具体地讨论儿童福利的对象、项目、资金和服务提供等问题。这些是第五章、第六章和第七章研究的重点。

第五章到第七章为分解性研究，分别从三个相互独立的角度讨论了和发展战略有关的儿童福利。第一个角度是儿童福利和国家发展的个案研究，讨论中国教育扶贫的成功和教育扶贫理念与政策对未来缓解相对贫困战略的可能的影响；第二和第三个角度分别考察了儿童福利的现金救助项目和福利服务类项目，均从儿童福利模式选择的视角分析了我国儿童福利现状和可能的发展战略。

第五章从政策到成果考察了儿童福利项目：教育和国家发展相互促进的个案。教育扶贫本质上是通过社会投资对儿童福利进行投入，并且从根本上解决绝对贫困问题。中国的基础教育是中国历史上，甚至是人类社会历史上最大规模的教育扶贫/人力资本扶贫成功的个案。教育是提升国家人力资本的重要措施，也是儿童福利发展战略的重要方面。在国家发展中，儿童发展成为实现国家发展战略的一个重要组成部分，并在实现国家发展战略中起到重要作用。这一点特别清楚地体现在中国通过"教育扶贫"成功实现帮助数以亿计的人口脱离绝对贫困，实现了脱贫和儿童发展的双重政策目标。这一成功的公共管理个案，值得全世界政府予以借鉴，对今后缓解中国相对贫困的教育扶贫理念与政策是重要的启示。

第六章考察了儿童福利的收入支持和现金救助体系。儿童福利中现金救助主要是针对儿童贫困问题的政策手段。针对较低层次的儿童需要（收入安全）的满足，目前按照补救原则提供服务（这也是本书推荐的）。本章除了回答儿童需要的现金救助是怎样提供的之外，对新的政策挑战，即在消除了绝对贫困之后，怎样针对相对贫困问题进行更加精准的政策设计，提供实证支撑。同时，考虑到人口老龄化和创新技术的挑战，本章探讨了普惠制儿童基本生活保障津贴的可能性。

第七章针对满足儿童多方面的发展性需要，研究和考察了儿童福利中以服务形式提供的项目。在中国进入中高收入发展阶段和取消城乡分割的户籍制度之后，儿童福利中的服务提供将面对全新的问题和挑战。本章提出"全儿童视角"的普惠性儿童福利服务为国家儿童福利的战略目标。为此，在新的发展时期，项目设计、受益群体、提供方式、资金来源（含可持续性的考虑），都需要重新考察和审视。

第八章为结论章，总述了本研究的主要发现、基本结论和政策建议，并提出了关于中国儿童福利发展战略的几个大的战略关系方面的基本思考。

参考文献

程福财，2012，《家庭、国家与儿童福利供给》，《青年研究》第 1 期，第 50 – 56 + 95 页。

高丽茹、彭华民，2015，《中国困境儿童研究轨迹：概念、政策和主题》，《江海学刊》第 4 期，第 111 – 117 + 239 页。

高丽茹、万国威，2016，《中国儿童福利制度：时代演进、现实框架和改革路径》，《河北学刊》第 2 期，第 182 – 187 页。

黄晓燕、许文青，2013，《事实孤儿社会支持研究：基于三类主体的分析——四川省凉山州的实地调查》，《南开学报（哲学社会科学版）》第 1 期，第 40 – 49 页。

李敬，2012，《看不见的孩子：海外残障儿童的健康兄弟姐妹研究综述及其对中国研究的启发》，载尚晓援、王小林主编《中国儿童福利前沿（2013）》，北京：社会科学文献出版社，第 284 – 292 页。

李敬，2013，《以"困境儿童"理念来确立儿童福利政策框架》，《中国残疾人》第 9 期，第 57 页。

联合国，1989，《儿童权利公约》，http：//www. un. org/chinese/children/issue/crc. shtml，

最后访问日期：2018 年 10 月 28 日。

联合国，2015，《变革我们的世界：2030 年可持续发展议程》，http：//www. un. org/zh/ documents/treaty/files/A－RES－70－1. shtml，最后访问日期：2018 年 10 月 28 日。

刘继同，2003，《中国儿童福利政策模式与城市流浪儿童议题》，《青年研究》第 10 期，第 33－38 页。

刘继同，2005，《国家与儿童：社会转型期中国儿童福利的理论框架与政策框架》，《青少年犯罪问题》第 3 期，第 4－12 页。

刘继同，2006a，《儿童健康照顾与国家福利责任重构中国现代儿童福利政策框架》，《中国青年研究》第 12 期，第 51－56＋86 页。

刘继同，2006b，《社会救助制度的基础性建设与儿童福利制度的革命性变迁》，《社会福利》第 8 期，第 58 页。

刘继同，2006c，《中国青少年研究典范的战略转变与儿童福利政策框架的战略思考》，《青少年犯罪问题》第 1 期，第 4－11 页。

刘继同，2007，《中国社会结构转型、家庭结构功能变迁与儿童福利政策议题》，《青少年犯罪问题》第 6 期，第 9－13 页。

刘继同、郭岩，2007，《整合儿童健康与儿童福利：重构中国现代儿童福利政策框架》，《学习与实践》第 2 期，第 100－108 页。

刘继同，2008a，《当代中国的儿童福利政策框架与儿童福利服务体系（上）》，《青少年犯罪问题》第 5 期，第 13－21 页。

刘继同，2008b，《当代中国的儿童福利政策框架与儿童福利服务体系（下）》，《青少年犯罪问题》第 6 期，第 11－21 页。

刘继同，2010a，《中国儿童福利立法与政策框架设计的主要问题、结构性特征》，《中国青年研究》第 3 期，第 25－32 页。

刘继同，2010b，《中国孤儿、受艾滋病影响儿童和脆弱儿童生存与服务状况研究（上）》，《青少年犯罪问题》第 4 期，第 18－25 页。

刘继同，2010c，《中国孤儿、受艾滋病影响儿童和脆弱儿童生存与服务状况研究（下）》，《青少年犯罪问题》第 5 期，第 15－23 页。

刘继同，2012a，《改革开放 30 年来中国儿童福利研究历史回顾与研究模式战略转型》，《青少年犯罪问题》第 1 期，第 31－38 页。

刘继同，2012b，《中国儿童福利时代的战略构想》，《学海》第 2 期，第 50－58 页。

刘继同，2012c，《中国特色儿童福利概念框架与儿童福利制度框架建构》，《人文杂志》第 5 期，第 145－154 页。

刘继同，2013a，《英美儿童福利理论、政策和服务的历史演变与制度特征》，《社会福利理论版》第 5 期，第 2－14 页。

刘继同，2013b，《中国儿童福利制度构建研究》，《青少年犯罪问题》第 4 期，第 4－12 页。

刘继同，2016，《中国部分省、市事实无人抚养儿童分类保障制度研究（下）》，《社会福利（理论版）》第 11 期，第 1 – 7 页。

刘继同，2021，《中国现代儿童福利服务体系制度化建设论纲》，《探索与争鸣》第 10 期，第 140 – 147，179 – 180 页。

陆士桢，1997，《简论中国儿童福利》，《华中师范大学学报（哲学社会科学版）》第 6 期，第 30 – 34 页。

陆士桢，2001，《中国儿童社会福利需求探析》，《中国青年政治学院学报》第 6 期，第 73 – 77 页。

陆士桢、常晶晶，2003，《简论儿童福利和儿童福利政策》，《中国青年政治学院学报》第 1 期，第 1 – 6 页。

陆士桢，2004，《当代中国儿童政策的指导思想和价值基础》，《中国青年政治学院学报》第 4 期，第 18 – 25 页。

陆士桢、王玥，2005，《从美国儿童家庭寄养简史看百年来儿童福利价值取向的演变》，《广东青年干部学院学报》第 1 期，第 3 – 7 页。

陆士桢，2006，《中国儿童社会福利研究》，《社会保障研究》第 2 期，第 170 – 178 页。

陆士桢、徐选国，2012，《适度普惠视阈下我国儿童社会福利体系构建及其实施路径》，《社会工作》第 11 期，第 4 – 10 页。

陆士桢、王蕾，2013，《谈我国弱势儿童福利制度的发展》，《广东工业大学学报（社会科学版）》第 2 期，第 14 – 20 + 90 页。

陆士桢，2014，《从福利服务视角看我国未成年人保护》，《中国青年政治学院学报》第 1 期，第 2 – 4 页。

陆士桢、李月圆，2014，《中国儿童福利服务现状与发展》，载王延中主编《中国社会保障发展报告（2014）》，北京：社会科学文献出版社。

陆士桢，2017，《建构中国特色的儿童福利体系》，《社会保障评论》第 3 期，第 70 – 78 页。

潘璐、叶敬忠，2009，《农村留守儿童研究综述》，《中国农业大学学报（社会科学版）》第 2 期，第 5 – 17 页。

彭华民，2012，《中国政府社会福利责任：理论范式演变与制度转型创新》，《天津社会科学》第 6 期，第 77 – 83 页。

乔东平、谢倩雯，2014，《西方儿童福利理念和政策演变及对中国的启示》，《东岳论丛》第 11 期，第 116 – 122 页。

乔东平，2015，《困境儿童保障的问题、理念与服务保障》，《中国民政》第 19 期，第 23 – 25 + 28 页。

尚晓援、李海燕、伍晓明，2003，《中国孤残儿童保护模式分析》，《社会福利》第 10 期，第 38 – 41 页。

尚晓援、伍晓明、万婷婷，2004，《从传统到现代：从大同经验看中国孤残儿童福利的制度选择》，《青年研究》第 7 期，第 9 – 18 页。

尚晓援、伍晓明、李海燕，2005，《社会政策、社会性别与中国的儿童遗弃问题》，《青年研究》第 4 期，第 1 - 5 + 36 页。

尚晓援，2008，《中国孤儿状况研究》，北京：社会科学文献出版社。

尚晓援、王小林、陶传进，2010，《中国儿童福利前沿问题》，北京：社会科学文献出版社。

尚晓援、张雅桦，2011，《建立有效的中国儿童保护制度》，北京：社会科学文献出版社。

尚晓援、王小林，2012，《中国儿童福利前沿（2012）》，北京：社会科学文献出版社。

尚晓援、虞婕等，2012，《中国自闭症儿童及其家庭福利支持政策研究》，载尚晓援、王小林主编《中国儿童福利前沿（2012）》，北京：社会科学文献出版社，第 131 - 152 页。

尚晓援、王小林，2013，《中国儿童福利前沿（2013）》，北京：社会科学文献出版社。

尚晓援、王小林，2018，《中国儿童发展研究报告：1978 - 2018》，北京：中国国际发展知识中心。

史耀疆、王欢、罗仁福、张林秀、刘承芳、易红梅、岳爱、Scott Rozelle，2013，《营养干预对陕西贫困农村学生身心健康的影响研究》，《中国软科学》第 10 期，第 48 - 58 页。

佟丽华、张文娟，2011，《中国未成年人保护面临的挑战及应对建议》，《行政管理改革》第 5 期，第 48 - 51 页。

佟丽华，2015，《监护侵害处理意见：激活"沉睡的制度"》，《中国青年社会科学》第 5 期，第 76 - 81 页。

万国威、裴婷昊，2019，《迈向儿童投资型国家：中国儿童福利制度的时代转向——兼论民政部儿童福利司的建设方略》，《社会工作与管理》第 4 期，第 7 - 13 页。

王小林、尚晓援，2011，《论中国儿童生存、健康和发展权的保障——基于对中国五省区的调查》，《人民论坛》第 14 期，第 120 - 123 页。

王小林、冯贺霞，2018，《"一带一路"国家儿童发展指标测量研究报告》，北京：中国国际发展知识中心。

姚建龙，2006，《未成年人保护法修订思路与建议》，《当代青年研究》第 3 期，第 60 - 64 页。

姚建龙、滕洪昌，2017，《未成年人保护综合反应平台的构建与设想》，《青年探索》第 6 期，第 5 - 17 页。

姚建平，2008，《儿童福利的三个世界——以流浪儿童为中心的考察》，《青少年犯罪问题》第 1 期，第 4 - 9 页。

姚建平，2015，《国与家的博弈：中国儿童福利制度发展史》，上海：格致出版社，第 152 - 162 页

姚建平、刘明慧，2018，《改革开放以来中国儿童福利制度模式研究》，《社会建设》第

6 期，第 14 – 23 页。

叶敬忠、王伊欢、张克云、陆继霞，2005，《对留守儿童问题的研究综述》，《农业经济问题》第 10 期，第 73 – 78 页。

易谨，2012，《儿童福利立法的理论基础》，《中国青年政治学院学报》第 6 期，第 25 – 29 页。

易谨，2014，《我国儿童福利法的几个基本问题》，《中国青年政治学院学报》第 1 期，第 51 – 56 页。

玉洁、许文青、胡俊峰，2001，《受 HIV/AIDS 影响儿童面临的问题及应对策略》，《中国艾滋病性病》第 1 期，第 91 – 92 + 79 页。

张克云、叶敬忠，2010，《留守儿童社会支持网络的特征分析——基于四川省青神县一个村庄的观察》，《中国青年研究》第 2 期，第 55 – 59 页。

Carneiro, Pedro, and James Hechman. 2003. "Human capital policy." NBER Working Paper No. 9495. Accessed February 20, 2018. https://papers.ssrn.com/sol3/papers.cfm?abstract_id = 434544.

Chen, Lijun, Dali Yang, and Qiang Ren. 2015. *Report on the State of Children in China.* Chicago: Chapin Hall at the University of Chicago. Accessed Dec. 16, 2017. https://www.chapinhall.org/wp – content/uploads/Chapin _ CFPSReport2016 _ ENGLISH_ FNLweb – 1. pdf.

Esping – Andersen, Gosta. 1990. *The Three Worlds of Welfare Capitalism.* Princeton University Press.

Freymond, Nancy, and Gary Cameron. 2006. *Towards Positive Systems of Child and Family Welfare: International Comparisons of Child Protection, Family Service, and Community Caring Systems.* Toronto: University of Toronto Press.

Shang, Xiaoyuan. 2009. "Supporting HIV/AIDS affected families and children: the case of four Chinese counties." *International Journal of Social Welfare* 18 (2): 201 – 212.

Shang, Xiaoyuan, and Karen Fisher. 2013. *Caring for Orphaned Children in China.* Lexington Books.

Shang, Xiaoyuan, and Karen Fisher. 2015. *Disability Policy in China: Child and Family Experiences.* Routledge.

Shang, Xiaoyuan, and Karen Fisher. 2017. *Young People Leaving State Care in China.* Policy Press at the University of Bristol.

Shonkoff, Jack, and Deborah Phillips, eds. 2000. *From Neurons to Neighborhoods: The Science of Early Childhood Development.* Washington, D. C.: National Academy Press.

UNICEF. 2016. "Cognitive capital: investing in children to generate sustainable growth." UNICEF East Asia & Pacific. https://www.unicef.org/eap/reports/cognitive – capital – investing – children – generate – sustainable – growth.

第一章
有关儿童福利发展战略的重要理论问题

尚晓援[*]

摘　要： 作者阐述了儿童福利发展战略的理论框架，区分了社会福利中的
"状态"和"制度"。儿童福利制度建设是一个社会为达到理想
的儿童福利状态所承担的制度化的集体责任，核心是政府责任。
这是广义的儿童福利制度。为此，需要社会在儿童福利的理想状
态和怎样达到这个状态方面持有"社会共识"，即儿童福利理
念。中国儿童福利理念的思想来源有三方面：一是传统的父权制
家庭中心的儿童福利理念；二是以马克思主义为基础的主流意识
形态下形成的儿童福利理念；三是来自西方福利国家传统的儿童
福利理念。作者认为，国家对儿童福利承担主导责任、儿童平等
发展、家庭对儿童成长有决定性作用、儿童利益优先这四点是被
普遍接受的儿童福利理念共识。本章提出，中国需要建立部分普
惠的儿童福利制度。

　　讨论儿童福利发展战略，首先需要明确的是儿童福利的理论框架和制度
框架，并在这个基础上，讨论发展战略问题涉及的主要方面和问题。本书的
一个基本出发点是：作者使用广义的儿童福利概念。儿童福利包括儿童权利
的几个主要方面：儿童保护、社会保障、教育、医疗、儿童照料和儿童参
与等。

---

* 尚晓援，北京师范大学教授（退休），研究方向为儿童福利、儿童保护。

我们强调广义的儿童福利，是研究儿童福利发展战略的需要。这是因为战略研究和具体问题研究不同，涉及2.7亿儿童的战略问题，具有国家战略的特点，要求具有全局性、前瞻性、导向性和统筹性。战略研究需要把握宏观，统揽大局，谋划长远，未雨绸缪，能够综合平衡，协调各方，并有鲜明的目标导向（徐宪平等，2018）。

一　广义的社会福利制度

儿童福利是社会福利的一个重要部分。为了厘清广义的儿童福利问题，需要简单回溯"社会福利"的概念。我们讨论的核心是：在广义的社会福利的概念框架之下，针对儿童群体的福利概念也应该是广义的。本章试图在广义的社会福利的理论框架之下，把不同的福利项目之间的关系讲清楚。并在这个基础上，厘清有关概念之间的关系，如社会保障和社会福利之间的关系，儿童福利和儿童保护之间的关系，以及广义的儿童福利和狭义的儿童福利之间的关系。

（一）什么是社会福利

1. 社会福利理念

社会福利是一个被广泛应用的概念，许多西方资本主义国家称自己为"福利国家"即是一例。社会福利又是多义词，包括了理念、道德责任、状态和制度实体等几个层次的含义。更简单的界定，"社会福利"有两个层次的含义，它可以指社会福利状态，亦可以指社会福利制度。作为状态，社会福利原义指人类生活中的幸福和正常的状态（Midgley，1997）。在中文中，有学者使用"福祉"来表达社会福利状态（刘继同，2012a；彭华民，2012）。贫困、疾病和犯罪等病态是"社会福利"的反义词。作为制度，社会福利是指为达到社会福利状态而做出的集体努力（包括政府、市场、社区、家庭和个人的努力），包括为促进人类幸福、疗救社会病态的慈善活动或者政府行为。

在本书，我们讨论的儿童福利主要指针对儿童福利的制度。本书在讨论儿童福利制度之前，对儿童福利状态进行了分析。本书讨论的儿童福利状态，主要指可以使用多维度儿童发展（福利）指标来衡量的客观的福利状态（见第四章）。

2. 社会福利制度

作为制度的社会福利，可以被理解为制度实体，亦可以被理解为一种"制度化的集体责任"，即一个社会为达到一定的社会福利目标所承担的集体责任。其核心是政府责任。在现代国家大规模地承担起社会福利责任之后，社会福利成为"制度化的政府责任"。但这种责任的内涵因国家和地区而异（Mishra，1990；Cochrane and Clarke，1993）。

在讨论作为制度的社会福利时，一般会涉及四个重要方面：社会福利的目标体系，社会福利的对象，社会福利的项目体系，以及社会福利的资金和服务的提供体系。其中，目标体系是最重要的。作为制度化的政府责任，社会福利的目标体系（即社会目标）反映了政府对自身责任的界定，反映了社会福利制度内在的价值观念。

传统的社会福利的目标体系包括下述几个层次的目标。

第一，社会救助层次。例如一个社会可以针对绝对贫困、犯罪等社会问题，把对最困难的和有问题的群体的救助和服务作为目标，通过建立社会安全网，保障所有的社会成员都能生存和免于绝对贫困。这是为实现最低层次的社会福利状态所做的制度安排。

第二，收入安全层次。在工业化和市场经济的条件下，对大多数依靠工资生活的人来说，收入安全是最重要的。现代社会中有8种主要的收入风险，即疾病、老年、妊娠、工伤、残疾、失业（及失收）、丧偶和失怙（Mishra，1984）。作为社会福利制度的一个重要组成部分，针对收入安全的社会保障制度，其目标就比较具体，主要是针对这8种收入风险。所以，社会福利制度不仅为有困难和有问题的群体提供救助，也为大多数人提供收入保障。

第三，如果国家把自己的目标定在更高的社会福利层次上，就可以把促进社会平等和使所有人拥有实现发展的潜能作为目标，建立和实施自己的社会福利措施。这是更高层次的发展。在这个层次上，社会福利制度不仅包括社会安全网、社会保障，还包括更进一步的收入再分配的制度措施。

第四，在上述目标之外，有些研究者提出了将人力资本形成作为社会福利的目标。在工业化的早期阶段，针对市场风险，社会福利的目标主要是补救性的或防御性的。在国家承担起社会福利供给责任的同时，也对社会资源进行了大规模的再分配。这导致了对二战后福利国家的反思和其后从社会投资的角度对社会福利的重新认识。在新科技、全球化、人口老龄化等大背景下，各国之间的经济竞争加剧，人力资本取代了物质资本，成为最主要的资本形式，成为决定竞争成败的主要因素，也成为国家经济竞争力的重要方面。同时，人力资本缺失导致的收入缺失成为新的广泛存在的风险。因此，出现了从社会投资的视角重新认识国家对社会福利的投入的观点，这种观点强调国家对儿童的教育、健康和保护、家庭支持、职业和技术培训等项目的人力资本投资的性质（Midgley et al.，2017；万国威、裴婷昊，2019）。

社会福利的四个方面紧密相连，互相依存。从制度发展看，受具体的历史发展轨迹的影响，社会福利制度的概念有广义和狭义之分。但由于定义者的目的不同，强调的重点也有差异。在不同的历史时期，讨论的中心也有所不同。但对社会福利制度的研究，一般都与这四个方面有关。

（二）广义的和狭义的社会福利概念

广义的社会福利：在国际比较社会政策研究和福利国家研究中，一般使用的都是广义的社会福利制度概念。广义的社会福利制度代表了积极促进社会福利或者人类自身的发展，以及社会平等的理念。这一概念下的社会福利制度关注其在促进和实现人类共同福利中的作用（Midgley，1997；Federico，1980）。在1950和1960年代，著名社会学家Wickenden对广义的社会福利的经典定义为：社会福利"包括保证或加强有关措施的法律、项目、待遇和服务：这些措施能够满足那些被承认为实现所有人的幸福的基本需要，或能够使社会秩序更好地发挥功能"（Wickenden，1965，cited in

Romanyshyn，1971）。

广义的社会福利制度还包括了更广泛的福利提供部门。第一，非正式的社会福利制度：包括个人、家庭、邻里和社区为增进社会福利，履行文化和道德责任所承担的各种活动，如个人帮助和照料家庭成员的活动，帮助周围需要帮助的人的活动，社区在这些方面的集体努力，等等。第二，正式的社会福利制度：从非正式的社会福利制度中产生正式的社会福利制度安排，最重要的是宗教的慈善活动。此外，非宗教的慈善活动在 19 世纪迅速扩大。在发达的工业国家，非宗教的慈善活动是提供社会福利的重要制度安排。非营利组织参与了大量多种多样的社会福利活动。有组织的宗教和非宗教的慈善活动组成了社会福利的志愿部门，有时被称为"第三部门"。第三，国家的社会福利制度：自 20 世纪以来，政府或国家承担了提供社会福利的主要责任。政府在提供社会福利方面承担的责任在第二次世界大战以后迅速扩大。国家社会福利的内涵、外延和演变成为社会福利研究的中心。

从涵盖的范围看，政府提供的社会福利，主要包括"六大服务"：第一，社会保障或收入保障服务，包括社会保险和社会救助；第二，医疗服务；第三，教育服务；第四，住房服务；第五，社会工作和对个人的社会服务；第六，就业服务。在这"六大服务"中，第五项属于狭义的社会福利的内容。

在使用社会福利制度的概念时，有广义和狭义之分，这是由历史造成的。

狭义的社会福利是指为帮助特殊的社会群体、疗救社会病态而提供的服务，它的对象是所谓的"弱势群体"，即社会的边缘群体。它在社会生活中的作用是"补救"性的，所涉及的项目是传统的社会工作的内容。就资金和服务的提供者来说，国家、宗教和慈善组织、邻里和社区都扮演着重要角色。

如上所述，广义的社会福利的对象扩大到全体公民，社会福利的项目从针对弱势群体的社会救助和社会福利服务扩大到包括社会保障、教育和医疗等项目，广义的社会福利提供者也扩大为全社会。

（三）社会福利和社会保障

在中国的政策术语中，社会保障是一个涵盖了狭义的社会福利的概念，这是由历史造成的。2004 年国务院新闻办公室发布的《中国的社会保障状况和政策》对社会保障体系进行了分解解读："中国的社会保障体系包括社会保险、社会福利、优抚安置、社会救助和住房保障等"（转引自：张文娟，2013）。

在新中国成立初期，为了争取城市工人阶级对新的共产党政权的支持，由工会出面，在城市的现代工业部门和国有部门，建立了劳动保险制度。这是一个在经济上非常昂贵的制度，当时如果在所有的就业人口中普及，会导致经济崩溃。为了应对农村劳动力大量涌入城市现代部门的问题，中国在此后建立了统购统销的农产品价格控制制度和双轨制的就业制度，把绝大部分的农业人口，排除在城市劳动力市场和劳动保险的覆盖范围之外。但是，由于城市现代部门的就业人口在政治上有强大影响，代表这个部门的政府机构——劳动部——也拥有强大的话语权。改革开放之后，城市劳动力市场的垄断逐渐被打破，但是中国社会保险畸重的社会保障制度也发展起来了（尚晓援，2001）。随着原来的"劳动部"改名为劳动和社会保障部，中国形成了向社会保险高度倾斜的社会保障制度。

社会保障在国际社会政策研究中有相对固定的、通行的含义，是指由国家或立法保证的、旨在增加收入安全的制度安排。作为广义的社会福利的一个部分，社会保障主要包括两个部分——社会保险和社会救助，其主要目的是解决市场经济条件下普通民众的收入安全问题。而社会福利制度是为改善整体性社会福利状态而做出的制度安排，它的制度目标比收入安全要宽泛得多。社会保障有特定的含义和制度目标，与社会福利相比，它的内涵相对明确，制度目标也有限得多。

在广义的儿童福利概念之下，儿童群体的社会保障主要是指针对贫困儿童采取的现金救济措施，在中国，这个部分的儿童福利，一部分包含在对贫困家庭的救济中，一部分为针对特定困境儿童群体提供的社会保障待遇，主要指现金支付的福利，其实主要是针对家庭提供的。只有孤儿和困境儿童的生活保障福利是在家庭出现变故后，针对儿童提供的救助。开发式扶贫，又称为教育扶贫或人力资本扶贫，则是中国特有的，针对贫困发生根源的社会政策，其中针对儿童发展的措施，也是广义的儿童福利的内容。

二　广义的儿童福利和狭义的儿童福利

广义的儿童福利概念来自广义的社会福利。社会福利是提供给所有公民的福利。广义的儿童福利则是指面向所有儿童提供的福利，即为了保障儿童权利的实现所需要的所有服务，如保障儿童安全的保护服务，保障儿童经济安全的现金支持项目，服务于儿童发展的教育和健康服务及医疗保障，等等。

（一）儿童福利理念

研究中国儿童福利发展战略应解决的首要问题是儿童福利概念的界定。对这个核心概念有决定性影响的是儿童福利理念。因此，我们首先需要讨论引导儿童福利制度和政策发展的理念。儿童福利理念，是指一个社会在儿童福利的理想状态和怎样达到这个状态方面持有的"社会共识"，包括社会主流的价值观念、社会态度和认知状况等。

理念和具体的政策目标不同，是影响制度建设和政策制定的更深层的观念性的认知。例如，社会福利制度的目标体系包括两个方面，即理想主义方面和功能主义方面。理想主义方面反映人们对理想的社会或社会关系的想象，而功能主义方面反映了社会政策解决社会问题、促进社会福利的实用的一面。例如，虽然在实践中有各种扭曲和变形，马克思主义关于社会主义的理念强烈地影响过社会主义国家的社会政策和社会福利制度。不仅如此，欧洲的社会福利制度也曾经受到类似的社会理念的强烈影响。如埃斯平－安德森关于比较社会福利的理论，明显受到马克思主义中劳动价值论的影响，以劳动力的去商品化程度将西方福利国家分为自由主义、社会民主主义、保守主义三种类型（Esping－Andersen，1990），亦见本书第七章。

中国儿童福利的理念，有深刻的历史来源。主要包括以下几个方面：第一，传统的父权制家庭中心的儿童福利理念；第二，以马克思主义为思想来源的主流意识形态塑造下形成的儿童福利理念；第三，来自西方福利国家传统的关于儿童福利的理念。多样化的思想来源，是否可以互相融合并达成某种"社会共识"，既取决于一个社会本身的经济和政治结构与发展状态，以及是否存在达成共识的条件，又取决于基础理论研究、应用政策研究、服务体系研究、哲学社会科学研究和社会行动研究水平等（刘继同，2012b）。

1. 中国传统的儿童福利理念①

中国传统的儿童福利理念，建立在农业经济和宗法社会的基础之上。其以儒家文化为中心，但是杂糅了其他传统因素和民间因素，如孝道、佛教、道教、民间宗教等。其核心是孝道，是以父权为代表的亲权为中心的理念，也包括"家庭中心"对宗族的认同和"家国同构"下对皇权代表的国家权威的认同等。

1949年以前的中国社会，主流的价值观以孔子所倡导的儒家文化为核心，强调孝道和家族观念，这种以父权制家庭为核心的社会价值观念造就了以家庭为中心的儿童福利理念。在家庭中，男性家长处于强势地位，儿童（主要指"子"，男性儿童）处于从属地位。这是其不利于儿童个体发展的一面（桑标，2014）。但是，这种传统强调儿童受到家庭的养育和整个宗族的庇护。为了促进宗法制下社会政治秩序的稳定和和谐，庇护同宗，尊老爱幼、慈幼恤贫、捐资助学和建立善堂义田等行为受到褒扬，失去父母庇护的儿童，仍然可以在宗族的庇护下生存，不会马上流离失所。同时，在"家国同构""君臣父子"的社会政治传统下，国成为家的延伸和扩大，君主是大家长，出现以民为本、仁者爱人、安抚子民、哺育百姓等理念（陆士桢，2004；刘继同，2012a；柴鹤湉，2017）。儿童福利的理想状态，则指向在一个家国同构、家一体的和谐的宗法社会下，家庭哺育儿童，宗族邻里守望

---

① 此处指中国传统关于理想的儿童发展状态和儿童福利供给的责任分担的理念，和工业化以后建立起来的作为制度化的集体责任的"儿童福利"理念，不完全相同。本书强调传统观念是我们今天关于儿童福利的理念的思想来源之一，亦见今人的研究（姚建平，2015）。

相助，"幼吾幼以及人之幼"，"幼有所养"的理想状态。当出现家庭和宗族无法养育的孤儿和被遗弃儿童时，国家通过政府主办的机构提供养育、财产保全等服务（陆士桢，2004；刘继同，2012a；柴鹤湉，2017；姚建平、刘明慧，2018）。这样的观念在1949年之后受到很大的冲击，宗法制也逐渐解体。但是，以儒家文化为核心的传统观念，仍然是中国儿童福利理念的重要来源。

2. "国家中心"的儿童福利理念

中国主流的意识形态，以马克思主义为思想基础。这种理论承认历史进步的必然性，人类社会可以通过无产阶级革命与社会主义建设，最终实现共产主义理想。这种意识形态的价值观强调通过生产资料的公有化而达到真正的社会平等，坚持集体主义的价值观，认为儿童是党和国家的（共产主义）事业接班人（陆士桢，2004；刘继同，2012a）。对儿童的培养和教育应该服从国家利益和国家要求，国家对儿童发展负有核心责任，儿童的养育应该是非家庭化的。这一思想传统深刻影响了中国儿童福利理念。在这种主流意识形态塑造下形成了"国家中心"的儿童福利理念。自二十世纪中叶以来，中国致力于工业化和现代化，这一理念的影响日益扩大，成为国家对儿童发展，主要是教育和医疗方面大规模投入的深层原因之一。

3. 西方福利国家的儿童福利理念

西方发达国家在工业革命后出现福利国家的理论和实践，流派纷繁，内容极为丰富，亦包括了丰富的儿童福利理念。公民权利是福利国家的基础性理念（彭华民，2012）。在儿童福利领域，人权理念在改革开放之后，对中国有重大的影响。其中，最有影响的是儿童权利的理念（刘继同，2002，2012a；程福财，2012；易谨，2014；彭华民，2012；姚建平、刘明慧，2018；朱浩，2020）。儿童权利被具体化为儿童的受保护权、发展权（健康与保健服务权、受教育权、残疾儿童特别照顾权）、适当生活水准权及儿童参与权等。儿童权利的代表性理念是作为个体的儿童最大利益优先和儿童平等的发展权利。这些皆反映出儿童作为独立的主体受到关注，可以称为"儿童中心"的福利理念。

综上所述，当前中国儿童福利的理念，主要受到这三个思想传统的影响。随着社会政治经济背景的变化，制度化的儒家体制已然解体，体现无产阶级革命成果的计划经济体制已经转变成高度市场化的经济体制，西方福利国家的意识形态对中国的影响，仍然处于初级阶段。中国的社会形态、经济体制、人口结构、家庭结构、价值观念都发生了重大变化。但是，曾经在中国存在并影响了无数代人的思想理念，都留下了自己的遗产，并以变化了的形态，对今天的儿童福利理念产生影响。

总结起来，受到这三个思想来源的影响，中国的儿童福利理念最可能达成共识的有四个方面。第一，国家对儿童福利承担主导责任的理念。虽然出发点不同，但是国家责任的理念在三个思想来源中，都能找到其根据。其一，儒家文化的传统强调家庭和宗法系统对儿童承担的责任，但是，在"家国同构"的背景下，当出现家庭和宗族无法养育的孤儿和被遗弃儿童时，国家亦承担着通过官方的机构提供养育孤儿服务、保护儿童的责任。其二，在以马克思主义为理论基础的主流意识形态中，儿童本来就属于国家，儿童发展目标从属于国家发展目标。当儿童发展和国家发展目标一致时，国家对儿童发展提供巨额投入。但是另一方面，国家对家庭的权利没有边界，对家庭资源予取予夺。这在计划生育政策的实施过程和各地政府的施政实践中被多次证实。其三，儿童权利的理念来自西方福利国家，其本来就包含着国家承担保障儿童权利实现的内容。因此，国家承担儿童福利责任的理念，在中国是最容易达成共识的儿童福利理念。虽然出发点和理论基础不同，但是国家责任在中国是容易被广泛认同的理念。第二，儿童平等发展的理念。从历史上看，与其他存在固化的等级制度的社会（如印度）不同，中国传统社会中，虽然也存在权益和社会地位不平等的户籍身份，但这种不平等在历史发展中逐渐弱化（王跃生，2015）。在上千年的历史发展中，科举制度意味着中国从西方的中世纪时期，即建立了制度化的向上社会流动的渠道。1949年以前，中国已经建立了不分性别、职业、种族的平等的户籍制度。直到1958年之后，中国才又出现了身份固化的农业和非农业人口的户籍区分（王跃生，2015）。但这种身份固化并没有被无条件接受，而是受到持续不断的批评。2014 年，国务院发布《关于进一步推进户籍制度改革的意见》，提出建立城乡统一的户口登记制度。总体而言，公民平等的观念在中国被广泛接受。因此，所有儿童都拥有平等的发展权利的理念，在中国很容易得到各界认同。第三，家庭对儿童成长有决定性作用的理念。1949 年以前的中国社会，以家庭为核心的社会价值观念造就了家庭福利保障制度为主导的模式。1949 年之后，主流意识形态发生了重要的改变，国家大规模承担了教育的责任，在很大程度上承担了母婴保健、卫生免疫和一定的医疗保障责任。但是在儿童养育方面，儿童养育始终是家庭的责任。第四，儿童利益优先的理念。无论是中国儒家文化传统，还是主流的意识形态，都不包括儿童优先的方面。但是，计划生育之后，儿童在家庭中的地位得到提升，独生子女成为家庭的中心。儿童利益优先的理念，已然在实践中得到认可，也容易成为共识。

儿童福利理念方面达成社会共识，并非简单之事。对此，刘继同做了深刻的分析。他认为，国家决策者、社会公众与社会服务机构工作人员专业化水平和达成"社会共识"的程度，反映制度框架设计与福利服务体系建设的发展阶段、定性定位、结构功能与制度质量状况，反映基础理论研究、应用政策研究、服务体系研究、哲学社会科学研究和社会行动研究水平（刘继同，2012a）。

在新的社会背景下形成的儿童福利理念，成为新的儿童福利概念的基础。

（二）建立广义的儿童福利概念

儿童福利是儿童福利发展战略研究中的核心概念。对这个概念的界定在儿童福利发展战略研究中具有重要的意义，对于儿童福利的概念，可以从学术研究、政策制定、社会理解等方面界定。

从学术研究的角度看，广义儿童福利是指国家与社会面向所有儿童提供的，为了保障儿童权利实现、改善儿童福利状态的服务和努力，如保障儿童安全的保护服务、保障儿童经济安全的现金支持项目、服务于儿童发展的教育和健康服务及医疗保障，等等（刘继同，2012b①；彭华民，2012）。

政策领域方面，在中国，受儿童福利供给在不同部门的分工所限，狭义的儿童福利概念被更多地使用。狭义的儿童福利概念，主要指由国家针对困境儿童群体，如孤弃儿童、事实无人抚养儿童、残疾儿童、受虐待儿童，及身处某种问题境地的儿童（如留守儿童）提供的福利服务。狭义的儿童福利的目的是疗救社会病态，它在社会生活中的作用是"补救"性的，所涉及的项目是传统社会工作的内容。狭义的儿童福利概念，是政府行政管理部门主要使用的概念，亦从某种程度上反映了中国儿童福利供给的状态。

中国儿童福利概念建构中存在的问题，影响到儿童福利发展战略制定，并最终影响中国儿童福利的制度建设，因此迫切需要进行中国儿童福利概念的重新建构，在理论研究、政策制定和民间认同的各个方面，界定广义的儿童福利概念。

第一，新中国成立后，中国政府在儿童福利方面做了大量工作，有多方面的投入。这些投入主要表现在儿童教育、儿童卫生保健、儿童保护、孤弃儿童照料、青少年权益维护保障等方面（刘继同，2012a）。由于这些努力，中国儿童发展指数，在世界上高于同等水平的发展中国家，在很多指标方面，甚至达到发达国家的水平（王小林、冯贺霞，2018）。但是，在理论研究层面，缺少对所有关于儿童发展的福利项目进行整体分析的涵盖性概念，无法有效概括所有的儿童福利项目并进行整体性的分析。这使得理论研究落后于实践，不能全面反映中国儿童福利发展的历史和现实状态，也难以在儿童福利发展的整体上，考虑解决儿童福利短板问题。

第二，狭义的儿童福利概念形成的时候，生命科学和社会科学对儿童发

---

① 刘继同（2012b）把广义的儿童福利概念定义为"国家与社会旨在保护、照顾和促进儿童身心健康成长的所有服务项目、政策法规和努力的总和"，这里的关键词是国家与社会（责任主体），保护、照顾和促进（三类最主要福利服务方式），儿童身心健康成长（儿童福利制度目标），服务项目、政策法规和努力（三类主要的服务类型），总和（服务体系）。

展的研究尚处早期，影响儿童发展和儿童福祉的社会因素尚未被揭示。自
1990年代以来，对儿童发展的研究获得了突飞猛进的发展。新的研究成果
揭示出儿童发展是一个综合性和整体性的过程。儿童生命早期的境遇，会影
响儿童的一生。一方面，从积极的发展角度看，在生命发展的早期，新生儿
大脑发育极快，每秒可能形成100万个神经触突。在这个阶段如果儿童发展
没有得到足够的积极的支持，儿童可能出现发展受阻的现象，并最终出现智
力发展障碍问题，阻碍儿童成长为高智商成人（桑标，2014）。另一方面，
儿童成长早期如果遇到持续的逆境，如受到虐待，会在身体上留下致病的因
素，为应激反应中断的结果，被称为"毒性应激反应"。这是一种基本的生
物学机制问题，并在成年后成为多种疾病的深层原因，甚至改变表征遗传
（哈里斯，2020）[1]。因此，仅仅针对困境儿童的福利服务不足以保障所有儿
童健康成长，狭义的儿童福利概念已经过时，需要从更广阔的角度对儿童福
利进行思考和定义。

　　第三，中国儿童福利制度的进一步发展，需要整体性的顶层设计。制度
发展，理论先行。中国儿童福利的提供有"碎片化"之说。在实践中，中
国和儿童有关的服务项目由多个政府职能部门和社会团体分散管理和提供
（如国务院妇女儿童工作委员会的组成单位目前有35个部委和人民团体）。
刘继同分析过中国儿童福利概念界定中的一个方面：职能部门化界定模式，
主要是指为儿童服务的部门、行业和社会团体，均从各自部门职能与地位出
发，理解、界定和从事儿童福利工作的活动总称。为了改变这种状态，进行
整体性的儿童福利制度设计，在儿童福利的概念方面，从狭义的儿童福利向
广义的儿童福利转变，是当务之急。

　　有些学者在讨论儿童福利概念时，引用《中国儿童发展纲要（2011~

---

[1]　一项长达20年的医学研究的结果显示，童年逆境将对孩子的心理造成深刻的影响，甚至会
　　持续几十年地改变他们的身体。童年逆境不仅影响孩子的发育轨迹，影响他们的生理机能，
　　而且会导致持续终生的慢性炎症及激素失调。它甚至会改变这些人的基因呈现方式，改变
　　细胞复制的方式，大幅增加心脏病、脑卒中、癌症、糖尿病，甚至包括阿尔茨海默病的罹
　　患风险。"童年不良经历如何影响终生健康"的研究揭示了"健康问题社会决定因素"，有专
　　家称，这个发现"对21世纪的影响，就像传染病对20世纪的影响一样"（哈里斯，2020）。

2020 年)》的分类，把儿童发展分为五部分，即儿童与健康、儿童与教育、儿童与福利、儿童与环境、儿童与法律保护，并认为在该文件中，"儿童福利"是小概念，"儿童发展"是大概念，二者是局部与整体的关系（张文娟，2013；刘继同，2012b）。此论虽然不假，但是，该纲要的核心，是关于儿童福利状态的发展规划，而非儿童福利制度的顶层设计。这一点在纲要中没有明确区分。如在"儿童与福利"一节中，内容既包括了反映儿童福利状态的指标，也包括了儿童福利制度发展的内容（例如，扩大儿童福利范围，推动儿童福利由补缺型向适度普惠型转变）。这种混乱，反映了我国儿童福利基础理论研究的薄弱（刘继同，2012b）。

（三）广义的儿童福利和未成年人保护

建立广义的儿童福利概念，需要说明儿童福利和儿童保护的关系。儿童保护是一个来自西方国家的、有特定法律含义的概念，是指国家通过一系列的制度安排，包括社会救助、法庭命令、法律诉讼、社会服务和替代性养护等措施，对受到和可能受到暴力、忽视、遗弃、虐待和其他形式伤害的儿童提供一系列救助、保护和服务的措施，使儿童能够在安全的环境中成长。例如，英国救助儿童会的（狭义的）定义为"儿童保护这一用语一般用于描述为防止儿童虐待或受到不良待遇而采取的行动和应有的责任"（英国救助儿童会，2003）。

在很多西方国家，父母在养育子女的过程中，如果不能达到社会接受的标准，他们的养护权可能被剥夺。国家对这些受到忽视和虐待的儿童做出重新安排，如家庭寄养。在中国，这个意义上的儿童保护制度刚刚建立，这是因为由于儿童遭到忽视和虐待，家长被剥夺了监护权的儿童数量还不多。在这样做的时候，怎样不对儿童带来二次伤害，并保护他们健康成长，是世界各国儿童保护制度面临的挑战。

儿童保护制度是广义的儿童福利制度的一个组成部分。在中国，和"儿童保护"有类似含义的概念，在法律上的正式用语为"未成年人保护"。

在中国目前的政策法规中，缺少对儿童福利有关项目的整体性框架的清晰定义（张文娟，2013；刘继同，2012b）。中国在 1990 年代通过的《未成年人保护法》指出，未成年人指 18 岁以下的公民。这部法律第一次在法律上从年龄的角度对"未成年人"给出了清晰的定义。该法从未成年人保护的实施主体角度将未成年人保护分为家庭保护、学校保护、社会保护和司法保护，比狭义的儿童福利概念的内容要丰富。因此，有研究者认为，这种设计意味着儿童保护是涵盖性的大概念，儿童福利是儿童保护的一个组成部分（张文娟，2013）。这是一个误解。但是，中国的《未成年人保护法》的制定有比较宏观的视角，也反映了国际儿童保护制度发展的趋势。在讨论儿童保护制度时，一般使用狭义的概念。但是，越来越多的研究者注意到一般的社会福利政策对受到虐待和忽视的儿童的保护作用。有些研究者使用"积极的儿童和家庭福利制度"这一说法（Freymond and Cameron，2006）。无论如何，儿童保护和对儿童提供的替代性养护都是"儿童福利"的一个部分。

三　部分普惠的儿童福利制度

以上讨论了儿童福利的概念。这项研究取广义的儿童福利概念。在这个基础上，另外一个重要的理论问题是儿童福利的模式选择。对此，国际上有比较成熟的理论框架和实证研究。但是这些研究建立在西方特定的历史、文化和社会经济基础之上，对非西方国家和处于发展阶段的国家不完全适用。中国儿童福利战略，需要根据国情国力，进行理论发展和创新。在这个方面，中国的学者也进行了很多探索和讨论。

综述以往关于儿童福利模式的争论，我们发现，两个重要方面有所欠缺。第一，中国儿童福利的发展模式受制于中国社会福利整体发展模式的选择。但是，儿童福利发展模式可以和针对其他社会群体的福利模式不同，因为儿童处于人生发展的关键阶段，儿童福利需要有自己的特殊性，必须先行一步。这一点在讨论中没有被特殊强调。第二，目前关于普惠模式和补缺模式的讨论中，强调的还是社会福利的模式。但是，在实际中，对普惠和补缺作为一种社会福利的提供原则，用作项目分析工具的作用的认识尚有不足。因此，"适度"普惠在实践中操作的"度"很难掌握。其实，作为福利项目提供原则的"普惠制"或"补缺制"，在分析框架的技术分析中有自己的独特地位，这说明存在可进一步探讨、发展或突破的空间。

因此，在模式选择上，儿童福利制度和社会福利的其他方面不同。在价值目标确定之后，根据中国的实际情况，我们提出了适应中国进入人均1万美元以上的收入阶段发展的理想模式：实行部分普惠制的儿童福利制度。在儿童福利制度的各个方面，为了实现社会平等的价值目标，需要重新强调国家在儿童福利供给中的主导作用；在基本生活救助和替代性养护方面，国家应该充分承担起补缺责任，建立国家和家庭、社会之间互补的，适合中国特点的补缺模式的儿童福利制度；在现金救助方面，尽量采用类型救助方式，在困境儿童的各个群体内，实现普惠制的现金救助；在教育、医疗、残疾儿童服务、儿童保护等方面，儿童福利则应该先行一步，把普惠模式作为理想模式，建立普惠的、全覆盖的儿童福利制度，国家承担起对所有儿童提供基本教育、卫生、保护服务的责任。

什么是普惠制的儿童福利？部分普惠又指什么？在前一段的发展中，政府和公民社会都对中国儿童福利的制度模式进行过探讨。本书主要论点是：中国需要选择部分普惠的儿童福利制度。这个论点包括两个方面。第一，以服务形式提供的儿童福利供给，都应该是普惠的，所有的儿童都可以平等享有。这主要针对下面一些服务：教育、医疗、对残疾儿童及其家庭的服务、儿童保护服务。第二，以现金形式提供的福利，应该是补缺性的。但是，在确定享受资格时，优先考虑采取"类型救助"的提供形式，即针对特定的儿童群体提供现金救助时，救助对象为这一儿童群体的全体，不设定家计调查的条件。我们称之为部分普惠的福利制度。

在下一章，我们将从儿童福利的目标体系、儿童福利的服务对象、儿童福利的项目体系，以及儿童福利的资金和服务的提供体系几个方面，对中国部分普惠的儿童福利制度进行分析。

参考文献

柴鹤湉，2017，《中国古代儿童福利的理念与实践研究》，《暨南学报（哲学社会科学版）》第 11 期，第 121 – 128 + 132 页。

程福财，2012，《家庭、国家与儿童福利供给》，《青年研究》第 1 期，第 50 – 56 + 95 页。

哈里斯，娜丁·伯克，2020，《深井效应》，林玮、卓千惠译，杭州：浙江教育出版社。

刘继同，2002，《儿童福利的四种典范与中国儿童福利政策模式的选择》，《青年研究》第 6 期，第 38 – 43 页。

刘继同，2012a，《中国儿童福利时代的战略构想》，《学海》第 2 期，第 50 – 58 页。

刘继同，2012b，《改革开放 30 年来中国儿童福利研究历史回顾与研究模式战略转型》，《青少年犯罪问题》第 1 期，第 31 – 38 页。

陆士桢，2004，《当代中国儿童政策的指导思想和价值基础》，《中国青年政治学院学报》第 4 期，第 18 – 25 页。

彭华民，2012，《中国政府社会福利责任：理论范式演变与制度转型创新》，《天津社会科学》第 6 期，第 77 – 83 页。

桑标，2014，《儿童发展》，上海：华东师范大学出版社。

尚晓援，2001，《中国社会安全网的现状及政策选择》，《战略与管理》第 6 期，第 1 – 11 页。

万国威、裴婷昊，2019，《迈向儿童投资型国家：中国儿童福利制度的时代转向——兼论民政部儿童福利司的建设方略》，《社会工作与管理》第 4 期，第 7 – 13 页。

王小林、冯贺霞，2018，《"一带一路"国家儿童发展指标测量研究报告》，北京：中国国际发展知识中心。

王跃生，2015，《户籍功能的历史与现代考察——以政策为视角》，《中国社会科学院研究生院学报》第 3 期，第 109 – 114 页。

徐宪平等，2018，《国家发展战略与宏观政策》，北京：北京大学出版社。

姚建平，2015，《国与家的博弈：中国儿童福利制度发展史》，上海：格致出版社。

姚建平、刘明慧，2018，《改革开放以来中国儿童福利制度模式研究》，《社会建设》第 6 期，第 14 – 23 页。

易谨，2014，《我国儿童福利立法的几个基本问题》，《中国青年政治学院学报》第 1 期，第 51 – 56 页。

英国救助儿童会，2003，《儿童保护之机构政策：保护儿童、防止虐待》，云南：英国救助儿童会出版资料。

张文娟，2013，《中国儿童福利制度的构建》，《青少年犯罪问题》第 4 期，第 13 –

22 页。

朱浩，2020，《新中国 70 年儿童福利的理念、政策与发展趋向》，《中州学刊》第 2 期，第 84 - 90 页。

Cochrane, Allan, and John H. Clarke, eds. . 1993. *Comparing Welfare States: Britain in International Context.* London: Sage.

Esping - Andersen, G. . 1990. *The Three Worlds of Welfare Capitalism.* Princeton University Press.

Federico, Ronald C. . 1980. *The Social Welfare Institution: An Introduction.* D. C. : Heath & Company.

Freymond, Nancy, and Gary Cameron. 2006. *Towards Positive Systems of Child and Family Welfare: International Comparisons of Child Protection, Family Service, and Community Caring Systems.* Toronto: University of Toronto Press.

Midgley, James. 1997. *Social Welfare in Global Context.* London: Sage.

Midgley, James, Espen Dahl, and Amy Conley Wright, eds. . 2017. *Social Investment and Social Welfare: International and Critical Perspectives.* Edward Elgar Publishing.

Mishra, Ramesh. 1984. *The Welfare State in Crisis: Social Thought and Social Change Brighton.* Wheatsheaf Books.

Mishra, Ramesh. 1990. *The Welfare State in Capitalist Society: Policies of Retrenchment and Maintenance in Europe, North America and Australia New York.* London: Harvester Wheatsheaf.

Romanyshyn, John. 1971. *Social Welfare: Charity to Justice.* New York: Random House.

第二章
儿童福利制度分析

尚晓援[*]

摘　要： 本章从目标体系、服务对象、项目体系、资金和服务提供方面分析中国儿童福利制度。①制度目标可以概况为保障儿童权利、增进儿童福祉、促进社会平等和贡献国家发展。②服务对象包括所有不满 18 周岁的公民，优先关注处于监护困境、经济困境、医学困境、社会困境等儿童群体的特殊需要。③中国正在建立基于公民权利的、最基本的公共服务提供体系，国家承担基本公共服务的经费责任，儿童从提供给所有公民的福利服务中受益，也从专门针对儿童的福利服务中受益。④国家还通过社会保险和社会救助，承担了为贫困家庭儿童、孤儿和困境儿童提供最低或基本生活保障的责任。在儿童照料和养育、儿童保护等方面，家庭仍然承担着主要责任。

一　儿童福利制度的目标体系

儿童福利的目标体系指儿童福利制度所要达到的社会目标。作为制度化的政府责任，儿童福利的目标体系反映了政府对自己责任的界定。这些社会目标不是任意决定的，反映了儿童福利制度的基础价值观念。一个社会占主导地位的价值观念不同，所能够接受的儿童福利制度的概念就不会相同。

---

[*] 尚晓援，北京师范大学教授（退休），研究方向为儿童福利、儿童保护。

儿童福利制度的目标，首先是保障儿童权利、增进儿童福祉，离开这个目标，儿童福利发展即失去自己的意义。同时，儿童福利的发展，是国家整体性发展战略的一个部分，因此，在制定儿童福利发展战略的目标时，需要考虑国家发展的战略目标，需要和国家的发展目标高度契合，为国家的发展目标服务。

中国未来的战略目标，是在全面建成小康社会的基础上，基本实现社会主义现代化，再到全面建成社会主义现代化强国。其核心和物质基础是经济实力、科技实力将大幅跃升，跻身创新型国家前列。其社会目标则包括了中等收入群体规模扩大，更高水平的社会平等，人民平等参与、平等发展权利得到充分保障，等等（习近平，2017）。

综合考虑，中国儿童福利制度的目标体系，可以简单概括如下：保障儿童权利，增进儿童福祉，促进社会平等，贡献国家发展。更加详细地解释一下：保障儿童权利的实现，增进儿童的福祉，为所有儿童创造平等的机会，以充分实现他们的最大潜能。当所有的儿童都能够健康发展，发挥自己的最大潜能，也就使国家的人力资源和人力资本最大化，是对国家发展的最大贡献，即培养了德智体全面发展的人才，为中国成为创新型社会主义现代化强国提供了高素质的人力资本。

在上述综合目标下，儿童福利制度必须包括下列四个层次的目标。

第一，儿童身心安全目标：保护儿童身心健康发展免受负面影响，为困境儿童提供健康成长的安全保障，构筑儿童免受伤害的安全网。

第二，儿童经济安全目标：消除儿童贫困，为有儿童的低收入家庭提供收入保障；保障所有儿童在成长过程中免受贫困的负面影响。

第三，儿童充分发展目标：为所有的儿童提供社会可能提供的最好的教育、医疗和其他儿童发展所需要的服务，最大限度地激发和培养所有儿童的最大潜能。

第四，儿童社会平等目标：消除所有可能阻碍儿童发展机会平等的障碍，使所有儿童的发展机会平等，充分实现其社会参与的权利。

上述儿童福利的制度目标和国家发展的目标高度一致。儿童发展可以最

大限度地为国家未来数十年的发展提供最重要的条件：人的全面平等发展和
人力资本的最大限度的扩张。

二　儿童福利的对象

儿童福利的对象即可以直接从儿童福利制度中获得利益的群体。通过对
儿童福利制度发展的历史经验分析和理论概括，一般把儿童福利制度依据对
象分成两种类型：其一，仅仅针对困境儿童群体的福利制度，如针对流浪儿
童和失怙儿童的福利制度，这种制度是补救型的制度；其二，全体儿童受益
的福利制度，这种制度是普惠型的制度。因此，如何确定儿童福利的受益对
象涉及福利供给的基本原则：是"普遍原则"，即人人都有权利享受国家福
利，还是"补救原则"（又称定向的、选择性的原则），即只有最困难的儿
童有权利得到国家的帮助。使用补救原则时，怎样确定受益者的资格条件，
也是重要的方面。

广义的儿童福利制度，为了满足儿童发展多方面的需要，涉及多个领
域，包括多种服务项目。本书的主要论点是，中国儿童福利的未来发展是部
分普惠的儿童福利制度。换言之，在某些领域，所有的儿童都是儿童福利的
对象；在另外一些领域，困境儿童和有特殊需要的儿童才是儿童福利的
对象。

在部分普惠的儿童福利制度下，有一部分儿童福利项目面向的是有特殊
需要的儿童。因为儿童处于生命周期中的特殊发展阶段，因此儿童阶段的任
何困难都会影响到儿童的一生。同时，儿童享受福利待遇方面，福利欺诈
的可能性很小。此外，国际经验表明，当一个群体中60%及以上的成员需
要享受福利待遇时，用普惠方法并不比选择性的方法确定受益者更昂贵。因
此，在确定儿童福利的对象时，应该更多地利用"类型救助"的方法，把
所有困难儿童，如失怙儿童和残疾儿童，都包括进来。

儿童福利的对象是儿童群体。对儿童群体本身和作为儿童福利对象的儿
童群体的特点进行分析，是儿童福利发展战略的重要基础工作。

（一）儿童的年龄界定

联合国《儿童权利公约》（1989）规定"儿童是指 18 岁以下的任何人，除非法律规定成年年龄低于 18 岁"。中国《未成年人保护法》（2020 年修订）规定"未成年人是指未满十八周岁的公民"。据此，本书所采取的"儿童"定义，是指所有不满 18 岁的未成年人。中国《民法典》规定，"不满十八周岁的自然人为未成年人"。

（二）儿童的数量

儿童人口规模及其占总人口的比重自 1982 年以来大幅度下降，但是到 2010 年之后，这两个数据渐趋平稳。"根据 2015 年全国 1% 人口抽样调查数据推算，中国有 2.71 亿 0 ~ 17 岁儿童，占总人口的 20%"（国务院妇女儿童工作委员会办公室等，2018）。

（三）儿童年龄阶段划分

儿童期是一个发展的过程。因此，儿童年龄阶段划分和儿童生长发育阶段性密切相关（桑标，2014；刘继同，2008b）。怎样根据儿童年龄划分儿童群体，以便针对儿童在不同的生长发育阶段的需要，有的放矢地制定政策和法律，是极为重要的基础性理论问题，也是敏感的政策问题，还是紧迫的现实问题，直接关系到不同性质、不同生长发育阶段与不同类型的儿童保护服务（刘继同，2008b）。

按照儿童生长发育的特点，儿童会经历不同性质的年龄阶段。例如从儿童智力和体质发育的角度看，胎儿期为从受精卵形成到出生（约 9 个月），0 ~ 1 岁为婴儿期（infant period），1 ~ 3 岁为幼儿前期（toddle period），3 ~ 6 岁为幼儿期（early child period），6 ~ 12 为童年期（child period），10 ~ 20 岁为青春期（adolescence）（刘继同，2008b；全国人大，2020）。[①]

---

① 此处是从医学角度对儿童的发展阶段进行概括，在不同的发展阶段之间，允许一定程度的年龄重合。这和社会政策与法律上的年龄阶段划分不同。

这种生长发育阶段划分与儿童教育阶段划分基本吻合：幼儿期为学前教育阶段，6～15岁为义务教育阶段，16～18岁为高中教育阶段等。在法律上，儿童在不同年龄阶段享有不同的社会身份与社会地位，适用不同的法律，承担不同的法律责任（刘继同，2008b；全国人大，2020）。

正确认识儿童生长发育阶段，对制定儿童福利发展战略非常重要。儿童发展存在一些特点，如连续性和阶段性、方向性和不可逆性、不平衡性等。最重要的是，儿童发展存在"关键期"或"敏感期"。在这个阶段内，如果儿童发展缺少有效刺激，会导致某些能力（如认知能力、语言能力或社会交往能力等）低下，且难以通过后期的教育和训练得到提高（桑标，2014）。从社会政策的角度看，对"关键期"的发现和科学认识，具有极其重要的理论和实践意义。

（四）儿童群体分类

从社会政策的视角，对儿童群体进行基本分类，是研究儿童福利制度的基本议题。其涉及分类的基本角度，主要标准，不同类型儿童群体的异同之处，各类儿童在儿童总体中所占的比例关系，中国儿童群体总体特征和不同类型群体构成变化，等等。这些在进行政策干预时，对决定儿童福利的对象，具有重要的政策意义（刘继同，2008b）。

我国在发展中，常用的儿童群体分类标准包括下面一些。

从人口统计学特征出发的分类标准：不同的年龄群体（胎儿、婴儿、幼儿、儿童、少年），性别群体（男童、女童），不同教育阶段群体（学前教育阶段的儿童、义务教育阶段的儿童）。

从社会身份上看，在很多地区，分为户籍儿童和非户籍儿童；以居住地性质区分，可分为城镇儿童和农村儿童。

对困境儿童的分类和定义，是最重要的政策分类，可分为下述四类。

1. 监护困境儿童

（1）留守儿童

对于留守儿童有不同的定义。按照未满18周岁，父母中一方或双方外出务工的统计口径，2005 年，全国城乡留守儿童共 7326 万人，其中农村留守儿童为 5861 万人（段成荣、杨舸，2008）。2010 年，全国农村留守儿童人数增加至 6102.55 万人，占农村儿童的 37.7%，占全国儿童的 21.88%。独居的农村留守儿童约有 205.7 万人（全国妇联课题组，2013）。2015 年，全国有留守儿童 6877 万人（国家统计局、联合国儿童基金会、联合国人口基金，2017）。

民政部的排查则将留守儿童限定为不满 16 周岁，且父母双方均外出务工或一方外出务工而另一方无监护能力。其调查显示，2016 年全国农村留守儿童共有 902 万人，截至 2018 年 8 月，减少至 697 万人（潘跃，2018）。

（2）随迁儿童（流动儿童）

根据历次全国人口普查或 1% 抽样调查推算，2000 年，流动儿童规模为 1982 万人，到 2005 年增加至 2533 万人，2010 年急剧升至 3581 万人，2015 年随着全国儿童总人数的减少稍微回落至 3426 万人。在这四个时间节点，儿童的流动参与率分别为 5.7%（2000 年）、7.7%（2005 年）、12.8%（2010 年）、12.7%（2015 年）（吕利丹等，2018）。

（3）流浪儿童

流浪儿童的准确数据难以统计。2006 年，中国青少年研究中心推算，当时中国约有 100 万流浪儿童（王亚赛、舒怡尔，2020）。根据民政部公布的数据，截至 2008 年，中国流浪未成年人大约为 100 万～150 万人，其中多数是从农村地区流向城市（联合国儿童基金会，2011）。

（4）孤儿、事实无人抚养儿童

2005 年，民政部首次牵头启动全国性孤儿排查，尚晓援领导的北京师范大学课题组执行，发现全国失去父母或实际上无人抚养的未成年人总数为 57.3 万人，其中农村户口的孤儿达到 49.5 万人，占比 86.3%，6.9 万孤儿生活在儿童福利机构（尚晓援等，2008；周颖，2005）。2010 年，民政部再次统计，全国失去父母或实际上无人抚养的未成年人数量达 71.2 万人（尚晓援等，2011）。

2019 年，民政部正式将事实无人抚养儿童定义为：父母双方均符合重残、重病、服刑在押、强制隔离戒毒、被执行其他限制人身自由的措施、失联情形之一的儿童；或者父母一方死亡或失踪，另一方符合重残、重病、服刑在押、强制隔离戒毒、被执行其他限制人身自由的措施、失联情形之一的儿童（民政部等，2019）。2019 年，据民政部不完全统计，全国共有事实无人抚养儿童约 50 万（高文兴，2019）。

据民政部数据，失去父母和查找不到父母的孤儿数量呈连续下降趋势，从 2012 年的 57 万人下降至 2018 年的 34.3 万人（韩家慧，2019）。

（5）被遗弃儿童

中国的儿童遗弃曾经是非常严重的社会问题，被遗弃的儿童主要是残疾儿童和健康的女婴。1970 年代，长江中下游地区非正常死亡和被遗弃女婴的数量多达 80 万人以上。改革开放初期的 1980、1990 年代，遗弃女孩的现象也未能有所缓解，据估计，总计有上百万女孩从正式的人口登记中"消失"（Skinner and Yua，1998，转引自尚晓援等，2005）。以上数字是研究者根据人口统计数据所做的推算。关于我国每年被遗弃儿童的数量没有翔实的统计资料。截至 2009 年底，全国各类收养性单位共收养儿童 11.5 万人，其中绝大部分是被遗弃儿童（尚晓援、王振耀等，2011）。但是，根据民政部2019 年公布的数据，2010 年以后，被遗弃儿童的数量大幅度减少。其中，健康儿童被遗弃的数量越来越少，被遗弃儿童中 98% 为重病、重残儿童（韩家慧，2019）。

（6）儿童福利机构养护的儿童

儿童福利机构主要是指儿童福利院以及含有儿童服务部的社会福利院，以公办性质为主，主要功能是养护孤儿和被遗弃的儿童。民办的儿童福利院在民间也一直有需求，而且长期存在，但因政策限制等原因，无法成规模发展。

2006 年，全国有 208 家专门的儿童福利机构，还有近 600 家综合福利机构中设有儿童部。这些福利机构收养了 6.6 万名弃婴和孤儿（邱红杰，2006）。此后，民政部开展了"儿童福利机构建设蓝天计划"，儿童福利机构的数量和设施水平都有了显著提升。但随着被遗弃儿童数量的减少，儿童福利院的数量也有所减少。近年，儿童福利机构收养的被遗弃的儿童中

98%是重病或残疾儿童。截至2019年初，全国共有儿童福利机构和未成年人保护中心①1217家，总床位数超过10万张，在儿童福利机构集中供养的儿童约6.8万人（韩家慧，2019）。随着集中供养的弊端被认识、残疾和重病儿童比例的增加、孤儿成年后的社会适应等问题浮现，福利院开始探索功能改革。

（7）单亲家庭的儿童

产生单亲家庭的主要原因包括离婚、丧偶等。中国的离婚率不断上升，1985~2018年，粗离婚率②由0.45‰上升至3.20‰，离结比③由5.51%上升至43.99%（张冲等，2020）。单亲家庭比例也逐年上升，2010年达2396万户，其中70%为单亲母亲家庭（国家卫生和计划生育委员会，2014）。根据中国家庭追踪调查（China Family Panel Studies，CFPS），2010年样本中单亲家庭占比3.27%（离异2.97%，丧偶0.3%），2016年则上升至7.78%（离异6.34%，丧偶1.44%）（张春泥，2019）。

根据2015年全国1%人口抽样调查计算，约有35.3%的儿童"不和父母双方居住"，其中9.1%"和父亲居住"，10.5%"和母亲居住"，5.5%"和祖父母居住"，0.7%"单独居住"，3.3%"和其他儿童一起居住"，6.1%"和其他成年人居住"。在这些儿童中，3.5%是单亲家庭儿童、25.37%是留守儿童、6.95%是流动儿童（联合国儿童基金会，2017）。

（8）服刑人员的未成年子女

司法部预防犯罪研究所课题组（2006）的一次全国调查显示，截至2005年底，在我国监狱服刑的156万名在押犯中，有未成年子女的服刑人员近46万人，占押犯总数的30%左右，人均有1.3个未成年子女，即服刑人员未成年子女总数超过60万人。服刑人员的未成年子女中，半数以上生

---

① 各地未成年人保护中心，原来以服务流浪儿童为主，随着中国儿童保护制度的发展，开始对受虐待的儿童提供服务，逐渐成为中国儿童福利机构中一支重要力量。不过这些机构的工作重点，不是对在院儿童提供长期的养育和照料。

② 粗离婚率：年度离婚数与总人口之比。

③ 离结比：离婚对数与结婚对数之比。

活得不到保障，2.5%在流浪、乞讨。因其处境困难，这些儿童可能更容易辍学、违法犯罪等。以此次调查的数据作为基线数据推算，到2018年，服刑人员未成年子女大约有70万人（饶玮扬，2018）。

2. 经济困境儿童

2015年，中国贫困地区常住儿童约6500万人，占全国儿童的24%，其中68%生活在贫困农村地区。贫困地区儿童的流动、留守现象都高于平均水平。贫困地区随父母外出的流动儿童约966万人，贫困农村留守儿童约1366万人。贫困地区儿童在发展的各维度都处于劣势，各年龄组的死亡率都高于平均水平，无法完成义务教育和超龄入学的儿童比例更高、青少年早婚早育等现象相对更严重（联合国儿童基金会，2017）。

3. 医学困境儿童

（1）残疾儿童

残疾被分类为：视力残疾、听力残疾、言语残疾、肢体残疾、智力残疾、精神残疾、多重残疾[1]。

1987年第一次全国残疾人抽样调查显示，当时全国约有0～14岁残疾儿童817.35万人，笔者推算0～17岁的残疾未成年人规模大约为1007.6万人[2]，残疾儿童约占当时全体儿童总数的2.6%（叶奇等，2008）[3]。根据当时的分类方法，0～14岁的残疾儿童中，视力残疾儿童18万人，听力言语残疾儿童116万，肢体残疾儿童62万人，智力残疾儿童539万人，精神残疾儿童1.4万人，多重残疾儿童80.7万人（中残联，2008）。

2006年第二次全国残疾人抽样调查显示，0～17岁的残疾儿童约504万

---

[1]　根据国家标准文件《残疾人残疾分类和分级》（GB/T26341–2010）。

[2]　此次统计公报中未列入0～17岁残疾儿童人数，0～17岁残疾儿童数据为笔者根据资料推算的。推算方法为：根据《中国残疾儿童现状分析及对策研究》（叶奇等，2008），"1987年第一次残疾人抽样调查"样本中，0～14岁残疾儿童总人数为817.35万人，占比所有残疾儿童总数的81.2%，15～17岁残疾儿童占比18.9%，据此推算15～17岁残疾儿童总数为190.2453万人，加总得出0～17岁残疾儿童总数约为1007.595万人。

[3]　根据《中国残疾儿童现状分析及对策研究》（叶奇等，2008）书中提供的1987年残疾儿童现残率。

人，占残疾人口总数的 6.1%，占全体儿童总数的 1.6%（国务院妇女儿童工作委员会办公室等，2018）。其中，视力残疾儿童 24.1 万人，听力残疾儿童 20.5 万人，言语残疾儿童 36.9 万人，肢体残疾儿童 89.9 万人，智力残疾儿童 174.9 万人，精神残疾儿童 14.5 万人，多重残疾儿童 143.5 万人（第二次全国残疾人抽样调查办公室，2007）。

在两次残疾人抽样调查中，各类型 0～17 岁残疾儿童现残率（残疾儿童占所有儿童的比例）如表 2-1 所示。

表 2-1　0～17 岁残疾儿童现残率（含多重残疾）

单位：‰

年份	所有类型	视力残疾	听力残疾	言语残疾	肢体残疾	智力残疾	精神残疾
1987 年第一次残疾人抽查	26.18	0.90	3.90		3.43	18.97	0.28
2006 年第二次残疾人抽查	15.97	1.06	5.41		4.42	9.06	1.25

资料来源：叶奇等，2008。

（2）脑瘫儿童

在各种致残疾病中，脑性瘫痪（简称脑瘫）、孤独症（或称自闭症）等容易导致儿童多重残疾。

根据 2006 年第二次残疾人抽样调查，脑瘫是导致 0～14 岁儿童肢体残疾致残率较高的主要病因（刘民、栾承，2008），脑瘫还常伴有智力障碍、语言障碍、癫痫、行为异常及视听障碍等（胡贝贝等，2017）。根据一项元分析（Meta）结果，我国儿童脑瘫患病率大约为 0.18%，其中男童患病率（0.20%）显著高于女童（0.14%），中部（0.20%）、西部（0.19%）地区脑瘫儿童患病率明显高于东部地区（0.15%）（齐蒙蒙等，2015）。

（3）孤独症/自闭症儿童

俗称的孤独症或自闭症是一种尚无科学定义的终身发展性障碍。对于其起因、筛查、诊断以及康复均无有效解释和手段（尚晓援、王小林等，2012）。自闭症常常是指孤独症谱系障碍（Autism Spectrum Disorders，

ASD），实际上包括多种亚型①，孤独症是 ASD 中最严重、最具代表性的一种。较新的一项研究认为，全球范围内 ASD 的发生率大致为 1% ~ 2%（邹卓等，2020）。在过去 30 年，我国各类精神障碍的发病率增高趋势明显。自闭症已经成为 0 ~ 5 岁儿童精神残疾中的主要致残原因。

2006 年第二次全国残疾人抽样调查，明确将孤独症/自闭症列入精神残疾的范畴。这次调查结果显示，我国 0 ~ 6 岁精神残疾儿童的总数为 11.1 万人，其中孤独症导致的精神残疾儿童占到 36.9%，是导致儿童精神残疾最重要的原因（卫生部，2010）。第二次全国残疾人抽样调查共调查 0 ~ 17 岁儿童 616940 人，共发现自闭症 131 例，儿童自闭症的现残率为 2.12‰。据此推算，全国的自闭症儿童数在 28 万人左右。目前国际普遍引用标准是每 166 名儿童中有 1 名患自闭症。据此推算，中国自闭症儿童数约为 164 万人（尚晓援、王小林等，2012）。儿童自闭症的患病率与种族、地域、文化和社会经济发展水平无关。我国 0 ~ 17 岁自闭症儿童的男女性别比为 2.45∶1，女性自闭症患者的现患率低于男性，但女性患者病症较重（尚晓援、王小林等，2012）。ASD 患儿中仅只有不到 1/3 的患儿能及时接受诊断和治疗。因为经济条件的限制、专业治疗机构的匮乏，能接受规范治疗的 ASD 患儿更是少数（王乐，2012；邹卓等，2020）。

（4）受艾滋病影响的儿童

我国将"受艾滋病影响的儿童"定义为以下几类：感染艾滋病病毒的儿童；艾滋病病人遗留的孤儿；父母一方因艾滋病去世；父母一方或双方是艾滋病病毒感染者（中国疾病预防控制中心，2005）。截至 2019 年 10 月底，全国报告艾滋病病毒存活感染者 95.8 万人（王秉阳等，2019）。截至 2015 年底，中国疾控中心的"艾滋病综合防治信息管理系统"共发现 15 岁以下艾滋病病毒感染者和艾滋病患者 9906 例（王丽艳等，2017）。2005 年我国

---

① 孤独症谱系障碍的亚型包括：孤独症（Autism）、阿斯伯格综合征（Asperger Syndrome, AS）、雷特综合征（Retts' Sydrome）、儿童瓦解性精神障碍（Childhood Disintegative Disorder）、广泛性发育障碍未注明型（Pervasive Developmental Disorder Not Otherwise Specified, PDD - NOS）等。

15 岁以下、至少已经失去父母中一人的受艾滋病影响的儿童有 7.6 万人（玉洁等，2007），2010 年增至 26 万人（周婷玉，2005）。

但是，对于受艾滋病影响的儿童规模，缺少权威的统计数据。据粗略推断，2005 年全国受艾滋病影响的儿童规模为 37 万~57 万人，其中因艾滋病致孤的儿童数量约为 14 万人，据此推测，2010 年，全国受艾滋病影响的儿童为 50 万~90 万人（刘继同，2010；尚晓援、王振耀等，2011）。

（5）罕见病儿童

罕见病是指那些发病率极低的疾病或病变，一般为慢性、严重性疾病，常危及生命。中国罕见病患者已近 2000 万人，且每年新增患者超过 20 万（杨舒，2019）。罕见病患者约 50% 在儿童期发病（马端等，2011），因人口基数庞大，中国受到罕见病影响的儿童人数众多。罕见病并发症较多，死亡率和致残率很高，而且难以治疗、费用昂贵，罕见病儿童除了极少数生活在福利机构内，大多数由家庭照料，其家庭面临着沉重负担（纪文晓，2017）。目前已发表的文献中被称作罕见病的有将近 8000 种，但只有 495 种被国际疾病编码分类（谢冰洁等，2018）。中国在 2018 年制定了《第一批罕见病目录》，共收录 121 种罕见病（肖思思等，2019），又于 2019 年发布首份《罕见病诊疗指南》，罕见病的治疗开始逐步纳入医疗保障范围。

（6）受虐待儿童

儿童虐待，也称作针对儿童的暴力。根据世界卫生组织（WHO，1999）的主流界定，儿童虐待指的是针对 18 岁以下儿童所实施的虐待和忽视行为，包括针对儿童的身体或情感伤害、性虐待、忽视、疏忽照顾以及商业和其他形式的剥削。针对中国儿童虐待发生率，Fang 等（2015）对 68 项局部地区的调查进行元分析，估测中国儿童中有 26.6% 在 18 岁以前受到过身体虐待，19.6% 受到过精神虐待，8.7% 受到过性虐待，26.0% 受到过"忽视"类虐待。

4. 社会困境儿童

（1）户口待定儿童

根据全国人口普查，2000 年全国户口待定人口共 800 万人，占总人口的 0.6%；2010 年增长至 1376 万人，占总人口的 1%，其中有一半以上属于贫困农村的超生人员、弃婴、收养或领养儿童。户口待定的 0~17 岁儿童有1236 万人，占全国儿童总数的 4.4%，占户口待定人口总数的 89.8%。此后，全国开展户口清理整顿工作，2015 年，户口待定儿童规模减少至 434万人（联合国儿童基金会，2017；胡彬彬，2016）。

（2）童工

中国还缺少有关童工规模的权威统计数据。虽然自 1980 年以来，从减贫的成果和义务教育的普及，可以推断童工规模的大量缩减（国际劳工大会，2006），但是中国的童工问题依旧存在，需要引起重视。

根据中国家庭追踪调查（CFPS）的数据推算，在 2010 年，约有 7.74%的 10~15 岁儿童做过童工，童工比例在中西部和农村更高，年龄较大、农村户口是可能成为童工的高风险因素，童工率与辍学率成正相关（Tang et al.，2016）。不少童工同时也是流动儿童。根据 2005 年的 1% 人口抽样调查数据，仅 15 岁的已就业儿童就有 20 万人，而 14 岁的流动儿童中不在校的比例达到 10.8%，有很大可能即将成为童工（段成荣、黄颖，2012）。

2015 年，全国 6~17 岁儿童中"未按规定接受或完成义务教育的比例"约为 3.6%（联合国儿童基金会，2017）。农村教育行动计划（REAP）的研究发现，就初中生辍学率来看，中国贫困农村地区远远高于官方公布的2.6% 的平均水平，基于对 3 个省份 262 所农村 18474 名初中生的追踪调查，发现累计辍学率高于 18%（Scott Rozelle、张林秀，2014）。辍学儿童是童工的主要来源，基于初中生辍学率估算，每年有将近 300 万辍学儿童成为潜在的劳动力（曹迪，2013）。

雇用童工事件不时被媒体报道。2007 年山西黑砖窑事件曝光，大量儿童被暴力强迫，进行长时间、高强度的劳动。2012 年，富士康被曝光在烟台的一家工厂借学生实习项目之名雇用 14~16 周岁的童工从事生产（侯雪苹、王燕琨，2012）。江苏常熟一些服装工厂长期雇用童工，自 2012 年以来，常熟市共查处使用童工案件 107 起，涉及使用童工 211 名（钟升，2016）。

（3）受到性剥削的儿童

儿童被迫从事卖淫、遭受性剥削的数量难以统计，对此，中国还缺少准确的数据，但有证据表明这一现象在中国长期存在。2000 年，公安机关破获一个 79 人的犯罪团伙，涉嫌拐骗 100 多名妇女和未成年女性，强迫其卖淫，其中最小的年仅 12 岁。该团伙以介绍工作为由将受害者从农村诱骗到城市，暴力胁迫其卖淫（休伊特，2000）。这类案件在 1990 年代至 2000 年代初期频发（南方都市报，2005）。2006 年的"永州幼女被迫卖淫案"中，被害女孩以恋爱为由被诱骗强奸，而后被胁迫卖淫。2015～2017 年，赵志勇等人胁迫在校初中女生卖淫，受害儿童达 25 人。

儿童性剥削还可能涉及人口贩运的跨国犯罪。自 2000 年起，中国与国际劳工组织合作开展"湄公河次区域反对拐卖儿童和妇女项目"。在湄公河次区域——柬埔寨、老挝、泰国、越南、中国云南地区，存在大量的妇女和儿童被拐卖、贩运，从而被性剥削的现象，这些问题与旅游业密切交织，世界各地的游客到这些地区购买包含儿童性服务的旅游项目。国际终止童妓组织（ECPAT）等的报告显示，对于儿童被贩运并遭受性剥削的现象，中国既是儿童的来源国（即中国儿童被贩运至境外），也是外国儿童被贩运和剥削的目的地、中转国（Hawke and Raphael，2015；罗书臻，2015）。

随着网络的普及，各种新型儿童性剥削也在出现。卷入裸贷的未成年人被胁迫卖淫，利用儿童拍摄色情制品等案件也时有报道。这些现象亟须法律和政策干预。

（4）被拐卖儿童

自 1980 年代初起，拐卖儿童就成为我国严重的犯罪问题。在历次打拐专项行动下，形势几经起伏。2000 年后，拐卖妇女儿童犯罪案件数量连续 7 年下降，但从 2008 年起又开始持续上升（刘伟，2017；王金玲，2014）。公安部开展第五次打拐专项行动期间，2009 年 4 月至 2011 年 7 月，全国共破获拐卖儿童案件 8717 起，解救被拐卖儿童 14613 人，共打掉拐卖妇女儿童的犯罪团伙 4885 个（肖媛媛，2011）。如表 2－2 所示，2010 年后，公安机关立案的拐卖妇女儿童案件数量仍逐年上升，在 2013 年达到高峰 20735 件，此后又逐年下降，2018 年立案数减少至 5397 件。

表 2 – 2 2010～2018 年公安机关处理的拐卖妇女儿童案件数

单位：件

年份	拐卖妇女儿童案件破获数			拐卖妇女儿童案件立案数
	拐卖儿童	拐卖妇女	拐卖儿童及妇女	
2010	2827	3228	6055	10082
2011	2979	3636	6615	13964
2012	3152	4598	7750	18532
2013	2237	4537	6774	20735
2014	1460	1775	3235	16483
2015	756	637	1393	9150
2016	618	493	1111	7121
2017	546	661	1207	6668
2018	606	434	1040	5397
合计	15181	19999	35180	108132

资料来源：公安部，根据万东华、王卫国《中国妇女儿童状况统计资料 2019》整理。

与此同时，拐卖儿童案件不断呈现新的复杂特点。从拐卖目的看，非法收养，强迫儿童从事行乞、卖淫、偷盗、抢夺，强迫劳动，利用儿童进行毒品交易，器官交易等都时有发生，被拐卖拐骗成婚者中未成年人比例也有所上升；从作案方式看，犯罪集团化、跨境贩运增多，侦破难度加大（刘伟，2017；王金玲，2014）。由亲属甚至亲生父母贩卖儿童的案件也不在少数（李春雷等，2013）。另外，外出寻找工作的妇女和未成年人、流动儿童已构成被拐卖拐骗的妇女儿童中的两大主体人群，其常常由于受到"嫁个好地方""找个好工作""做生意赚大钱"等承诺的诱惑被拐骗（王金玲，2014；Zheng，2014）。

改革开放以来，儿童群体的社会分层与社会流动日益加剧和频繁，以往相对简单、同质、整体的儿童群体分化转变为若干亚群体，儿童群体构成日益复杂多样，不同类型之间的异质性显著增强。总体发展趋势是，越来越多的儿童亚群体处于迫切需要社会帮助和保护的状况中（刘继同，2008b）。对困境儿童的分类趋向多样化，说明我国对困境儿童的认识逐渐深化，更多的儿童群体被纳入政策视野中。

三 儿童福利项目和国家对儿童福利的责任承担

本部分旨在分析中国的儿童福利项目和国家对儿童福利的责任承担。儿童福利项目设计和儿童福利的受益群体直接关联，儿童福利项目和国家对儿童福利的责任承担体现了儿童福利的理念和儿童福利制度的性质。

（一）国家基本公共服务项目分析

本书从"十三五"规划的基本公共服务项目入手，分析国家对儿童福利承担的责任。选择《"十三五"推进基本公共服务均等化规划》（国务院，2017），是因为针对已经列入基本公共服务的项目，国家承担了主要的经费和供给责任。列入基本公共服务的项目，就代表国家已经承担起供给责任。此外，这个文件对基本公共服务的选择，体现了先进的儿童福利理念，包括了公民（儿童）权利的理念、社会公平的理念、增进儿童福祉的理念，以及保障基本需求和可持续性的理念。

基本公共服务是由政府主导、保障全体公民生存和发展基本需要、与经济社会发展水平相适应的公共服务。基本公共服务均等化是指全体公民都能公平可及地获得大致均等的基本公共服务，其核心是促进机会均等，重点是保障人民群众得到基本公共服务的机会，而不是简单的平均化。享有基本公共服务是公民的基本权利，保障人人享有基本公共服务是政府的重要职责。推进基本公共服务均等化，是全面建成小康社会的应有之义，对于促进社会公平正义、增进人民福祉、增强全体人民在共建共享发展中的获得感、实现中华民族伟大复兴的中国梦，都具有十分重要的意义（国务院，2017）。

使用这个文件来明确目前国家在儿童福利中承担的全部责任，亦有一些问题。第一，这个文件发布于 2017 年，中国儿童福利发展很快，2017 年之后新的儿童福利项目尚未纳入。2017 年之后，中国的儿童福利快速发展，儿童保护制度进一步完善。新的发展情况反映在"十四五"规划中。第二，中国的儿童福利制度是高度分权的，主要由各个地方承担经费责任和供给责任，而此项分析主要是针对中央一级承诺的儿童福利责任。各地的落实情况很不相同。各地的创新也没有纳入。

例如，列入清单的项目"普惠性学前教育资助"的受益对象为"经县级以上教育行政部门审批设立的普惠性幼儿园在园家庭经济困难儿童、孤儿和残疾儿童"，很明显不是社会福利意义上的普惠性福利。但是有些地方，如南京，公办园和普惠园入园的所有儿童实行学前一年免费，明显已经是普惠性福利。

列入国家基本公共服务清单的项目共81项，本书把这些项目分成三类。

第一类，专门针对儿童的基本公共服务项目，共16项；第二类，惠及全体公民，儿童也可以从中获益的项目，共24项；第三类，惠及有特殊困难的群体，困境儿童也可以受惠的项目，共14项。三者合计，共54项，占已经列入国家基本公共服务清单项目的67%。

专门针对儿童的16个项目，约占20%。惠及全体公民，儿童也可以从中获益的项目，共24项，约占30%。针对有特殊困难的群体，困境儿童也可以受惠项目14项，占17%。

从表2-3及上述分析可以看出，在国家提供的基本公共服务中，儿童（和家庭）可以享受的项目所占份额达到2/3。儿童是国家提供的基本公共服务的主要受惠群体之一。

在清单中，惠及所有居民，儿童也从中受益的服务项目最多。从国际经验看，这是普遍的现象（Freymond and Cameron，2006）。家庭和儿童通过一般性的社会福利项目获益。国家提供的福利和保护服务越完整，儿童的发展环境越好。从儿童权利和儿童发展的角度看，全体公民享受的项目中，如文化体育服务，在服务的内容和提供方式方面，怎样体现儿童发展的权利和需要，仍然值得认真研究。

表 2 - 3 "十三五"期间国家基本公共服务清单儿童福利项目分析

项目分类	专门针对儿童的服务项目	惠及全体公民，儿童也可以从中获益	针对有特殊困难的群体，困境儿童也可以受惠
合计(项)	16	24	14
一、基本公共教育	1. 免费义务教育 2. 农村义务教育学生营养改善 3. 寄宿生生活补助 4. 普惠性学前教育资助 5. 中等职业教育国家助学金 6. 中等职业教育免除学杂费 7. 普通高中国家助学金 8. 免除普通高中建档立卡等家庭经济困难学生学杂费 (共8项)	—	—
二、基本劳动就业创业	—	14. 职业技能培训和技能鉴定 (共1项)	
三、基本社会保险	22. 生育保险 (共1项)	23. 城乡居民基本医疗保险 25. 工伤保险 (共2项)	—
四、基本医疗卫生	28. 预防接种 30. 儿童健康管理 31. 孕产妇健康管理 40. 免费孕前优生健康检查 (共4项)	26. 居民健康档案 27. 健康教育 29. 传染病及突发公共卫生事件报告和处理 35. 卫生计生监督协管 37. 中医药健康管理 38. 艾滋病病毒感染者和病人随访管理 41. 基本药物制度 42. 计划生育技术指导咨询 45. 食品药品安全保障 (共9项)	

续表

项目分类	专门针对儿童的服务项目	惠及全体公民,儿童也可以从中获益	针对有特殊困难的群体,困境儿童也可以受惠
五、基本社会服务	53. 困境儿童保障 54. 农村留守儿童关爱保护 (共2项)	—	46. 最低生活保障 47. 特困人员救助供养 48. 医疗救助 49. 临时救助 50. 受灾人员救助 51. 法律援助 58. 重点优抚对象集中供养 (共7项)
六、基本住房保障	—	59. 公共租赁住房 60. 城镇棚户区住房改造 (共2项)	61. 农村危房改造 (共1项)
七、基本公共文化体育	—	62. 公共文化设施免费开放 63. 送地方戏 64. 收听广播 65. 观看电视 66. 观赏电影 67. 读书看报 68. 少数民族文化服务 69. 参观文化遗产 70. 公共体育场馆开放 71. 全民健身服务 (共10项)	—
八、残疾人基本公共服务	78. 残疾人教育 (共1项)	—	72. 困难残疾人生活补贴和重度残疾人护理补贴 74. 残疾人基本社会保险个人缴费资助和保险待遇 75. 残疾人基本住房保障 77. 残疾人康复 80. 残疾人文化体育 81. 无障碍环境支持 (共6项)

资料来源:作者根据《"十三五"推进基本公共服务均等化规划》(国发〔2017〕9号)整理。

在所有这些项目中，基本按照普惠原则提供的项目为 29 项，占 54%；补救性有条件提供的为 21 项，占 39%；缴费保险性服务为 4 项，约占 7%（见表 2-4）。如果按照项目经费和受益人口计算，占比当有所不同。

在专门针对儿童的服务项目中，普惠性服务主要集中在教育和医疗方面。保险类项目只有生育保险。补救性服务数量较多。反映了针对儿童的福利服务，在教育和医疗服务之外，主要是补救性服务。

表 2-4 "十三五"期间国家基本公共服务清单儿童福利项目性质分析

项目分类	普惠性服务	补救性服务 （有条件服务）	缴费保险性服务 （付费性）
合计(项)	29	21	4
专门针对儿童的服务项目			
分类一总计(项)	6	9	1
一、基本公共教育	1. 免费义务教育 （共1项）	2. 农村义务教育学生营养改善 3. 寄宿生生活补助 4. 普惠性学前教育资助 5. 中等职业教育国家助学金 6. 中等职业教育免除学杂费 7. 普通高中国家助学金 8. 免除普通高中建档立卡等家庭经济困难学生学杂费 （共7项）	—
三、基本社会保险	—	—	22. 生育保险 （共1项）
四、基本医疗卫生	28. 预防接种 30. 儿童健康管理 31. 孕产妇健康管理 40. 免费孕前优生健康检查 （共4项）	—	—

续表

项目分类	普惠性服务	补救性服务 （有条件服务）	缴费保险性服务 （付费性）
五、基本社会服务	—	53. 困境儿童保障 54. 农村留守儿童关爱保护 （共 2 项）	—
八、残疾人基本公共服务	78. 残疾人教育 （共 1 项）	—	—

惠及全体公民，儿童也可以从中获益

分类二总计（项）	20	2	2
二、基本劳动就业创业	14. 职业技能培训和技能鉴定 （共 1 项）	—	—
三、基本社会保险	—	—	23. 城乡居民基本医疗保险 25. 工伤保险 （共 2 项）
四、基本医疗卫生	26. 居民健康档案 27. 健康教育 29. 传染病及突发公共卫生事件报告和处理 35. 卫生计生监督协管 37. 中医药健康管理 38. 艾滋病病毒感染者和病人随访管理 41. 基本药物制度 42. 计划生育技术指导咨询 45. 食品药品安全保障 （共 9 项）	—	—
六、基本住房保障	—	59. 公共租赁住房 60. 城镇棚户区住房改造 （共 2 项）	—

续表

项目分类	普惠性服务	补救性服务 （有条件服务）	缴费保险性服务 （付费性）
七、基本公共文化体育	62. 公共文化设施免费开放 63. 送地方戏 64. 收听广播 65. 观看电视 66. 观赏电影 67. 读书看报 68. 少数民族文化服务 69. 参观文化遗产 70. 公共体育场馆开放 71. 全民健身服务 （共10项）	—	—
	针对有特殊困难的群体，困境儿童也可以受惠		
分类三总计（项）	3	10	1
五、基本社会服务	—	46. 最低生活保障 47. 特困人员救助供养 48. 医疗救助 49. 临时救助 50. 受灾人员救助 51. 法律援助 58. 重点优抚对象集中供养 （共7项）	—
六、基本住房保障	—	61. 农村危房改造 （共1项）	—
八、残疾人基本公共服务	77. 残疾人康复 80. 残疾人文化体育 81. 无障碍环境支持 （共3项）	72. 困难残疾人生活补贴和重度残疾人护理补贴 75. 残疾人基本住房保障 （共2项）	74. 残疾人基本社会保险个人缴费资助和保险待遇 （共1项）

资料来源：作者根据《"十三五"推进基本公共服务均等化规划》（国发〔2017〕9号）整理。

　　儿童享受的基本普惠的家庭和儿童福利项目，主要集中在三大领域：儿童教育、基本医疗卫生和基本公共文化体育。

　　在儿童教育领域，普惠制服务主要为义务教育。此外，国家在残疾儿童教育方面，也承担了责任，并承诺"积极推进为家庭经济困难的残疾儿童、青少年提供包括义务教育和高中阶段教育在内的12年免费教育"。

在基本医疗卫生领域，直接或主要服务于儿童的项目，为预防接种、儿童健康管理、孕产妇健康管理、免费孕前优生健康检查4项。针对所有公民的基本医疗卫生领域的服务，儿童也被直接包括在内的项目有9项，包括居民健康档案、健康教育、传染病及突发公共卫生事件报告和处理、卫生计生监督协管、中医药健康管理、艾滋病病毒感染者和病人随访管理、基本药物制度、计划生育技术指导咨询、食品药品安全保障。除此之外，残疾儿童康复，也被列入基本公共服务项目。

通过社会保险，对儿童和家庭提供基本的经济保障：国家构建全覆盖、保基本、多层次、可持续的社会保险制度，实施全民参保计划，保障公民在年老、疾病、工伤、失业、生育等情况下依法从国家和社会获得物质帮助。其中，和家庭与儿童的经济保障有关的险种，有生育保险、基本医疗保险；失业保险和工伤保险是对家庭的支持，因公死亡的职工，其家属包括未满18周岁的子女可以领取供养亲属抚恤金。

对于有特殊需要的群体，国家提供面向部分群体的家庭和儿童福利项目。在义务教育方面，除了普惠制的服务，还包括专门针对困难群体的服务，如农村义务教育学生营养改善、寄宿生生活补助、普惠性学前教育资助、中等职业教育国家助学金、中等职业教育免除学杂费、普通高中国家助学金、免除普通高中建档立卡等家庭经济困难学生学杂费（国务院，2017）。

通过社会救助，对贫困家庭和儿童提供基本经济保障，如进一步完善孤儿基本生活保障制度，做好困境儿童保障工作，统筹推进未成年人社会保护试点和农村留守儿童关爱保护。

国家对包括残疾儿童在内的残疾人的服务，在基本公共服务清单中为单独的一类，反映出残疾人服务独特的重要地位。

上述分析表明，在先进的理念指导下，经过多年的发展，在儿童发展的最重要领域，中国基本上建立起了比较全面的儿童福利制度。在义务教育、儿童医疗健康等方面，主要的资金来源和供给责任已经从家庭转移到国家。所有儿童都是受惠者。当家庭监护缺失的时候，国家也承担起了经济保障（孤儿和困境儿童）的责任，替代性养护的责任（儿童福利机构），或监督家庭监护者的责任（留守儿童）。在国家责任尚未到位的方面，如儿童保护方面，基本的制度框架正在搭建，各地的探索和实践已经先行。

从儿童权利的角度看，儿童的社会参与和融合方面的服务，尚未列入国家基本公共服务清单。

（二）儿童福利提供中的国家责任分析

第一，中国正在建立基于公民权利的、最基本的公共服务提供体系。儿童从提供给所有公民的福利服务中受益，也从专门针对儿童的福利服务中受益。其中，国家承担了主要责任的领域是妇幼保健、儿童医疗健康和儿童教育。在这些方面，中国已经建立了普惠制的福利供给体系。其中，对贫困地区儿童、困境儿童，特别是残疾儿童，国家承担了更多的责任。在国家承担责任的范围内，主要的责任主体是地方政府，中央政府适度分担。

第二，在对儿童和家庭提供经济保障方面，中国建立了社会保险和社会救助，国家承担了对贫困家庭的最低生活保障，对孤儿和困境儿童的基本生活保障，教育和就业培训，等等。对低收入家庭的住房福利已经起步。

第三，在儿童照料和养育以及儿童保护等方面，家庭仍然承担着主要责任，国家承担的责任非常有限。

第四，国家提供的儿童福利，属于保基本的福利服务。在发展儿童基本能力方面取得重要进展的背景下，怎样进一步为儿童高级能力的发展奠定基础以及国家怎样和家庭分担责任，尚须进一步明确。比如，全面普及免费的早期教育和高中教育等。

第五，本部分对儿童福利的制度分析，局限于国家层面的项目分析。但是，国家基本公共服务清单对实施基本公共服务的责任，有具体规定（见附表2－1）。这些项目的经费责任和具体执行多数依靠地方政府的经费和执行能力。因此，中国各地实施的儿童福利项目均有地方特色，并不完全相同。从积极的角度看，中国的制度变迁，通常是从地方开始，经过试点，往往是多年的试点，才在全国推行。这被称为"地方先行"。因此，各地的实践，往往反映了制度变迁的方向。

附　件

附表 2 - 1　"十三五"国家基本公共服务清单中关于服务项目的具体规定

序号	服务项目	服务对象	服务指导标准	支出责任	牵头负责单位
一、基本公共教育					
1	免费义务教育	义务教育学生	对城乡义务教育学生免除学杂费,免费提供教科书;统一城乡义务教育学校生均公用经费基准定额	中央和地方财政按比例分担	财政部、教育部
2	农村义务教育学生营养改善	贫困地区农村义务教育学生	在集中连片特困地区开展国家试点,中央财政为试点地区学生提供每生每年800元的营养膳食补助,鼓励各地因地制宜开展地方试点	国家试点县学生营养膳食补助所需资金由中央财政承担;地方试点县学生营养膳食补助所需资金由地方财政承担,中央财政给予奖励性补助	教育部、财政部
3	寄宿生生活补助	义务教育家庭经济困难寄宿学生	小学生每生每年1000元,初中生每生每年1250元	中央和地方财政按5:5比例共同分担	财政部、教育部
4	普惠性学前教育资助	经县级以上教育行政部门审批设立的普惠性幼儿园在园家庭经济困难儿童、孤儿和残疾儿童	减免保育教育费,补助伙食费,具体资助方式和资助标准由省级人民政府结合本地实际自行制定	地方人民政府负责,中央财政予以奖补。按照"地方先行,中央补助"的原则开展相关工作	财政部、教育部
5	中等职业教育国家助学金	中等职业学校全日制正式学籍一、二年级在校涉农专业学生和非涉农专业家庭经济困难学生;六盘山区等11个集中连片特困地区和西藏、四省藏区、新疆南疆四地州中等职业学校农村(不含县城)学生	国家助学金每生每年2000元,中央财政按区域确定家庭经济困难学生比例,西部地区按在校学生的20%确定,中部地区按在校学生的15%确定,东部地区按在校学生的10%确定	中央和地方财政按比例分担:西部地区(不分生源地)以及中部、东部地区(生源地为西部的),中央与地方分担比例为8:2;对中部地区(生源地不是西部的)以及东部地区生源地为中部的,中央与地方分担比例为6:4;东部地区(生源地不是西部、中部的)分担比例分省(市)确定	财政部、教育部、人力资源社会保障部

续表

序号	服务项目	服务对象	服务指导标准	支出责任	牵头负责单位
6	中等职业教育免除学杂费	公办中等职业学校全日制正式学籍一、二、三年级在校生中所有农村(含县镇)学生、城市涉农专业学生和家庭经济困难学生(艺术类相关表演专业学生除外),符合条件的民办职业学校学生	按各省(区、市)人民政府及其价格、财政主管部门确定的学费标准免除学杂费。公办中等职业学校,中央财政统一按平均每生每年 2000 元标准,与地方按比例分担免除学杂费补助资金。符合条件的民办职业学校学生参照当地同类型、同专业公办学校免除学杂费标准予以补助	中央和地方财政按比例分担:西部地区(不分生源地)以及中部、东部地区(生源地为西部的),中央与地方分担比例为 8:2;对中部地区(生源地不是西部的)以及东部地区生源地为中部的,中央与地方分担比例为 6:4;东部地区(生源地不是西部、中部的)分担比例分省(市)确定	财政部、教育部、人力资源社会保障部
7	普通高中国家助学金	普通高中在校生中的家庭经济困难学生	国家助学金平均资助标准为每生每年 2000 元,具体标准由各地结合实际分档确定	中央和地方财政按比例分担:西部地区中央与地方分担比例为 8:2;中部地区分担比例为 6:4;东部地区除直辖市外,按照财力状况分省确定	财政部、教育部
8	免除普通高中建档立卡等家庭经济困难学生学杂费	公办普通高中建档立卡等家庭经济困难在校学生(含非建档立卡的家庭经济困难残疾学生、农村低保家庭学生、农村特困救助供养学生),符合条件的民办普通高中学生	按各省(区、市)人民政府及其价格、财政主管部门确定的学费标准免除学杂费(不含住宿费)。中央财政逐省(区、市)核定免学杂费财政补助标准。符合条件的民办学校学生参照当地同类型公办学校免除学杂费标准予以补助	中央和地方财政按比例分担:西部地区中央与地方分担比例为 8:2;中部地区分担比例为 6:4;东部地区除直辖市外,按照财力状况分省确定	财政部、教育部

序号	服务项目	服务对象	服务指导标准	支出责任	牵头负责单位
二、基本劳动就业创业					
14	职业技能培训和技能鉴定	城乡各类有就业创业、提升岗位技能要求和培训愿望的劳动者	贫困家庭子女、毕业年度高校毕业生、城乡未继续升学的应届初高中毕业生、农村转移就业劳动者、城镇登记失业人员,以及符合条件的企业在职职工可按规定享受职业培训补贴;按规定给予参加劳动预备制培训的农村学员和城市低保家庭学员一定生活费补贴;符合条件人员享受职业技能鉴定补贴	地方人民政府负责,国家给予适当补助	人力资源社会保障部、财政部
三、基本社会保险					
22	生育保险	各类企业、机关、事业单位、社会团体等用人单位	基金支付生育期间的医疗费和生育津贴,生育津贴按职工所在用人单位上年度职工月平均工资计发	用人单位按照不超过工资总额1%的比例缴纳生育保险费,累计结余超过9个月的统筹地区,应将费率控制在用人单位工资总额的0.5%以内。具体缴费比例由各统筹地区规定	人力资源社会保障部
23	城乡居民基本医疗保险	除职工基本医疗保险应参保人员以外的其他所有城乡居民(包括农村人口和城镇非就业人员)	整合城镇居民基本医疗保险和新型农村合作医疗保险,政策范围内住院费用医保基金支付比例稳定在75%左右,大病保险的报销比例达到50%以上	个人缴费和政府补助相结合	人力资源社会保障部、国家卫生计生委、财政部
25	工伤保险	企业、事业单位、社会团体、民办非企业单位、基金会、律师事务所、会计师事务所等组织的职工和个体工商户的雇工	保障因工作遭受事故伤害或者患职业病的职工获得医疗救治和经济补偿,促进工伤预防和职业康复。工伤保险基金和用人单位按规定支付工伤医疗和康复费用、伤残津贴和补助、生活护理费及工亡补助等。参保人数达到2.2亿人以上	工伤预防的宣传、培训等费用,劳动能力鉴定费用和工伤保险待遇费用依法由工伤保险基金和用人单位支付	人力资源社会保障部

序号	服务项目	服务对象	服务指导标准	支出责任	牵头负责单位
四、基本医疗卫生					
26	居民健康档案	城乡居民	为辖区常住人口建立统一、规范的居民电子健康档案,建档率逐步达到90%	地方人民政府负责,中央财政适当补助	国家卫生计生委
27	健康教育	城乡居民	提供健康教育、健康咨询等服务	地方人民政府负责,中央财政适当补助。	国家卫生计生委
28	预防接种	0~6岁儿童和其他重点人群	在重点地区,对重点人群进行针对性接种国家免疫规划疫苗。以乡镇(街道)为单位,适龄儿童免疫规划疫苗接种率逐步达到90%以上	地方人民政府负责,中央财政适当补助	国家卫生计生委
29	传染病及突发公共卫生事件报告和处理	法定传染病病人、疑似病人、密切接触者和突发公共卫生事件伤病员及相关人群	就诊的传染病病例和疑似病例以及突发公共卫生事件伤病员及时得到发现、登记、报告、处理,提供传染病防治和突发公共卫生事件防范知识宣传和咨询服务。传染病报告率和报告及时率均达到95%,突发公共卫生事件相关信息报告率达到100%	地方人民政府负责,中央财政适当补助	国家卫生计生委
30	儿童健康管理	0~6岁儿童	提供新生儿访视、儿童保健系统管理、体格检查、儿童营养与喂养指导、生长发育监测及评价和健康指导等服务。0~6岁儿童健康管理率逐步达到90%	地方人民政府负责,中央财政适当补助	国家卫生计生委
31	孕产妇健康管理	孕产妇	提供孕期保健、产后访视及健康指导服务。孕产妇系统管理率逐步达到90%以上	地方人民政府负责,中央财政适当补助	国家卫生计生委
35	卫生计生监督协管	城乡居民	提供食品安全信息报告、饮用水卫生安全巡查、学校卫生服务、非法行医和非法采供血信息报告等服务。逐步覆盖90%以上的乡镇	地方人民政府负责,中央财政适当补助	国家卫生计生委

续表

序号	服务项目	服务对象	服务指导标准	支出责任	牵头负责单位
37	中医药健康管理	65 岁以上老人、0~3 岁儿童	通过基本公共卫生服务项目为 65 岁以上老人提供中医体质辨识和中医保健指导服务,为 0~3 岁儿童提供中医调养服务。目标人群覆盖率逐步达到 65%	地方人民政府负责,中央财政适当补助	国家卫生计生委、国家中医药局
40	免费孕前优生健康检查	农村计划怀孕夫妇	提供健康教育、健康检查、风险评估和咨询指导等孕前优生服务。目标人群覆盖率逐步达到 80%	中央和地方财政按比例分担	国家卫生计生委
41	基本药物制度	城乡居民	政府办基层医疗卫生机构全部实行基本药物零差率销售,按规定纳入基本医疗保险药品报销目录,逐步提高实际报销水平	地方人民政府负责,中央财政适当补助	国家卫生计生委
42	计划生育技术指导咨询	育龄人群	提供计划生育技术指导咨询服务、计划生育相关的临床医疗服务、符合条件的再生育技术服务和计划生育宣传服务	农村避孕节育技术服务经费由地方财政保障,中央财政对西部困难地区给予补助	国家卫生计生委、财政部
45	食品药品安全保障	城乡居民	对供应城乡居民的食品药品开展监督检查,及时发现并消除风险。对药品医疗器械实施风险分类管理,提高对高风险对象的监管强度	中央和地方人民政府分类负责	食品药品监管总局

五、基本社会服务

序号	服务项目	服务对象	服务指导标准	支出责任	牵头负责单位
46	最低生活保障	家庭成员人均收入低于当地最低生活保障标准,且符合当地最低生活保障家庭财产状况规定的家庭	按照共同生活的家庭成员人均收入低于当地最低生活保障标准的差额,按月发给最低生活保障金	地方人民政府负责,中央财政对困难地区适当补助	民政部、财政部

序号	服务项目	服务对象	服务指导标准	支出责任	牵头负责单位
47	特困人员救助供养	无劳动能力、无生活来源且无法定赡养、抚养、扶养义务人,或者其法定义务人无赡养、抚养、扶养能力的老年人、残疾人以及未满16周岁的未成年人	提供基本生活条件;对生活不能自理的给予照料;提供疾病治疗;办理丧葬事宜;对符合规定标准的住房困难的分散供养特困人员,给予住房救助;对在义务教育阶段就学的特困人员,给予教育救助;对在高中教育(含中职)、普通高等教育阶段就学的特困人员,根据实际情况给予适当教育救助	地方人民政府负责,中央财政对困难地区适当补助	民政部、财政部
48	医疗救助	重点救助对象:最低生活保障家庭成员和特困救助供养人员。低收入救助对象:低收入家庭的老年人、未成年人、重度残疾人和重病患者,以及其他特殊困难人员。重特大疾病医疗救助对象:除上述救助对象以外,还包括因病致贫家庭重病患者。疾病应急救助对象:在中国境内发生急重危伤病,需要急救但身份不明确或无力支付相应费用的患者	对重点救助对象参加城乡居民基本医疗保险的个人缴费部分进行补贴,对特困救助供养人员给予全额资助,对最低生活保障家庭成员给予定额资助。重点救助对象在定点医疗机构发生的政策范围内住院费用中,对经过基本医疗保险、城乡居民大病保险及各类补充医疗保险、商业保险报销的个人负担费用,在年度救助限额内按不低于70%的比例给予救助。对重点救助对象和低收入救助对象经基本医疗保险、城乡居民大病保险及各类补充医疗保险、商业保险等报销后个人负担的合规医疗费用,直接予以补助;因病致贫家庭重病患者等其他救助对象负担的合规医疗费用,先由其个人支付,对超过家庭负担能力的部分予以救助。医疗机构对疾病应急救助对象紧急救治所发生的费用,可向疾病应急救助基金申请补助	地方人民政府负责,中央财政适当补助	民政部、国家卫生计生委、财政部

序号	服务项目	服务对象	服务指导标准	支出责任	牵头负责单位
49	临时救助	家庭对象:因火灾、交通事故等意外事件,家庭成员突发重大疾病等原因,导致基本生活暂时出现严重困难的家庭;因生活必需支出突然增加超出家庭承受能力,导致基本生活暂时出现严重困难的最低生活保障家庭;遭遇其他特殊困难的家庭。个人对象:因遭遇火灾、交通事故、突发重大疾病或其他特殊困难,暂时无法得到家庭支持,导致基本生活陷入困境的个人	为救助对象发放临时救助金;根据临时救助标准和救助对象基本生活需要,发放衣物、食品、饮用水,提供临时住所;对给予临时救助金、实物救助后,仍不能解决临时救助对象困难的,可分情况提供转介服务。县级以上地方人民政府根据救助对象困难类型、困难程度,统筹考虑其他社会救助制度保障水平,合理确定临时救助标准,并适时调整	地方人民政府负责,中央财政对困难地区适当补助	民政部、财政部
50	受灾人员救助	基本生活受到自然灾害严重影响的人员	及时为受灾人员提供必要的食品、饮用水、衣被、取暖、临时住所、医疗防疫等应急救助;对住房损毁严重的受灾人员进行过渡性安置;及时核实本行政区域内居民住房恢复重建补助对象,并给予资金、物资等救助;受灾地区人民政府应当为因当年冬寒或者次年春荒遇到生活困难的受灾人员提供基本生活救助	中央和地方人民政府共同负责	民政部、财政部

续表

序号	服务项目	服务对象	服务指导标准	支出责任	牵头负责单位
51	法律援助	经济困难公民和特殊案件当事人	提供必要的法律咨询、代理、刑事辩护等无偿法律服务	地方人民政府负责,中央财政引导地方加大投入力度	司法部、财政部
54	农村留守儿童关爱保护	父母双方外出务工或一方外出务工另一方无监护能力、未满16周岁的农村户籍未成年人	强化家庭监护主体责任;落实县、乡镇人民政府和村(居)民委员会职责;加大教育部门和学校关爱保护力度;动员群团组织开展关爱服务;推动社会力量积极参与	地方人民政府负责	民政部
六、基本住房保障					
59	公共租赁住房	符合条件的城镇低收入住房困难家庭、城镇中等偏下收入住房困难家庭、新就业无房职工、城镇稳定就业的外来务工人员	实行实物保障与货币补贴并举,并逐步加大租赁补贴发放力度	市、县级人民政府负责,引导社会资金投入,省级人民政府给予资金支持,中央财政给予资金补助	住房城乡建设部、财政部
60	城镇棚户区住房改造	符合条件的城镇居民	实物置换和货币补偿相结合,具体标准由市、县级人民政府确定(有国家标准的,执行国家标准)。全国开工改造包括城市危房、城中村在内的各类棚户区住房2000万套	政府给予适当补助,企业安排一定的资金,住户承担一部分住房改善费用	住房城乡建设部、财政部
61	农村危房改造	居住在危房中的建档立卡贫困户、分散供养特困人员、低保户、贫困残疾人家庭等贫困农户	支持符合条件的贫困农户改造危房,各省份确定不同地区、不同类型、不同档次的省级分类补助标准,中央财政给予适当补助,基本完成存量危房改造任务。地震设防地区结合危房改造,统筹开展农房抗震改造	地方人民政府负责,中央财政安排补助资金、地方财政给予资金支持、个人自筹等相结合	住房城乡建设部、财政部

续表

序号	服务项目	服务对象	服务指导标准	支出责任	牵头负责单位
七、基本公共文化体育					
62	公共文化设施免费开放	城乡居民	公共图书馆、文化馆(站)、公共博物馆(非文物建筑及遗址类)、公共美术馆等公共文化设施免费开放,基本服务项目健全	地方人民政府负责,中央财政适当补助	文化部、国家文物局、财政部
64	收听广播	城乡居民	为全民提供突发事件应急广播服务。通过直播卫星提供不少于 17 套广播节目,通过无线模拟提供不少于 6 套广播节目,通过数字音频提供不少于 15 套广播节目	中央和地方人民政府共同负责	新闻出版广电总局、财政部
65	观看电视	城乡居民	通过直播卫星提供 25 套电视节目,通过地面数字电视提供不少于 15 套电视节目,未完成无线数字化转换的地区提供不少于 5 套电视节目	中央和地方人民政府共同负责	新闻出版广电总局、财政部
66	观赏电影	农村居民、中小学生	为农村群众提供数字电影放映服务,其中每年国产新片(院线上映不超过 2 年)比例不少于 1/3。为中小学生每学期提供 2 部爱国主义教育影片	地方人民政府负责,中央财政适当补助	新闻出版广电总局、财政部
67	读书看报	城乡居民	公共图书馆(室)、文化馆(站)和行政村(社区)综合文化服务中心(含农家书屋)等配备图书、报刊和电子书刊,并免费提供借阅服务;在城镇主要街道、公共场所、居民小区等人流密集地点设置公共阅报栏(屏),提供时政、"三农"、科普、文化、生活等方面的信息服务	地方人民政府负责,中央财政适当补助	文化部、新闻出版广电总局、财政部

序号	服务项目	服务对象	服务指导标准	支出责任	牵头负责单位
69	参观文化遗产	未成年人、老年人、现役军人、残疾人和低收入人群	参观文物建筑及遗址类博物馆实行门票减免,文化和自然遗产日免费参观	中央和地方财政分别负担	国家文物局、财政部
70	公共体育场馆开放	城乡居民	有条件的公共体育设施免费或低收费开放;推进学校体育设施逐步向公众开放	地方人民政府负责,中央财政对部分事项予以补助	体育总局、教育部、财政部
八、残疾人基本公共服务					
72	困难残疾人生活补贴和重度残疾人护理补贴	困难残疾人和重度残疾人	为低保家庭中的残疾人提供生活补贴,为残疾等级被评定为一级、二级且需要长期照护的重度残疾人提供护理补贴。有条件的地方可逐步提高补贴标准、扩大补贴范围	地方人民政府负责,中央财政适当补助	民政部、财政部、中国残联
74	残疾人基本社会保险个人缴费资助和保险待遇	贫困和重度残疾人	为参加居民基本养老保险、居民基本医疗保险的服务对象按规定提供个人缴费补贴;将符合规定的医疗康复项目、基本的治疗性康复辅助器具逐步纳入基本医疗保障范围	缴费资助由地方人民政府负责或医疗救助基金支出;报销由基本医疗保险基金支出	人力资源社会保障部、民政部、国家卫生计生委、中国残联
77	残疾人康复	有康复需求的持证残疾人、残疾儿童	提供康复建档、评估、训练、心理疏导、护理、生活照料、辅具适配、咨询、指导和转介等基本康复服务;开展残疾儿童康复救助,逐步为0~6岁视力、听力、言语、智力、肢体残疾儿童和孤独症儿童免费提供手术、辅助器具配置和康复训练等服务	地方人民政府负责,中央财政适当补助	中国残联、国家卫生计生委、民政部

续表

序号	服务项目	服务对象	服务指导标准	支出责任	牵头负责单位
78	残疾人教育	残疾儿童、青少年	逐步为家庭经济困难的残疾学生提供包括义务教育、高中阶段教育在内的12年免费教育;对残疾儿童普惠性学前教育予以资助;对残疾学生特殊学习用品、教育训练、交通费等予以补助	地方人民政府负责,中央财政适当补助	财政部、教育部、中国残联

参考文献

曹迪,2013,《中国童工法律保护问题研究》,硕士学位论文,吉林大学。

第二次全国残疾人抽样调查办公室,2007,《第二次全国残疾人抽样调查主要数据手册》,华夏出版社。

段成荣、黄颖,2012,《就学与就业——我国大龄流动儿童状况研究》,《中国青年研究》第1期,第91-96页。

段成荣、杨舸,2008,《我国农村留守儿童状况研究》,《人口研究》第3期,第15-25页。

高文兴,2019,《12部门将联合对该群体进一步加强保障》,公益时报网,www.gongyishibao.com/html/zhengcefagui/16926.html,最后访问日期:2020年9月28日。

国际劳工大会,2006,《童工劳动的终结:可望可及》,国际劳工大会第95届会议报告IB,日内瓦:国际劳工局,http://www.ungei.org/resources/files/ilo2006_global report_ch.pdf,最后访问日期:2020年10月2日。

国家统计局、联合国儿童基金会、联合国人口基金,2017,《2015年中国儿童人口状况:事实与数据》,联合国儿童基金会中国网站,https://www.unicef.cn/reports/population-status-children-china-2015,最后访问日期:2020年11月12日。

国家卫生和计划生育委员会,2014,《中国家庭发展报告2014》,北京:中国人口出版社。

国务院,2017,《关于印发"十三五"推进基本公共服务均等化规划的通知》,http://www.gov.cn/zhengce/content/2017-03/01/content_5172013.htm,最后访问日期:2020年9月29日。

国务院妇女儿童工作委员会办公室、国家统计局、联合国儿童基金会，2018，《中国儿童发展指标图集 2018》，联合国儿童基金会，https：//www. unicef. cn/atlas－2018－cn，最后访问日期：2020 年 12 月 10 日。

韩家慧，2019，《民政部：遗弃儿童现象大幅减少　收养登记呈下降趋势》，新华网，1月 25 日，www. xinhuanet. com/politics/2019－01/25/c＿1124042492. htm，最后访问日期：2020 年 9 月 20 日。

侯雪苹、王燕焜，2012，《富士康承认大陆一工厂非法雇用童工》，路透社，https：//www. reuters. com/article/foxconn－teenagers－idCNCNE89G01R20121017，最后访问日期：2020 年 9 月 20 日。

胡贝贝、史晓杰、王贵荣、龚美琪、贺鹭，2017，《脑性瘫痪患儿家长心理健康状况分析》，《中国公共卫生》第 5 期，第 837－840 页。

胡彬彬，2016，《兜底扶贫不能落下无户籍儿童》，《中国妇女报》10 月 30 日，http：//paper. cnwomen. com. cn/content/2016－10/30/032860. html？sh＝top，最后访问日期：2020 年 9 月 22 日。

纪文晓，2017，《罕见病儿童家庭照顾风险及社会工作服务模式建构》，《中国社会工作》第 18 期，第 14－19 页。

李春雷、任韧、张晓旭，2013，《我国被拐卖儿童救助保护现状及完善对策研究——基于对近年 133 个公开报道案例的分析》，《中国人民公安大学学报（社会科学版）》第 6 期，第 16－25 页。

联合国儿童基金会，2010，《中国儿童福利政策报告 2010》，https：//wenku. baidu. com/view/761fe3f80 4a1b0717fd5ddff. html#，最后访问日期：2020 年 9 月 28 日。

联合国儿童基金会，2011，《深度报道：中国加大对于流浪儿童的救助保护力度》，联合国儿童基金会官网，https：//www. unicef. cn/press－releases/depth－renewed－effort－street－children，最后访问日期：2020 年 7 月 21 日。

联合国儿童基金会，2017，《2015 年中国儿童人口状况——事实与数据》，联合国儿童基金会官网，http：//www. unicef. cn/cn/uploadfile/2017/1009/20171009112641471. pdf，最后访问日期：2018 年 6 月 20 日。

刘继同，2008a，《当代中国的儿童福利政策框架与儿童福利服务体系（上）》，《青少年犯罪问题》第 5 期，第 13－21 页。

刘继同，2008b，《当代中国的儿童福利政策框架与儿童福利服务体系（下）》，《青少年犯罪问题》第 6 期，第 11－21 页。

刘继同，2010，《中国孤儿、受艾滋病影响儿童和脆弱儿童生存与服务状况研究（上）》，《青少年犯罪问题》第 4 期，第 18－25 页。

刘民、栾承，2008，《中国 0～14 岁肢体残疾儿童致残原因分析》，《中华流行病学杂志》第 11 期，第 1083－1086 页。

刘伟，2017，《人之殇：全景透视下的拐卖人口犯罪》，济南：山东人民出版社。

罗书臻，2015，《最高人民法院通报惩治拐卖妇女儿童犯罪情况》，《人民法院报》（最高人民法院网转载），2 月 28 日，http：//www. court. gov. cn/zixun – xiangqing – 13550. html，最后访问日期：2020 年 9 月 20 日。

吕利丹、阎芳、段成荣、程梦瑶，2018，《新世纪以来我国儿童人口变动基本事实和发展挑战》，《人口研究》第 3 期，第 65 – 78 页。

马端、李定国、张学、贺林，2011，《中国罕见病防治的机遇与挑战》，《中国循证儿科杂志》第 2 期，第 81 – 82 页。

民政部、最高人民法院、最高人民检察院等（11 部门），2019，《关于进一步加强事实无人抚养儿童保障工作的意见》，中国政府网，http：//www. gov. cn/xinwen/2019 – 07/10/content_ 5407970. htm，最后访问日期：2020 年 10 月 6 日。

南方都市报，2005，《广州火车站 22 年之乱：暴力火拼后背包党独大》，新浪网转载，9 月 20 日，http：//news. sina. com. cn/c/2005 – 09 – 20/11267816497. shtml，最后访问日期：2020 年 10 月 6 日。

潘跃，2018，《民政部发布数据显示农村留守儿童少了两成多》，《人民日报》11 月 2 日第 13 版，http：//society. people. com. cn/n1/2018/1102/c1008 – 30377247. html，最后访问日期：2020 年 9 月 16 日。

齐蒙蒙、赖秀华、李泽楷、林汉生，2015，《我国儿童脑瘫患病率的 Meta 分析》，《循证护理》第 2 期，第 63 – 67 页。

邱红杰，2006，《我国各类福利机构收养孤儿 6.6 万名》，新华网（新浪网转载），http：//news. sina. com. cn/c/2006 – 01 – 29/18418106384s. shtml，最后访问日期：2020 年 9 月 29 日。

全国妇联课题组，2013，《全国农村留守儿童城乡流动儿童状况研究报告》，《中国妇运》第 6 期，第 30 – 34 页。

全国人大，2020，《中华人民共和国民法典》，全国人大网，http：//www. npc. gov. cn/npc/c30834/202006/75ba6483b8344591abd07917e1d25cc8. shtml，最后访问日期：2020 年 9 月 29 日。

饶玮扬，2018，《我国监狱服刑人员的未成年子女基本权利研究》，硕士学位论文，厦门大学。

桑标，2014，《儿童发展》，上海：华东师范大学出版社。

尚晓援（执笔）、王振耀、高华俊、徐佳、曹意文、朱照南，2011，《中国儿童福利政策报告 2011》，https：//www. unicef. cn/media/6576/file/% E4% B8% AD% E5% 9B% BD% E5% 84% BF% E7% AB% A5% E7% A6% 8F% E5% 88% A9% E6% 94% BF% E7% AD% 96% E6% 8A% A5% E5% 91% 8A% EF% BC% 882011% EF% BC% 89. PDF，最后访问日期：2022 年 4 月 19 日。

尚晓援、伍晓明、李海燕，2005，《社会政策、社会性别与中国的儿童遗弃问题》，《青年研究》第 4 期，第 1 – 5 + 36 页。

尚晓援等，2008，《中国孤儿状况研究》，北京：社会科学文献出版社。

尚晓援、王小林等，2011，《中国儿童福利前沿 2011》，北京：社会科学文献出版社。

尚晓援、王小林等，2012，《中国儿童福利前沿 2012》，北京：社会科学文献出版社。

司法部预防犯罪研究所课题组，2006，《监狱服刑人员未成年子女基本情况调查报告》，《犯罪与改造研究》第 8 期，第 40 - 46 页。

万东华、王卫国，2019，《中国妇女儿童状况统计资料 2019》，北京：中国统计出版社。

王秉阳、林苗苗、鲍晓菁，2019，《我国报告存活感染者 95.8 万 艾滋病疫情处于低流行水平》，新华网，http：//m. xinhuanet. com/2019 - 12/01/c_ 1125295336. htm，最后访问日期：2020 年 9 月 29 日。

王金玲，2014，《中国拐卖拐骗人口问题研究》，北京：社会科学文献出版社。

王乐，2012，《中国自闭症儿童现状分析报告发布 三成家庭负债》，东方网（凤凰网转载），https：//gongyi. ifeng. com/news/detail_ 2012_ 04/03/13635053_ 0. shtml，最后访问日期：2020 年 9 月 29 日。

王丽艳、秦倩倩、丁正伟、蔡畅、崔岩，2017，《中国报告 15 岁以下儿童艾滋病病例流行特征分析》，《疾病监测》第 3 期，第 219 - 223 页。

王亚赛、舒怡尔，2020，《隐秘的角落里，流浪儿童的真实命运是怎么样的?》，澎湃新闻，7 月 8 日，https：//m. thepaper. cn/quickApp_ jump. jsp? contid = 8175659，最后访问日期：2020 年 9 月 29 日。

卫生部，2010，《儿童孤独症诊疗康复指南》，中国政府网，http：//www. gov. cn/zwgk/2010 - 08/16/content_ 1680727. htm，最后访问日期：2020 年 9 月 29 日。

习近平，2017，《决胜全面建成小康社会 夺取新时代中国特色社会主义伟大胜利——在中国共产党第十九次全国代表大会上的报告》，新华网，www. xinhuanet. com//politics/19cpcnc/2017 - 10/27/c_ 1121867529. htm，最后访问日期：2018 年 11 月 9 日。

肖思思、廖君、鲍晓菁、林苗苗，2019，《让"罕见病"不再是"孤儿"——重大疾病患者"一粒药"的期待何解?》，新华社（中国政府网转载），http：//www. gov. cn/xinwen/2019 - 02/20/content_ 5367292. htm，最后访问日期：2020 年 9 月 29 日。

肖媛媛，2011，《公安部打拐专项行动解救被拐卖妇女儿童近 4 万人》，中国新闻网，http：//www. chinanews. com/fz/2011/07 - 27/3213533. shtml，最后访问日期：2020 年 9 月 29 日。

谢冰洁、蒋立新、徐江平，2018，《罕见病的初分类研究》，《生命科学仪器》第 2 期，第 52 - 57 +62 页。

休伊特，2000，《中国破获拐卖妇女团伙》，http：//news. bbc. co. uk/chinese/simp/hi/newsid_ 730000/newsid_ 730100/730118. stm，最后访问日期：2020 年 9 月 29 日。

杨舒，2019，《一系列政策利好 2000 万罕见病患者》，《光明日报》（中国政府网转载），www. gov. cn/xinwen/2019 - 03/02/content_ 5369882. htm，最后访问日期：2020 年 9

月 29 日。

叶奇、张效房、孙喜斌等，2008，《中国残疾儿童现状分析及对策研究》，北京：华夏出版社，第 7 页。

玉洁、许文青、胡俊峰，2007，《受 HIV/AIDS 影响儿童面临的问题及应对策略》，《中国艾滋病性病》第 1 期，第 91 - 92 + 79 页。

张冲、陈玉秀、郑倩，2020，《中国离婚率变动趋势、影响因素及对策》，《西华大学学报（哲学社会科学版）》第 2 期，第 41 - 49 页。

张春泥，2019，《离异家庭中的少儿》，载谢宇等《中国民生发展报告 2018 ~ 2019》，北京：社会科学文献出版社。

张维，2013，《全国共 61.5 万孤儿　每年有 10 万儿童遭遗弃》，《法制日报》（新浪网转载），http：//news. sina. com. cn/c/2013 - 01 - 10/071926000707. shtml，最后访问日期：2020 年 9 月 29 日。

中残联，2008，《1987 年全国残疾人抽样调查研究资料——中国残疾儿童状况》，中国残疾人联合会官网，http：//www. cdpf. org. cn/sjzx/cjrgk/200804/t20080407_ 387559. shtml，最后访问日期：2020 年 8 月 4 日。

中国疾病预防控制中心，2005，《中英性病艾滋病防治合作项目：艾滋病防治常用术语手册》，北京：人民卫生出版社，第 92 - 93 页。转引自：贺万静、蔡云、黄琮，2019，《受艾滋病影响儿童研究现状》，《现代养生（下半月版）》第 9 期，第 82 - 83 页。

钟升，2016，《江苏常熟排查发现八疑似童工　被曝光作坊工头已控制》，中新网，http：//www. chinanews. com/sh/2016/11 - 22/8070898. shtml，最后访问日期：2020 年 9 月 29 日。

周婷玉，2005，《我国现有 7.6 万名艾滋孤儿　2010 年将增至 26 万》，新华网（中国网转载），www. china. com. cn/zhuanti2005///txt/2005 - 07/21/content_ 5921029. htm，最后访问日期：2020 年 9 月 29 日。

周颖，2005，《20 万孤儿无经常性救助　民政部谋求中央专项支持》，新京报（新浪网转载），news. sina. com. cn/c/2005 - 10 - 19/01307202152s. shtml，最后访问日期：2020 年 9 月 29 日。

邹卓、刘芸、黄浩宇、刘春明、曹宣兰、张杨萍，2020，《儿童孤独症谱系障碍流行现状和家庭干预的研究及策略》，《中国全科医学》第 8 期，第 900 - 907 页。

Esping - Andersen , G.. 1990. *The Three Worlds of Welfare Capitalism*. Princeton University Press.

Fang, Xiangming, Deborah A. Fry, Kai Ji, David Finkelhor, Jingqi Chen, Patricia Lannen, and Michael P. Dunne. 2015. "The burden of child maltreatment in China: a systematic review." Bulletin of the World Health Organization 93: 176 - 185C.

Freymond, Nancy, and Gary Cameron. 2006. *Towards Positive Systems of Child and Family Welfare: International Comparisons of Child Protection, Family Service, and Community Caring Systems.* Toronto: University of Toronto Press.

Hawke, Angela, and Alison Raphael. 2015. "Global study on sexual exploitation of children in travel and tourism: country specific report – China." ECPAT International, https://www.ecpat.org/wp – content/uploads/2016/10/3. – SECTT – CHINA. pdf.

Skinner, G. William, and Jianhua Yuan. 1998. "A spatial differentiation in reproductive behaviour in the lower yangzi macro region of China, 1966 – 1990." Paper resented at *The Social Science History Association*, Chicago 21. 转引自：尚晓援、伍晓明、李海燕，2005，《社会政策、社会性别与中国的儿童遗弃问题》，《青年研究》第 4 期，第 15 – 36 页。

Scott Rozelle，张林秀. 2014.《为什么辍学》,《财新周刊》第 25 期. Accessed 14th Sep. 2020 from: http://magazine.caixin.com/2014 – 06 – 27/100696271. html? sourceEntityId = 100921686.（in Chinese）.

Tang, Can, Liqiu Zhao, and Zhong Zhao. 2016. "Child labor in China." Accessed 5th July 2020 from: https://www.econstor.eu/bitstream/10419/142415/1/dp9976. pdf.

WHO, 1999. "Report of the consultation on child abuse prevention". Geneva Switzerland: World Health Organization.

Zheng, Tiantian. 2014. "China: sex work and human trafficking（part 1）." Fair Observer, 19 August 2013, Accessed on 17th September 2020 from: http://www.fairobserver.com/region/asia_ pacific/china – sex – work – human – trafficking – part – 1/.

第三章
中国儿童福利发展的战略环境：
风险与机遇并存

尚晓援*

摘　要： 中国儿童福利发展面临五大战略挑战。战略挑战一——相对贫困，包括：①相对收入贫困持续存在；②相对能力贫困凸显，存在儿童高级能力发展中的不平衡（如大脑潜力的开发、高级认知技能、社会行为技能以及能够预测适应能力），需要社会政策为儿童高级能力的发展奠定基础，减少不平等代际传递的深度；③需要创造条件，使现在和未来的儿童成为中产阶级的中坚力量。战略挑战二——人口，包括：①儿童总数和儿童在总人口中的比重持续下降；②育龄妇女人口规模和后续出生人口规模将大幅缩减；③生育成本过高和生育意愿下降。战略挑战三，进入高风险的发展阶段，多种风险可能叠加发生，需要提供安全的成长环境，减少风险对儿童的冲击和影响。战略挑战四，如何回应前沿技术变革对就业结构和人力资本提出的新需求。战略挑战五，家庭对人力资本投入占 GDP 比重减少。

　　儿童福利的发展，是国家发展的一部分。中国是世界上最大的发展中国家，自改革开放以来，通过快速的经济增长，完成了由农业社会向工业社会的转型，

＊ 尚晓援，北京师范大学教授（退休），研究方向为儿童福利、儿童保护。

人均 GDP 迈过中等低收入、中等高收入门槛，向高收入水平国家行列发展。从人类发展指数（HDI）角度看，2018 年中国已经进入"高人类发展水平"国家行列（联合国开发计划署，2019）①。在均衡发展方面，中国扶贫工作的主要任务由消除绝对贫困向缓解发展不平衡、不充分的相对贫困转变。在社会变革方面，农业户口全面取消，城市化步伐加快。过去 40 余年的高速经济发展和社会变革，为中国进入更高的发展阶段奠定了基础。新技术领域的突破和发展，为人类发展前景带来了前所未有的希望，也是中国进一步发展的重要助力。在这个发展过程中，中国已经是一支不可或缺的重要力量。

在这个重要时期，中国也面临重大的机遇和严峻的挑战：全球气候变暖对人类的威胁已然迫近，新冠肺炎疫情在全球的蔓延，显示了人类作为一个整体面对着共同的威胁，随着老龄化程度逐步提高，中国人口出生率屡创新低，人口危机渐行渐近。城市化和工业化过程中积累的各种风险——政治风险、经济风险、技术风险、环境风险和社会风险，亦进入集中爆发的阶段。中国怎样避免由日益复杂的国际国内局势造成的各种社会问题，避免落入"中等收入陷阱"，赢得后小康时代的发展，已经是迫在眉睫的挑战。

按照十九大作出的新的战略部署，中国将于 2035 年基本实现社会主义现代化。到那时，中国经济实力、科技实力将大幅跃升，跻身创新型国家前列；人民平等参与、平等发展权利得到充分保障；人民生活更为宽裕，中等收入群体比例明显提高；城乡区域发展差距和居民生活水平差距显著缩小，基本公共服务均等化基本实现，全体人民共同富裕迈出坚实步伐。实现未来的发展目标，认清中国儿童福利发展所处的战略环境，分析儿童福利发展面对的挑战，对今后儿童福利发展战略选择至关重要。

在这样的经济社会发展阶段下，儿童福利的发展具有前所未有的重要意

---

① 1990～2018 年，中国的人类发展指数（HDI）从 0.501 跃升到 0.758，增长了近 51.3%。中国由此进入"高人类发展水平"国家之列。联合国开发计划署驻华代表白雅婷（Beate Trankmann）表示，"中国在过去三十年取得的发展进步十分显著。自 1990 年引入人类发展指数以来，中国是世界上唯一一个从'低人类发展水平'跃升到'高人类发展水平'的国家。"

义，研究儿童福利的发展战略尤为重要。儿童福利的发展，对创造包容、平等、和谐、尊重人权、民主法治的未来社会，对中国未来人力资本的形成，都有举足轻重的意义。

选择中国儿童福利发展战略，需要分析目前所处的战略环境。

一　中等高收入群体和广大的低收入群体并存

2020 年是中国发展的关键一年。2019 年我国的发展成就令人骄傲：人类发展的很多指标上，中国都达到了发达国家的水平，进入"高人类发展水平"阶段（联合国开发计划署，2019）。在经济发展方面，人均 GDP 超过 1 万美元。但是同时，中国还有大量的低收入人口，6 亿人人均月收入 1000 元以下（国家统计局，2020）。因此，在 2020 年消除绝对贫困之后，中国面临着收入分配不平等和能力发展不平等造成的相对贫困问题，对儿童福利发展形成多重挑战。

第一，经过 40 余年的高速度发展，中国虽然在减贫和发展上都获得了令人骄傲的成就，但存在大量生活在贫困边缘的人口。这意味着，相对的收入贫困仍然是中国必须面对和解决的重要社会问题，也是儿童福利发展战略需要考虑的核心问题之一。

第二，中国已经从一个平均主义盛行的国家，转变为贫富差距扩大现象严重、收入差距超过国际上中等不平等程度的国家。中国 2018 年的基尼系数为 0.468（国家统计局住户调查办公室，2020）。从儿童发展的角度看，在解决极度贫困问题的过程中，通过教育对贫困地区进行能力开发扶贫，曾经是中国扶贫发展史中最浓墨重彩和成功的一幕。儿童基本能力发展中的不平等（如健康、义务教育和人类安全方面）已经缓解。但是，在和更高级的发展能力有关的方面（如大脑潜力的开发、高级认知技能、社会行为技能以及能够预测适应能力）不平等仍然存在，且差距还在扩大（联合国开发计划署，2019）。高级能力的发展对未来的收入和人类发展不平等有关键的影响。在发展儿童基本能力方面取得重要进展的背景下，怎样进一步为儿童高级能力的发展奠定基础，减少不平等的代际传递的深度，是儿童福利发展战略需要考虑的核心问题之一。

第三，中国的未来取决于中等收入群体是否可以稳定发展和扩大，并成为社会的中坚力量，形成枣核型的社会结构。为了在激烈的国际竞争中和科学技术革命的新浪潮下，保持稳定的发展态势，中国需要稳定和扩大自己的中等收入群体。创造怎样的发展环境和条件，使现在和未来的儿童具有高级能力，成为未来中等收入群体的中坚力量，是儿童福利发展战略不可忽视的另外一个核心问题。

简言之，中国的未来，取决于人力资本的状态，这又取决于儿童的发展。中国儿童福利的发展战略，要瞄准最大限度地实现儿童发展的潜力，这包括消灭贫困的代际传递，消灭所有儿童在能力发展，特别是高级能力发展方面的不平衡，使现在的儿童能够充分发展自己的潜能，成为未来中等收入群体的中坚力量。

二 儿童人口所占比重下降，人口危机渐行渐近

从人口的数量和结构看，我国儿童人口的总量和儿童在总人口中的比重持续下降，同时，未来10年中国老龄化程度加深，是一个基本国情。这也是中国儿童福利发展战略必须考虑的重要战略因素。

表明中国人口危机渐行渐近的三个主要方面是：第一，中国的儿童总数和儿童在总人口中的比重持续下降；第二，中国育龄妇女的人口规模将大幅度下降，与此相关，后续出生人口恐将大幅下滑；第三，育龄人口的生育意愿下降（任泽平，2019）。

第一，中国的儿童总数和儿童在总人口中的比重持续下降，意味着中国未来的人力资源数量减少，对未来人力资本的形成构成威胁。

从总体上看，计划生育政策减少了儿童人口的总数，降低了儿童人口在总人口中的比重。根据2015年1%人口抽样调查数据，2015年中国0～17周岁儿童人口为2.71亿人，占全国人口的19.7%；全国0～14周岁的儿童

总数，为2.27亿人。从儿童人口的长期变动趋势来看，随着经济快速发展和人口结构转变，中国儿童人口占总人口的比例自1980年代以来不断降低（联合国儿童基金会，2017）。

第二，中国育龄妇女的人口规模将大幅度下降。中国的育龄妇女规模已在2017年见顶下滑，预计2030年20~35岁主力育龄妇女规模将比2017年减少31%，其中25~35岁生育旺盛期妇女将减少44%，后续出生人口恐将大幅下滑，预计2030年将降至1100多万，较2017年减少1/3（任泽平，2019）。这意味着，如果不立即采取有效的措施，当生育年龄的妇女度过了生育旺期，再采取任何措施都无法有明显成效（任泽平，2019）。

第三，育龄人口的生育意愿下降。除了人口结构老龄化程度持续加深之外，适龄妇女的生育意愿下降，也使得人口出生率屡降新低。2018年出生人口为1523万人，较2017年大幅下降200万人，出生率降至10.94‰，总和生育率降至1.52，即一个育龄妇女平均生育1.52个孩子（任泽平，2019）。2019年再创新低，全年出生人口为1465万人，人口出生率为10.48‰，为1952年有记录以来最低（赵觉理，2020）。2021年，我国新出生人口再创新低，仅为1062万人（程思炜，2021）。

根据生育理论，依据驱动生育率下降主导因素的变化，可以将人类历史划分为四个阶段：①高死亡率驱动阶段，人们需要以高生育率抗衡高死亡率从而保证收益最大化，总和生育率在6以上；②死亡率下降驱动阶段，人们认识到低生育率也能保证收益最大化，总和生育率从6以上降到3左右；③功利性生育消退阶段，人们的生育行为更接近情感需求，并重视子女质量提升，总和生育率大致从3降到2左右；④成本约束的低生育率阶段，总和生育率降至更替水平2以下，低于意愿生育水平。在现代社会，生育率的进一步下降不是因为意愿生育数的减少，主要是养育成本提高导致人们的生育意愿不能完全实现。实际生育水平与意愿生育水平的差距取决于成本的高低。这在中国已经发生（任泽平，2019）。

任泽平（2019）分析了生育成本高昂的五个主要因素，包括：快速攀升的房价；教育成本，特别是早期教育成本高昂；医疗费用持续上升；独生子女夫妇"四二一"家庭结构养老负担重，挤压生育意愿；以及女性劳动参与率高但就业权益保障不够，导致生育的机会成本高。在房价之外，其他因素都与儿童福利服务的供给有关。因此，儿童福利服务的供给，在降低生育成本方面有决定性的作用，并进而对中国部分缓解或推迟渐行渐近的人口危机，具有重要意义。

从上面的分析看，应对中国渐行渐近的人口危机，在人口结构的不可逆发展趋势面前，可以通过增加儿童福利供给，干预儿童养育成本，减少成本对生育的约束，从而提升生育水平。这是儿童福利对国家发展可能做出的重要贡献。

三 进入高风险的发展阶段

过去 40 余年高速度的经济发展和社会变迁，大规模的工业化和城市化，使中国的 GDP 和人类发展水平有了前所未有的提高，也使中国社会原有的社会支持体系逐渐瓦解，并向新保障体系过渡。在这个过程中，中国社会面临的风险大大提高了。政治、经济、科学技术、资源和环境、价值和文化等各领域的多方位冲击改变了中国原有的发展态势，也改变了全球的发展格局，导致中国在进一步的发展中，要面对来自多方面的风险，风险的级别也大大提高了。家庭、个人、妇女和儿童，都面临更高的风险。

在各国以工业化和城市化为代表的现代化过程中，存在着财富社会化生产与风险社会化生产系统相伴的现象。工业化早期，与显而易见的短缺现象——极度贫困做斗争，人们接受了一定程度的收入分配不平等和各种看得见或看不见的副作用。解决贫困问题，有赖于人力和技术生产力的发展，也依靠法治和福利国家的保障及调节。随着稀缺问题的逐渐解决（如中国消灭绝对贫困，是一个代表性的现象），生产力在现代化进程中的指数式增长，使风险和潜在威胁的释放达到了前所未有的程度，出现了向"风险型"社会的发展阶段的过渡（贝克，2018）。在我国，因为超大规模的社会存在阶梯式的发展，多个发展阶段并存，所以不同类型的风险可能并存，更可能叠加。中国很多著名学者都认为，中国正在进入高风险社会（袁铁成，2004）。

例如，北京大学副教授刘能列举了城市化过程中最突出的多项社会风险问题：贫富分化加剧，众多人口的生命安全和社会尊严安全受到威胁；社会治安状况恶化；食品质量降低；众多人口的健康安全和心理安全受到威胁；SARS、艾滋病、性病等高强度传染病暴发和流行；生态恶化及灾害应对机制落后；危机预警和监控机制欠缺，行政执法监控出现漏洞；以及危机处理操作不当而导致的人为社会安全危机（转引自袁铁成，2004）。

在高风险的发展阶段，风险的分配可能依循贫富分化的途径，在底层加剧。在这个过程中，由于儿童本身的弱小，其对风险的抵御能力低，更容易受到伤害。童年不良经历，会影响儿童终生发展，导致多种身心疾病，并可能通过表观遗传，传递给下一代（哈里斯，2020）。

在高风险的发展阶段，怎样保护妇女和儿童免受伤害，为儿童提供安全的成长环境，减少各种风险对儿童的冲击和影响，为未来更加平等的社会建立牢固的基础，是儿童福利发展战略需要考虑的核心问题之一。

四　前沿技术变革对儿童发展的要求

按照党的十九大确定的路线图，中国 2035 年将跻身创新型国家前列。而 2021～2035 年恰逢以数字技术、生物技术、先进材料、能源和环境四大类新技术为代表的"前沿技术革命"。前沿技术变革，对人力资本提出更高的要求。人工智能、机器人技术的发展，正在对就业结构和人力资本提出新的要求，这种影响表现在三个方面。第一，程式化的、重复性的、仅靠记忆与练习就可以掌握的"可编程"技能将是最没有价值的技能，可以由机器来完成（李开复、王咏刚，2017）。第二，对非重复性认知技能和社会行为技能的需求似乎呈现上升的趋势（世界银行，2019）。这在新技术带来的新服务业领域最为明显。第三，那些最能体现人的综合素质的技能，例如人对于复杂系统的综合分析、决策能力，对于艺术和文化的审美能力和创造性思维，由生活经验及文化熏陶产生的直觉、常识，基于人自身的情感与他人互动的能力，这些是人工智能时代最有价值，最值得培养、学习的技能（李开复，2018）。

世界银行（2019）指出，三类技能在劳动力市场上的重要性与日俱增，这三类技能是：高级认知技能（比如解决复杂问题的能力）、社会行为技能（比如团队工作能力）以及能够预测适应能力的技能组合（比如推理能力、自我效能）。培育这三类技能要求个体具有坚实的人力资本基础并进行终身学习。因此，儿童早期发展阶段形成的人力资本基础的重要性更加突出。然而，许多发展中国家的政府并不将儿童早期发展视为优先事项，而基础教育中的人力资本成果也非第一优先目标。人力资本投资，要求在学前教育、基础教育、营养、健康、社会参与等多个维度进行综合发展，这恰恰是大多数中等收入和低收入国家的软肋。

最近关于人力资本的研究指出，人生最初1000天对人力资本的形成至关重要，即从母亲怀孕到儿童两岁的1000天内的营养与健康服务特别重要。而这恰恰是各国儿童发展政策，医疗卫生服务领域的南南合作和发达国家对发展中国家的官方发展援助都长期忽视的一个领域。

在前沿技术变革中脱颖而出，于2035年跻身创新型国家前列，对我国人力资本的质量提出了更高的要求。在这个方面，中国的现状是：第一，中国劳动人口平均受教育年限与发达国家的差距在扩大，2010年发达国家劳动力平均受教育年限为11.30年，按照人口发展规划我国2020年能达到10.8年，2030年才能达到11.8年。此外，因为普及义务教育已经达到饱和，劳动力人均受教育年限的增长放缓。这就需要大幅度提高高中和大学的入学率，以适应跻身创新型国家前列对人力资本的需求。第二，从教育质量看，中国目前的中小学教育体系更多体现为应试教育，高度关注考试成绩，主要目的是解决高等教育资源稀缺情况下的资源分配问题。随着稀缺问题逐渐被解决，高考本身对教育质量提升的限制问题逐渐突出。虽然国家在推动素质教育方面取得了显著成就，但目前的教育体系还不能充分满足跻身创新型国家前列对创新型人才和创新教育的需要（杨东平，2010）。

创新型人才和创新教育，需要儿童具有更加充分的高级认知能力、社会参与能力、协同创新能力，而这些能力的培养需要从早期教育一直贯穿到大学教育。在这个完整的教育体系中，中国目前的教育方式可能还需要做出适应性改革。这种改革包括考试的改革，需要把死记硬背的考试与实验、发明、创新情感等以充分发挥学生的主体性和能动性的形式结合起来（杨东平，2010）。

五　家庭对人力资本投入占 GDP 比重减少

过去 40 余年的发展过程中，在儿童数量减少的同时，家庭规模有所缩小。户均规模从 1982 年的 4.41 人，下降到 2010 年的 3.09 人（彭希哲、胡湛，2015），2017 年的 3.07 人（汪建华，2019）。因此，家庭对老人、儿童和残疾人的支持能力下降。

根据我国 20 世纪 80 年代到 90 年代的多项研究，家庭抚养费用占整个劳动力培养费用的 80% 以上，家庭是中国人力资本投资最主要的来源。随着出生率下降，每个家庭拥有的儿童数量下降。虽然家庭对每名儿童的投入增加很快，但是，从整体看，家庭对儿童发展投入的费用占 GDP 的比重逐年减少，从 1990 年的 22.46%，降到 2007 年的 10.55%，这在一定程度上说明儿童人力资本积累的速度低于 GDP 增长速度（韩优莉等，2010）。人力资本是对未来的投资，对其投入的长时期大幅度下降，对中国未来的经济发展当有严重的负面影响。

六　新发展态势下儿童福利的战略选择

2020 年，我国消除绝对贫困，全面建成小康社会，面对新的科学技术发展的挑战，人口危机渐行渐近，同时进入了高风险发展阶段。当此之时，政府部门迫切需要建立儿童福利新的理念，重新定义和承担起国家在儿童福利方面的责任。并在此指导下，明确儿童福利发展的目标，在新的战略目标指导下设计儿童福利的制度和项目。本书提出了新阶段儿童福利的模式选择，在此模式下的儿童福利的服务和现金项目，以及儿童福利状态的测量、评估和监督体系的设计。

从中国的发展看，未来的发展和国际竞争高度依赖人力资本。儿童福利的发展从根本上从属于和服务于国家的发展，其核心是创造包容、平等、和谐、尊重人权、民主法治的未来社会，为国家准备和积累人力资本。在这个基础上，全面提高儿童福祉，实现儿童权利。

参考文献

贝克，乌尔里希，2018，《风险社会：新的现代性之路》，张文杰、何博闻译，南京：译林出版社。

程思炜，2021，《2021 年中国出生人口 1062 万人　出生率 7.52‰为建国来最低》，https：//economy. caixin. com/2022 - 01 - 17/101830961. html，最后访问日期：2021 年 1 月 22 日。

国家统计局，2020，《"6 亿人每月人均收入 1000 元"？国家统计局回应》，国家统计局，http：//www. stats. gov. cn/tjsj/sjjd/202006/t20200615_ 1760268. html，最后访问日期：2020 年 9 月 29 日。

国家统计局住户调查办公室，2020，《中国住户调查主要数据》，北京：中国统计出版社，第 22 页。

哈里斯，娜丁·伯克，2020，《深井效应》，林玮、卓千惠译，杭州：浙江教育出版社。

韩优莉、黄成礼、邱月、张前登、郑晓瑛，2010，《中国儿童发展的家庭投入费用变化趋势分析》，《人口与经济》第 6 期，第 7 - 12 页。

李开复，2018，《AI·未来》，杭州：浙江人民出版社。

李开复、王咏刚，2017，《人工智能》，北京：文化发展出版社。

联合国儿童基金会，2017，《2015 年中国儿童人口状况——事实与数据》，http：//www. unicef. cn/cn/uploadfile/2017/1009/20171009112641471. pdf，最后访问日期：2018 年 6 月 20 日。

联合国开发计划署（UNDP），2019，《人类发展报告 2019——超越收入，超越平均，超越当下：21 世纪人类发展的不平等》，http：//hdr. undp. org/sites/default/files/hdr_ 2019_ cn. pdf，最后访问日期：2020 年 6 月 20 日。

彭希哲、胡湛，2015，《当代中国家庭变迁与家庭政策重构》，《中国社会科学》第 12 期，第 113 - 132 页。

任泽平，2019，《渐行渐近的人口危机——中国生育报告》，恒大研究院，http：//pdf. dfcfw. com/pdf/H3_ AP201901041282086287_ 1. pdf，最后访问日期：2020 年 9 月

29 日。

世界银行，2019，《2019 年世界发展报告：工作性质的变革》（会议版本），doi：10. 1596/978 - 1 - 4648 - 1328 - 3，https：//www. worldbank. org/content/dam/wdr/2019/WDR - 2019 - CHINESE. pdf，最后访问日期：2020 年 11 月 29 日。

汪建华，2019，《小型化还是核心化？——新中国 70 年家庭结构变迁》，《中国社会科学评价》第 2 期，第 118 - 130 页。

杨东平，2010，《2020：中国教育改革方略》，北京：人民出版社。

袁铁成，2004，《中国正在进入"风险社会"，危机处理系统脆弱》，《中国青年报》7 月19 日，第 3 版。

赵觉理，2020，《国家统计局：2019 年孩占出生人口 57%》，环球网，https：//china. huanqiu. com/article/9CaKrnKoW30，最后访问日期：2020 年 9 月 22 日。

第四章
中国儿童发展状态综合分析

王小林　冯贺霞[*]

摘　要： 儿童发展涉及儿童的生命健康、教育和保护，以及生活质量等多个维度。本章运用综合性儿童发展指数评价方法，对中国改革开放40余年来儿童发展状况进行评价。总体来看，随着经济社会的不断进步，中国儿童发展取得了卓越成就，为中国未来迈向高人类发展水平国家奠定了人力资本基础。但是，儿童发展不平衡问题也十分突出，尤其是教育不平衡的持续存在甚至扩大；婴幼儿发育迟缓和农村儿童营养问题需要公共政策给予重点关注，部分留守儿童较多的地区也需要更加关注儿童心理健康。此外，需要特别关注儿童面临的意外伤害风险。

一　中国儿童发展的综合评价

儿童发展是一个综合概念，它既涉及儿童的生存、营养、健康等反映儿童生命和生存的维度，也涉及儿童的教育、保护等反映儿童发展的维度，还涉及生活质量维度。因此，对一个国家或地区儿童发展做出评价，既需要综合性衡量，又需要从不同的维度来考察，还需要进行纵向历史的以及横向国别的比较。

---

* 王小林，复旦大学六次产业研究院教授、博士生导师，研究方向为贫困治理、公共服务、国际发展等；冯贺霞，北京师范大学互联网发展研究院研究员。

（一）中国儿童发展取得显著进步

王小林等从儿童权利等视角出发，首次开发了综合性的儿童发展指数（具体的测量方法见：王小林、冯贺霞，2018），根据儿童发展的维度和指标进行加总后形成一个用于测度各国儿童发展的综合性指数，包括生存、营养、健康、教育、保护、生活质量6个维度，23个指标（见表4-1）。在历史比较时，受指数数据可得性的限制，测算儿童发展指数采用了生存、营养、健康、教育和生活水平5个维度20个指标。用这些指标测量儿童发展福利状态，避免了单独用收入指标测量发展程度的弊病，比较全面地体现了儿童福利状态。

表4-1　儿童发展的维度和指标

维度	指标	年龄	定义
生存	新生儿死亡率	0~28天	特定年内每千名活产婴儿中满28天前死亡的新生儿人数
	婴儿死亡率	1岁以下	特定年内每千名活产婴儿中活到一岁之前死亡的婴儿数量
	5岁以下儿童死亡率	5岁以下	以当前分年龄死亡率为依据的情况下,每千名新生儿在年满5岁之前死亡的概率
营养	营养不良发生率（年龄身高）	5岁以下	身高比0~59个月大的国际参照年龄组儿童的中位数低两个标准差以上的5岁以下儿童人数的百分比
	营养不良发生率（年龄体重）	5岁以下	体重比0~59个月大的国际参照年龄组儿童的中位数低两个标准差以上的5岁以下儿童人数的百分比
	消瘦发生率	5岁以下	身高、体重比0~59个月大的国际参照年龄组儿童的中位数低两个标准差以上的5岁以下儿童人数的百分比
	儿童贫血发生率	5岁以下	5岁以下的贫血儿童占5岁以下儿童总数的比例
健康	DPT免疫接种率	1~2岁	12~23个月年龄组的儿童在满12个月前或调查前的任何时间接种DPT疫苗的百分比
	HepB3免疫接种率	1岁以下	0~12个月年龄组的儿童在满12个月前或调查前的任何时间接种HepB3疫苗的百分比
	麻疹免疫接种率	1~2岁	12~23个月年龄组的儿童在满12个月前或调查前的任何时间接种麻疹疫苗的百分比
	出生预期寿命	0岁	出生预期寿命是指假定出生时的死亡率模式在一生中保持不变,一名新生儿可能生存的年数

续表

维度	指标	年龄	定义
教育	学前毛入学率	3~6岁	学前在校生人数与符合官方为学前教育所规定之年龄的总人口之比
	小学毛入学率	6~12岁	小学在校生人数与符合官方为小学教育所规定之年龄的总人口之比
	中学毛入学率	12~14岁	中学在校生人数与符合官方为中学教育所规定之年龄的总人口之比
	成人识字率	15岁及以上	15岁及以上人口中,能够理解、阅读和书写有关其日常生活的短文的人口比例
保护	出生登记的完整性	5岁以下	在调查时已登记的5岁以下儿童占全部5岁以下儿童的比例
	童工比例	7~14岁	7~14岁就业儿童占7~14岁儿童的比例
	成人就业率	15岁及以上	15岁及以上就业人口占15岁及以上全部人口的比例
生活水平/生活质量	享有基本用水人口占比	所有群体	享有最基本饮用水服务的人口占总人口的百分比
	享有基本卫生设施服务人口占比	所有群体	享有最基本卫生设施服务人口占总人口的百分比
	通电率	所有群体	享有通电人口占总人口的百分比
	移动手机普及率	所有群体	移动手机用户占总人口的百分比
	互联网用户比率	所有群体	互联网用户占总人口的百分比
参与	参与家庭活动	—	无统一定义
	参与学校活动	—	无统一定义
	参与社区活动	—	无统一定义

资料来源:王小林、冯贺霞,2018。

中国在由中等收入向中高收入国家迈进的15年中(2000~2015年),儿童综合发展水平快速提升[1]。图4-1反映了2000年之后,随着中国经济快速增长,儿童发展指数也呈现逐步上升趋势。中国人均GDP由2000年的3700.74美元(2011年PPP)上升到2016年的14399.45美元。同期,中国儿童发展指数也呈快速上升趋势,由2000年的0.692上升到2016年的

_____

[1] 除了特别注明来源的地方,本章所分析的数据来源主要为世界银行数据库,以及世界卫生组织、联合国儿童基金会等机构的公开数据库。

0.856。2000年，中国刚刚迈入中等收入国家行列。2000~2015年，中国经济在总量较大的情况下依然实现快速增长，2015年进入中高收入国家行列。伴随这个过程，以儿童发展指数衡量的中国儿童综合发展水平也取得明显提高（王小林、冯贺霞，2018）。

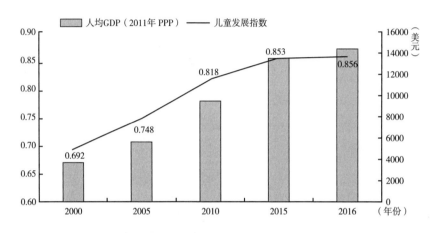

图4-1 2000~2016年中国儿童发展指数趋势

图4-2清楚地表达了2000~2016年，中国儿童发展在各个维度的进步。整体来看，中国各个维度指数的真实值与理想值的差距越来越小。中国在普及义务教育方面取得显著进步，但受学前毛入学率（3~6岁）不高的影响，教育维度指数进步较慢。就儿童生活水平而言，中国儿童发展在水、电、互联网等指标上进步明显，但受基本卫生设施服务不足（即卫生厕所的普及率低）的影响，生活水平维度进展亦较慢。

无论是综合来看，还是分维度来看，都表明中国儿童发展伴随经济增长取得显著进步。同样，儿童发展水平的提高，也为中国从中高收入国家迈入高收入国家行列奠定了坚实的基础。

（二）基本消除儿童极端贫困

1981~2015年，中国3.5亿以上儿童摆脱极端贫困。自1980年代以来，中国逐步探索利贫性增长、包容性发展和多维度减贫的贫困综合治

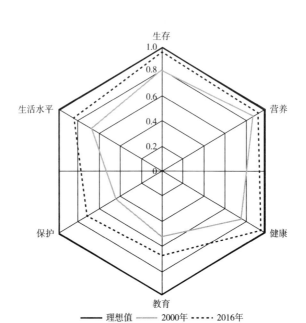

图 4 - 2　2000~2016 年中国儿童发展指数

理模式，在消除儿童贫困方面，取得了显著的成就（王小林、张晓颖，2017）。从减少收入贫困的角度看，1981~2015 年，中国生活在 1.9 美元（2011 年 PPP）极端贫困线以下的人口由 8.78 亿人减少到 998 万人，极端贫困人口减少 8.68 亿人。同期，中国 1.9 美元极端贫困发生率由88.32% 下降到 0.728%。其中，超过 3.5 亿儿童摆脱极端贫困。这一成就，在发展中国家是绝无仅有的。可以说，中国提前实现了 2030 年可持续发展目标中确定的消除 1.9 美元极端贫困目标。图 4 - 3 显示了中国和世界减贫成果的比较。

二　中国儿童生存、营养与健康状况

中国儿童生存状况伴随经济增长快速改善。生存是儿童获得一切综合发展的前提和保障。图 4 - 4 表明，1980 年以来，随着中国经济的快速增长，

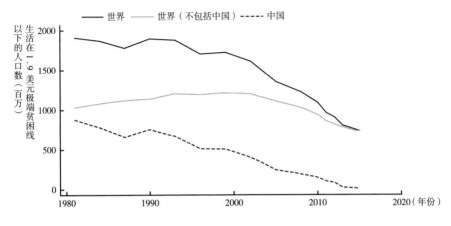

图 4 − 3 中国与世界减贫成就比较

资料来源：Povcal Net，World Bank，王小林等绘制，2018。

儿童死亡率呈快速下降趋势。从衡量儿童生存的 3 个儿童死亡率指标值来看，中国的儿童从经济增长中广泛受益。新生儿死亡率由 1980 年的 48.2‰下降到 2016 年的 8.5‰，1 岁以下儿童死亡率由 1990 年的 29.7‰下降到 2016 年的 5.1‰，5 岁以下儿童死亡率由 1980 年的 62.8‰下降到 2016 年的 9.9‰。

中国儿童营养状况由宏观上大规模遭受饥饿与营养不良向少数群体微量营养缺乏转型。中国从 1987 年开始有了全国的儿童营养数据。1987 年以来，中国 5 岁以下儿童营养不良发生率、消瘦发生率都显著下降。其中，5 岁以下儿童年龄身高营养不良发生率由 1987 年的 38.3%下降到 2013 年的 8.1%，5 岁以下儿童年龄体重营养不良发生率由 1987 年的 18.7%下降到 2013 年的 2.4%，5 岁以下儿童消瘦发生率由 1987 年的 4.8%下降到 2013 年的 1.9%（见图 4 − 5）。

中国儿童由计划免疫的高比例缺失转向普遍获得，出生预期寿命显著延长。1983 年中国开始有了比较完整的儿童健康维度相关指标的监测数据。总体上来看，中国儿童疫苗接种率及出生预期寿命呈逐年上升的趋势，特别是 2010 年以来，DPT（白喉、百日咳、破伤风混合疫苗）接种率、乙肝疫

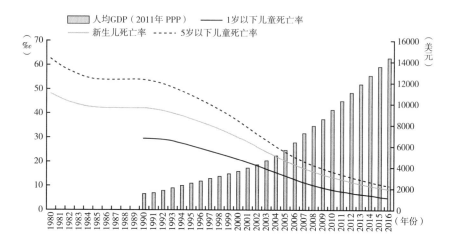

图4-4 中国儿童生存维度与人均GDP的变化趋势及比较

资料来源：World Bank Indicators，2018，https：//databank. worldbank. org/source/ world - development - indicators，王小林等绘制。

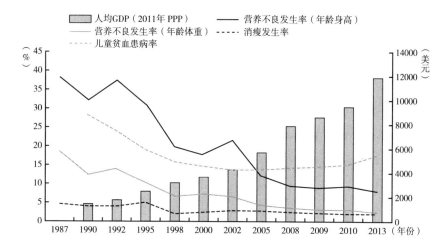

图4-5 中国儿童营养维度与人均GDP的变化趋势及比较

资料来源：World Bank Indicators，2018，https：//databank. worldbank. org/source/world - development - indicators，王小林等绘制。

苗（HepB3）接种率及麻疹疫苗接种率均达到了99%。

随着经济增长，中国儿童在营养、健康等多方面的改善，综合地体现在出生预期寿命指标上。出生预期寿命由 1980 年的 66.84 岁上升到 2016 年的 76.25 岁，延长了近 10 年。经过 50 多年的发展，中国与美国出生预期寿命的差距已经由 26.1 年缩小到 2.4 年。[①]

微量元素摄入不足引发的营养不良仍需高度重视。需指出的是，中国 5 岁以下儿童贫血发生率从 1990 年的 28.1% 下降到 2005 年的 13.8%。但是，2005～2016 年，中国儿童贫血发生率在上升。这是需要警惕的，并且需要专门研究。中国需高度重视儿童贫血监测与干预，并巩固免疫接种成果，提高质量。

三　中国儿童教育状况

中国儿童教育事业稳步发展，为经济社会的发展提供了人力资本支撑。1980 年以来，中国学前毛入学率和中学毛入学率均呈上升趋势。其中，学前毛入学率由 1990 年的 20.61% 上升到 2016 年的 83.70%，中学毛入学率由 1990 年的 37.44% 上升到 2014 年的 103.50%（见图 4-6）。值得注意的是，整体来看，小学毛入学率较高，中学毛入学率次之，学前毛入学率最低。另外，识字率反映了一个国家教育普及的程度，在中国全民义务教育大力实施和推广下，2010 年，中国成人识字率已达到 95.12%。

世界银行（2019）指出，三类技能在劳动力市场上的重要性与日俱增，这三类技能是：高级认知技能（比如解决复杂问题的能力）、社会行为技能（比如团队工作能力）以及能够预测适应能力的技能组合（比如推理能力、自我效能）。培育这几类技能要求个体具有坚实的人力资本基础并进行终身学习。因此，儿童早期发展阶段形成人力资本基础的重要性更加突出。我国需要进一步加强儿童早期教育。

[①] 资料来源：World Bank Indicators, 2018, https://databank.worldbank.org/source/world - development - indicators。

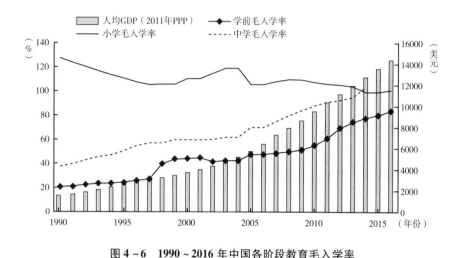

图 4 - 6　1990～2016 年中国各阶段教育毛入学率

资料来源：World Bank Indicators, 2018, https：//databank. worldbank. org/source/world - development - indicators，王小林等绘制。

四　中国儿童权利保护状况

2010 年，中国建立了由中央财政支持的孤儿基本生活保障制度。其后，陆续建立了对艾滋病感染儿童、事实无人抚养儿童的基本生活保障制度。2018 年纳入孤儿、特困人员供养、最低生活保障三项制度范围的儿童为 717.6 万名。2019 年，民政部等 12 部门联合发文建立事实无人抚养儿童保障制度，近 20 万名事实无人抚养儿童获得保障，30 个省份公布了地方事实无人抚养儿童津贴标准。

在孤弃儿童养育方面，政府的基本思路是发展机构内集中养育。2018 年，按照事业单位法人登记的国有儿童福利机构 544 家，设有儿童部的社会福利机构 673 家，机构的总床位数已经超过 10 万张（罗争光，2019）。虽然这些福利设施总体上能够满足集中养育孤儿的基本需求，但是，机构内养育不适合儿童健康成长的问题，未得到充分考虑。

截至 2019 年 6 月 1 日，全国共有孤儿 29.8 万人，其中社会散居孤儿 23

万人，占总数的 77.2%，儿童福利机构内集中养育孤儿 6.8 万人，占 22.8%（罗争光，2019）。

国家对残疾儿童的生活保障和康复救助的力度逐渐加大。2018 年 6 月，国务院印发《关于建立残疾儿童康复救助制度的意见》，提出 2020 年建立与全面建成小康社会目标相适应的残疾儿童康复救助制度体系，实现残疾儿童"应救尽救"（国务院，2018）。

中国儿童保护的相关法律法规逐步健全，维护儿童合法权益的法律制度进一步完善。通过严厉打击针对儿童的违法犯罪行为、儿童法律援助工作深化等措施，儿童的生存和发展环境得到改善。国家统计局数据显示，全国 18 岁以下儿童伤害死亡率呈持续下降趋势，2018 年为 11.74/10 万，比 2017 年下降 10.9%，比 2010 年下降 47.6%（陈海峰，2019）。

目前，中国暂没有户籍注册、童工等方面的官方数据。在出生登记方面，《中国儿童发展纲要（2011～2020 年）》明确指出，落实儿童出生登记制度；提高社会各界对出生登记的认识，完善出生登记相关制度和政策；加强部门协调和信息共享，简化、规范登记程序。在童工方面，纲要明确指出，禁止使用童工（未满 16 周岁儿童）和对儿童的经济剥削。另外，该纲要还提出了其他儿童保护方面的措施：贯彻落实保护儿童的法律法规，儿童优先和儿童最大利益原则进一步落实，以及预防和打击侵害儿童人身权利的违法犯罪行为，禁止对儿童实施一切形式的暴力等。

媒体披露的儿童受到身体和性虐待的事件时有发生，学术研究发现儿童虐待的发生率较高。中国需加强儿童保护方面的统计监测，为强化这方面的工作提供基础。

五　中国儿童生活质量

随着家庭经济条件的改善，中国儿童生活质量得到稳步提高。图 4－7 表明，受益于中国高水平的基础设施，几乎每一个儿童都生活在有电的家庭环境中。中国在解决饮用水方面也取得了较好的成就，改革开放以来，一直推进"人畜饮水工程"。2014 年实施精准扶贫、精准脱贫政策以来，更是把饮水作为"不愁吃"中的重要内容，精准识别并解决饮水问题。

虽然解决了饮用水的问题，农村厕所的建设和改造并没有被纳入强制性扶贫指标。在具体操作中，虽然各地在危房改造、扶贫移民搬迁过程中，新建和改造的房子大多一并改善了厕所，但还有不少农户使用的厕所没有达到清洁卫生设施的要求。

监测数据显示，还有近 1/4 的儿童生活在不能获得基本卫生设施服务的家庭环境中，中国需要一场"厕所革命"。

图 4-7 显示，中国的移动手机普及率、互联网用户比例都呈快速上升的趋势，数字技术正在潜移默化地影响儿童生命周期各个阶段的发展，为儿童发展带来新的机遇与挑战。

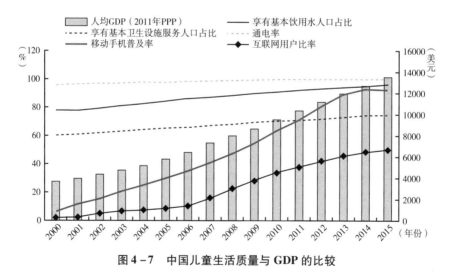

图 4-7　中国儿童生活质量与 GDP 的比较

六　中国儿童发展状态存在的问题和面对的挑战

（一）义务教育中的不平衡

在教育领域，虽然中国过去 40 余年中，在普及义务教育方面取得了重大成就。但是，仍然存在重大问题，最重要的是教育不平衡的持续存在甚至扩大。

第一，大量研究证实城乡教育差异是中国教育领域最持续的不平衡现象（Golley and Kong，2018；Qian and Smyth，2008；Hannum，1999；Yang et al.，2014）。儿童阶段教育的城乡差异最终将对中国人力资本的质量和结构产生重大影响。从发展结果看，中国城乡劳动力接受教育的平均年限之间的差距，1978 年为 2 年，2015 年则扩大到 2.63 年。针对中国城乡之间接受过高中及以上教育的劳动力比重的差距，1982 年为 16.75%，2015 年则为 40.23%。第二，其他类型的教育不平衡，如不同群体儿童之间在教育方面的不平衡，也仍然持续存在，并没有缩小的趋势。

考虑到高素质劳动力，或接受过高中及以上教育的劳动人口，在中国总人口中的比重，对中国未来的创新型发展有举足轻重的重要作用，教育不平衡的存在是需要被充分重视的战略问题。除此之外，义务教育不平衡的问题，还反映在中国残疾儿童教育方面。根据 2006 年全国残疾人调查，义务教育阶段 6~14 岁各类残疾儿童达 246 万人，而 2016 年入读特殊教育学校和随班就读的总数才接近 50 万人，只有 20% 左右的残疾儿童获得入读机会。因此，成人残障人士（15 岁以上）教育程度普遍低于一般人群。一般人群中，2015 年高中及以上教育程度比例为 37.17%，而残障人群中，该比例只有 9.9%（李海峥等，2017；凌亢等，2017）。

（二）儿童营养健康挑战

过去 40 多年的发展中，由绝对贫困造成的儿童营养健康问题，得到基本解决，如儿童营养不良和消瘦的发生率都大幅度下降了。但是，新的儿童营养健康问题需引起关注。

1. 婴幼儿发育迟缓

有研究表明，中国 0~3 岁的婴幼儿中普遍存在早期发育迟缓的问题，全国为 49%，农村地区为 69%。这包括认知、语言、社会情感和运动等方面的发育迟缓。在贫困农村地区，这个问题比其他地区更加严重。如果发育迟缓在 2 岁以前不能予以纠正，可能影响儿童的整个人生（Wang et al.，2018）。研究还发现，导致婴幼儿发育迟缓的原因主要有两个：第一，微量营养素缺失导致的儿童发育问题，如缺铁性贫血；第二，父母对儿童的养育方法不当（Yue et al.，2018）造成的早期发展迟缓。

2. 农村学龄儿童的营养健康问题

有研究报告，在营养健康方面，农村学龄儿童存在三个主要的健康问题：第一，25%～34% 的中国农村小学生贫血；第二，广泛存在的视力问题，20% 的小学生有视力问题。但是只有 2% 的人拥有眼镜；第三，在华南地区广泛存在的肠道寄生虫感染。2013 年在贵州的研究发现，40% 的农村小学生感染肠蠕虫，这些健康问题导致农村小学生的出勤率下降，学习成绩受到影响，辍学率上升（Yue et al.，2018）。

（三）儿童的心理健康

有专家研究了特定的儿童群体，包括受人口流动影响儿童的心理健康问题，或者独生子女的心理健康问题。Wang 和 Mesman（2015）对 772 项已经发表的、有关人口流动和儿童发展的中英文研究进行了综述，对随迁儿童和留守儿童的发展状态从情感、社会和学校适应性等方面的表现进行了元分析。研究发现，随父母进城的儿童，可能长期面对文化适应的压力，因为没有当地户口而受获取公共服务方面的歧视，受到来自同伴群体的歧视，等等。所有这些，都会对儿童的发展状态产生负面的影响，反映在儿童的发展指标和心理状态方面。到城市打工的父母也需要应对社会和经济各个方面的压力，他们对儿童的养育和照料行为会受影响，间接传导到儿童发展状态上。因此，跟随父母进城的流动儿童，在情感、社会和学校适应性几个方面的发展状态差于城市儿童，在有些方面甚至低于留守儿童（Wang and Mesman，2015）。

Wang 和 Mesman（2015）的研究包括了留守儿童发展。研究显示，绝大多数留守儿童可以得到适当的身体照料。但是，根据依附理论，童年，特别是幼年时期长期和父母分离的儿童，可能因为没有稳定的亲子关系——这种关系是儿童长大之后社会关系的蓝本——而在后期的社会行为方面出现问题。因此，从亲子关系的角度看，在单亲环境、没有父母作为主要照顾者的环境中长大的儿童，在认知能力和社会适应方面可能出现问题。

总而言之，这项研究发现，在情感、社会和学校适应能力的发展方面，随迁儿童比城市儿童存在更多的问题。而对留守儿童发展的分析发现，留守儿童在情感、社会和学校适应能力的发展方面，都低于父母没有外出的儿童（Wang and Mesman，2015）。

农民工的随迁子女进入城市，丧失了他们原有的社会关系网络，面对新的环境，文化适应要求和行为标准都会造成心理压力，因此，随迁儿童的亲子关系以及学生和教师之间的关系，质量低于其他群体的儿童。此外，其发生抑郁的风险远远高于其他儿童群体。因为父母外出打工，家庭环境发生了不利于儿童成长的变化，留守儿童和父母之间的亲子关系可能受损，这增加了抑郁的可能性。研究发现，随迁儿童和留守儿童中的抑郁发生率都可能明显高于其他儿童群体（Judd，2010）。

关于独生子女政策对儿童发展状态的负面影响，主要集中在认知资本方面，即独生子女容易出现心理健康问题，如出现"小皇帝"症候群。独生子女更容易出现以自我为中心、不易与同伴合作、容易悲观、不能承担风险等（Wang et al.，2017）。

（四）忽视和暴力

中国直到2015年才开始建立自己的儿童保护制度，没有关于儿童受虐待的报告数据，因此，对儿童受虐待和暴力的监测评估还缺乏充分的依据。

根据Fang等（2015）对68项已经发表的文献的元分析结果，在中国，26.6%的18岁以下儿童受到过身体虐待，19.6%受到过精神虐待，8.7%受到过性虐待，26.0%受到过"忽视"类虐待。

Ji和Finkelhor（2015）通过对47项中英文发表的关于儿童身体虐待的文献的元分析发现，中国儿童身体虐待的发生率为36.6%（95% CI：30.4%~42.7%），明显高于国际水平和亚洲其他国家的发生率。轻微的身体虐待的发生率为43.1% （95% CI：36.6%～52.5%），严重的身体伤害发生率为 26.6% （95% CI：21.4%～31.8%），并且有 7.8% （95% CI：5.0%～10.5%）为非常严重的伤害。而且，中国大陆地区的发生率明显高于中国的其他地区。

根据目前已经发表的三个针对性虐待发生率的元分析研究结果（分别包括了 36 项、27 项、15 项独立研究），中国儿童性虐待的发生率（包括非接触性的性虐待）为9%～18%，接触性性侵犯为8%～12%，插入式性侵犯在1%左右（Ji et al.，2013；彭淋等，2013；Ma，2018）。如果事实真的像这些学者研究的这样严重，那么针对儿童的暴力和性侵犯的问题，是我们面对的严峻的儿童发展的挑战之一。

特别是在互联网高速发展的时代下，儿童暴露在互联网的风险下，可能遭受新形式下的来自网络的暴力和虐待。这至少要求我们建立起这样的监测评估体系，以准确掌握相应的情况，做出相应的应对策略。

（五）对高风险发展阶段中的儿童风险准备不足

中国正在步入高风险的发展阶段。除了我们已知的，可能中断家庭收入的风险，如失业、工伤、妊娠、疾病、残疾、失恃失怙和老龄等（这些有社会保障的各种安排进行应对），各种工业化城市化高速度发展引致的风险，如毒奶粉、空气污染、交通事故、大规模的公共安全事件、自然灾害等，发生的频率都大大提高。此外，在人口大规模流动过程中，儿童是容易受到伤害的弱势群体。食品、疫苗、药品安全问题导致的儿童中毒或受到伤害的事件频发。

2010～2015 年，意外伤害一直是我国 0～19 岁青少年儿童死亡的首要原因，占所有死亡的40%～50%，溺水、道路交通伤害和跌倒/坠落是前三位伤害死因。来自全国伤害监测系统的门急诊监测数据显示，2010～2015年，门急诊 0～18 岁儿童伤害病例中，1～4 岁年龄组占比最高，家中是伤害发生最多的场所，7～8 月伤害发生相对较多，跌倒/坠落是门急诊病例最常见的伤害类型（马丹，2018）。各种迹象表明，我们的社会还没有认识到高风险发展阶段中儿童面对的风险，同时在儿童保护方面还未做出力度足够的制度安排。

七　讨论

从中国儿童发展状态看，在儿童基本能力的发展方面，中国已经取得了重大的进展。随着国家提供基本公共服务均等化政策的落实，儿童生存权、发展权、受保护权逐步实现，儿童基础能力发展趋同，并在整体上逐渐向理想值靠近，是一个不争的事实。

但是，对中国儿童发展状态进行分析，发现不平等和不公平依然持续。当基础能力出现趋同、底部在基础方面迎头赶上时，高级能力出现分化。高级能力的差距在扩大，甚至超过了基本能力的差距（某些情况下两者都有）。这个现象出现在人类发展中（联合国开发计划署，2019），我们在儿童发展中也发现了类似的现象。

除此之外，儿童发展战略在营养健康、早期教育、后义务教育阶段的教育、心理发展和风险防护方面，仍然存在诸多问题。

参考文献

陈海峰，2019，《统计局：2018 年全国儿童伤害死亡率比上年下降 10.9%》，中国新闻网，http：//www. chinanews. com/sh/2019/12 - 06/9026728. shtml，最后访问日期：2020 年 9 月 28 日。

国务院，2018，《关于建立残疾儿童康复救助制度的意见》国发〔2018〕20 号，中国政府网，http：//www. gov. cn/zhengce/content/2018 - 07/10/content_ 5305296. htm，最后访问日期：2020 年 9 月 20 日。

联合国开发计划署（UNDP），2019，《人类发展报告 2019——超越收入，超越平均，超越当下：21 世纪人类发展的不平等》，联合国开发计划署网站，http：//hdr. undp. org/sites/default/files/hdr_ 2019_ cn. pdf，最后访问日期：2020 年 6 月 20 日。

李海峥等，2017，《中国人力资本报告 2017》，中央财经大学中国人力资本与劳动经济研究中心网站，http：//humancapital. cufe. edu. cn/en/2. Human - Capital - Report - Full - Text - Chinese - Version. pdf，最后访问日期：2021 年 2 月 1 日。

凌亢、白先春等，2017，《中国残疾人事业发展报告 2006 - 2015》，北京：中国统计出版社。

罗争光，2019，《我国儿童福利机构十年增长 3 倍多》，新华社，http：//www. gov. cn/xinwen/2019 - 05/31/content_ 5396447. htm，最后访问日期：2020 年 9 月 20 日。

马丹，2018：《中国每年因意外伤害死亡的儿童超 5 万　暑假里，儿童安全不能"放假"》，《新民晚报》7 月 19 日，https：//wap. xinmin. cn/content/31408804. html，最后访问日期：2020 年 9 月 2 日。

彭淋、张思恒、杨剑、李洋、叶云凤、董晓梅、王声湧，2013，《中国儿童期性虐待发生率的 Meta 分析》，《中华流行病学杂志》第 12 期，第 1245 - 1249 页。

世界银行，2019，《2019 年世界发展报告：工作性质的变革》（会议版本），世界银行网站，https：//www. worldbank. org/content/dam/wdr/2019/WDR － 2019 － CHINESE. pdf，最后访问日期：2020 年 11 月 29 日。

王小林、张晓颖，2017，《迈向 2030：中国减贫与全球贫困治理》，北京：社会科学文献出版社。

王小林、冯贺霞，2018，《"一带一路"国家儿童发展指标测量研究报告》，北京：中国国际发展知识中心。

王小林、冯贺霞，2020，《2020 年后中国多维相对贫困标准：国际经验与政策取向》，《中国农村经济》第 3 期，第 2 - 21 页。

Fang, Xiangming, Deborah A. Fry, Kai Ji, David Finkelhor, Jingqi Chen, Patricia Lannen, and Michael P. Dunne. 2015. "The burden of child maltreatment in China：a systematic review." *Bulletin of the World Health Organization* 93：176 - 185.

Golley, Jane, and Sherry Tao Kong. 2018. "Inequality of opportunity in China's educational outcomes." *China Economic Review* 51：116 - 128.

Hannum, Emily. 1999. "Political change and the urban - rural gap in basic education in China, 1949 - 1990." *Comparative Education Review* 43 (2)：193 - 211.

Ji, Kai, David Finkelhor, and Michael Dunne. 2013. "Child sexual abuse in China：a meta - analysis of 27 studies." *Child Abuse & Neglect* 37 (9)：613 - 622.

Ji, Kai, and David Finkelhor. 2015. "A meta - analysis of child physical abuse prevalence in China." *Child Abuse & Neglect* 43：61 - 72.

Judd, Ellen R. . 2010. "Family strategies：fluidities of gender, community and mobility in rural west China." *The China Quarterly* 204：921 - 938. doi：10. 1017/S0305741010001025.

Ma, Yidan. 2018. "Prevalence of childhood sexual abuse in China：a meta - analysis."

Journal of Child Sexual Abuse 27 （2）: 107 – 121.

Qian, Xiaolei, and Russell Smyth. 2008. "Measuring regional inequality of education in C: widening coast – inland gap or widening rural – urban gap?" *Journal of International Development* 20 （2）: 132 – 144.

Wang, Lamei, and Judi Mesman. 2015. "Child development in the face of rural – to – urban migration in China." *Perspectives on Psychological Science* 10 （6）: 813 – 831. doi: 10. 1177/1745691615600145.

Wang, Fei, Liqiu Zhao, and Zhong Zhao. 2017. "China's family planning policies and their labor market consequences." *Journal of Population Economics* 30 （1）: 31 – 68. doi: 10. 1007/s00148 – 016 – 0613 – 0.

Wang, Lei, Mengjie Li, Cody Abbey, and Scott Rozelle. 2018. "Human capital and the middle income trap: how many of China's youth are going to high school?" *The Developing Economies* 56 （2）: 82 – 103.

Yang, Jun, Xiao Huang, and Xin Liu. 2014. "An analysis of education inequality in China." *International Journal of Educational Development* 37: 2 – 10.

Yue, Ai, Bin Tang, Yaojiang Shi, Jingjing Tang, Guanminjia Shang, Alexis Medina, and Scott Rozelle. 2018. "Rural education across China's 40 years of reform: past successes and future challenges." *China Agricultural Economic Review* 101: 93 – 118. Accessed 27th August 2018, https: //fsi – live. s3. us – west – 1. amazonaws. com/s3fs – public/rural_ education_ across_ chinas_ 40_ years_ of_ reform. pdf.

第二篇
儿童福利与国家发展

第五章
儿童福利在国家发展中的战略作用：
教育扶贫的理念、实践与政策展望

王小林　冯贺霞*

摘　要： 2020 年后，中国扶贫工作将由消除绝对贫困向缓解发展不平衡、不充分的相对贫困转变。本章首先基于可行能力理论、人力资本理论、生命周期理论视角梳理了缓解相对贫困的教育扶贫理念。其次，回顾了中国的教育扶贫战略及不同阶段教育扶贫政策和其特征。再次，通过国内教育扶贫的纵向比较和横向国际比较，分析了中国教育扶贫政策取得的成效，总结出中国教育扶贫的主要经验。最后，在此基础上，针对乡村振兴战略实施阶段缩小发展差距提出教育帮扶政策展望。

一　引言

教育是提升国家人力资本的重要措施，也是儿童福利发展战略的重要方面。在国家发展中，儿童发展成为实现国家发展战略的一个重要方面，并在实现国家发展战略中起到重要作用，这一点特别清楚地体现在中国成功地通过教育扶贫来实现促进脱贫和儿童发展的双重政策目标。这一成功的公共管理的案例，值得全世界的政府借鉴。在对中国未来的儿童福利发展战略的思

---

* 王小林，复旦大学六次产业研究院教授、博士生导师，研究方向为贫困治理、公共服务、国际发展等；冯贺霞，北京师范大学互联网发展研究院研究员。

考中，更是需要纳入这样已经证实的成功经验的视角。

长期以来，教育扶贫被视为促进脱贫、防止返贫的重要因素，同时在大规模消除绝对贫困、阻断贫困代际传递方面发挥着非常重要的作用（森、德雷兹，2006；王文静、李兴洲，2017；王浩名、岳希明，2019）。教育是提升人力资本的重要渠道之一，且教育带来的收益超越了个体自身所得的收益，会延伸到其他人身上，并实现代际传递（Flabbi and Gatti，2018）。人力资本在生产过程中发挥了补充物质资本的作用，是技术创新和长期增长的重要投入（World Bank，2019）。各国人均国内生产总值 10% ~ 30% 的差异是由人力资本的跨国差异引起的（Hsieh and Klenow，2010），如果将教育质量或者具有不同技能的工人之间的互动纳入考虑的范围，这一差距可能更大（World Bank，2019）。

大力发展教育尤其是基础教育，通过提高人力资本水平减少贫困、促进经济增长，一直是我国的基本国策。改革开放以来，我国大规模的教育扶贫实践取得巨大成就。初中毛入学率由 1980 年的 43.03% 上升到 2017 年的 103.5%（教育部，2018），超过或相当于高收入国家的平均水平，基础教育基本普及。然而，随着人工智能的发展，大规模可重复、可编码的劳动将被机器取代，新的就业岗位对劳动力的高级认知技能和社会情感技能要求更高，未来工作性质的变革对当今人力资本的投资带来新的挑战（World Bank，2019）。另外，全面打响脱贫攻坚战以来，我国取得了巨大的脱贫成效。贫困人口从 2012 年底的 9899 万人减到 2019 年底的 551 万人，贫困发生率由 10.2% 降至 0.6%，连续 7 年每年减贫 1000 万人以上。截至 2020 年 2 月底，全国 832 个贫困县中已有 601 个宣布脱贫摘帽，179 个正在进行退出检查，未摘帽县还有 52 个，区域性整体贫困基本得到解决（习近平，2020）。2020 年以后，我国扶贫工作由解决绝对贫困向缓解相对贫困转变（孙久文、夏添，2019；陈志刚等，2019；王小林、冯贺霞，2020）。

在新阶段工作性质变革带来挑战、扶贫工作由解决绝对贫困向缓解相对贫困转变的时代背景下，儿童发展在新的发展阶段中获得了新的意义和重要性。本章研究的主题是"2020 年后缓解我国相对贫困的教育扶贫理念和政策展望"，重点关注的问题是 2020 年后，从儿童福利和缓解相对贫困的双重目标出发，我国教育扶贫需要重点考虑的内容有哪些？哪些方面需要坚持？哪些方面需要改进？

二　缓解相对贫困的教育扶贫理论

已有文献对教育在促进脱贫、防止返贫，以及阻断代际贫困中的关键作用做了大量的理论研究和实证研究，相关研究主要基于三个理论视角展开。一是阿玛蒂亚·森（Amartya Sen）的可行能力理论，认为教育对可行能力的提升具有重要的工具性价值和内在价值，是减少收入贫困和其他维度贫困的重要因素；二是人力资本理论，认为教育是提升人力资本的重要渠道，对个体摆脱长期的代际贫困起到关键性作用，且对社会经济的发展产生显著的正外部性影响；三是生命周期理论，认为教育在人的生命周期的不同阶段产生的影响是有差异的，早期教育的投资回报率要高于在较高年龄时的回报率。

（一）可行能力理论

教育对个人可行能力的提升具有重要价值。Sen（1976）的可行能力理论着重考察的是构成人的有价值的生活的功能性活动的缺失。这些功能性活动包括吃、穿、住、行、读书、就医、社会参与等。教育对人的可行能力的提升具有重要的内在价值和工具价值。森和德雷兹（2006）认为，教育和健康至少在五个方面对个人的可行能力有显著价值。一是内在重要性，受教育和健康本身就是有价值的成就，有机会得到它们，对个人的实际自由有直接重要意义；二是工具性的个人作用，即个人的受教育和健康有助于他做很多事，同时随着收入的提高和经济手段的扩大又增加其他可行能力；三是工具性的社会作用，即更多的识字和基础教育能够促进对社会需求的公共讨论，鼓励有见识的集体需求，转而增加公众享受的设施，提供更好的有效服务；四是工具性的程序作用，学校教育程序甚至能够产生正规教育目标之外的好处；五是授权与分配作用，有助于个体获得更好的待遇，促进不同社会群体之间和家庭内部再分配的平等。

111

（二）人力资本理论

人力资本对人类社会的发展至关重要。在新经济增长理论的研究中，人力资本成为其中最重要的变量。人力资本由知识、技能和健康组成，是在人的生命发育过程中积累而成的，人力资本使人们实现了人作为社会生产成员所具有的潜力（World Bank，2019）。对青年一代教育、培训、迁移等方面的投入都可以视作人力资本投资（Schultz，1960）。事实上，人力资本与物质资本相对应而存在，物质资本是投资于物形成的资本，如机器、厂房等；人力资本是投资于人而形成的资本，包括对教育、健康、技能等内在的投资所形成的资本。Schultz（1960）认为"索罗剩余"中的绝大部分来自于劳动力的教育、健康和人力资本的增加，人力资本对一个国家经济发展起着非常重要的作用。其中，教育是人力资本形成的基础，对切断贫困恶性循环、阻断代际贫困起着关键性的作用。相关经验研究表明，社会上或经济上处于贫困状态的人们普遍认为教育是他们的孩子向社会上层流动的最有希望的机会（Bara et al.，1991）。

早期人力资本投资的回报率更高。对儿童发展的研究发现，生命周期的不同阶段对于形成不同类型的能力至关重要，当错过形成这些能力的机会时，补救成本很高，而且全面补救往往代价高昂。如果想确保儿童获得优质教育服务以及消除他们在认知能力和社会行为技能上的早期差距，对于那些希望对人力资本进行明智投资的政府而言，最好的做法是对儿童生命周期的前1000天进行投资（World Bank，2019）。Heckman 等（2010）对美国密歇根州1960年代实施的以3~5岁儿童为目标人群的佩里学前教育研究计划的研究评估表明，每投资1美元，除了给个人带来7~12美元的回报外，还会带来额外的社会回报。

政府在促进人力资本形成方面发挥着重要作用。人力资本投资的经济回报往往可能发生在数年后，尽管接受了基础教育的人所获得的收入高于没有受过教育的人，基础教育在劳动力市场上的回报却是在做出投资后的10~15年后才实现的（World Bank，2019）。对儿童早期教育的投资更是如此。

在牙买加，为学步期幼童提供心理社会刺激使参与者的收入提高了 25%，但是这些回报在 20 年后才能实现（Gertler et al.，2014）。教育投资周期长、成本高等特征使得个体与家庭往往无力承担获得人力资本所需要的成本。即使教育是免费的，交通成本、学习用品费用以及因学生入学而流失的工作收入也使教育的成本过于高昂，令人望而却步。在这样的情况下，政府干预措施可能产生重要的影响。例如，现金转移方案提高了低收入国家和中等收入国家数百万儿童的教育水平，即使现金转移方案提供的补贴仅占学校教育成本的一部分（World Bank，2019）。

（三）生命周期理论

生命周期视角下的发展理念强调对个体发展不同生命阶段所面临的问题和脆弱性进行分析，确定从一个生命阶段到下一个生命阶段的关键转变为个体发展带来的风险和机会（UNICEF，2016）。就整个生命周期而言，人力资本早期投资的回报率要高于在较高年龄时的回报率，早期投资的收获时间要长于生命周期后期的投资（World Bank，2019）。UNICEF（2016）认为，产前和幼儿期的投资回报率比老年人的投资回报率平均高出 7～10 个百分点。

Fajth（2018）认为，个体早期的发展（holistic child development）主要涉及三个重要维度：生物学方面的人体测量指标（anthropometric performance），如不同年龄段的身高体重指数（BMI）、运动技能等；认知技能（cognitive skills），是形成智商的关键能力；社会情感技能（socio-emotional skills），是培育情商的关键能力，它能够影响儿童将来融入社会、参与社会活动的能力。事实上，上述三个维度发展的不足，将造成人体测量指标增长缓慢、认知技能不足、社会情感技能不足，进而使个体早期发展机会被剥夺，形成早期人力资本发展"缺口"（见图 5-1）。

针对个体早期发展形成的"缺口"，儿童生命的前 1000 天是第一个政策干预的重要机会窗口期（Fajth，2018；World Bank，2019）。这段时间对儿童的生物学指标和认知能力都十分重要。第二个政策干预的重要机会是青

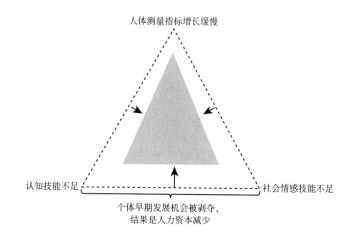

图 5 - 1 早期人力资本发展"缺口"

资料来源：Fajth，2018。

春期，这个阶段对培育儿童参与社会的能力，或者说社会情感技能十分重要（Fajth，2018）。

可行能力理论、人力资本理论和生命周期理论表明，生命周期不同阶段的教育尤其是个体早期教育对个体可行能力的提升、国家人力资本水平的提升都具有非常重要的作用，相应地，教育扶贫也是缓解长期贫困、代际贫困的重要途径。可见，教育扶贫首先要对个体不同生命阶段所面临的教育困境进行分析，再确定不同阶段教育扶贫的重点和难点，从而制定相应的扶贫政策。在制定儿童福利发展战略的时候，这些重要的发现都需要纳入政策视野。

三　中国教育扶贫战略回顾及转变

（一）中国教育扶贫政策

从 1994 年《国家八七扶贫攻坚计划》制定到现在，中国教育扶贫政策可分为 3 个阶段，具体政策见表 5 - 1。

表 5－1　1994～2019 年中国教育扶贫政策

扶贫阶段	教育扶贫政策	主要内容及特征
《国家八七扶贫攻坚计划（1994～2000 年）》期间	《国家八七扶贫攻坚计划（1994～2000 年）》（1994）	对教育扶贫机制进行框架性设计，瞄准不同程度基础教育的"普及"
	《国务院关于〈中国教育改革和发展纲要〉的实施意见》（国发〔1994〕39 号）	
	《中共中央 国务院关于深化教育改革全面推进素质教育的决定》（中发〔1999〕9 号）	
《中国农村扶贫开发纲要（2001～2010 年）》期间	农村教育政策：《中国农村扶贫开发纲要（2001～2010 年）》、《国务院关于进一步加强农村教育工作的决定》（国发〔2003〕19 号）	义务教育是政策关注的重点，"两免一补"等系列义务教育政策的制定，强烈推动了义务教育的普及；职业教育、学前教育开始成为政策关注的重点；教育资助阶段从义务教育延伸到学前教育、职业教育和高等教育
	义务教育政策：《国务院办公厅关于完善农村义务教育管理体制的通知》（国办发〔2002〕28 号）、《国务院办公厅关于转发教育部等部门〈国家西部地区"两基"攻坚计划（2004～2007 年）〉的通知》（国办发〔2004〕20 号）、《国务院办公厅转发财政部、教育部关于加快国家扶贫开发工作重点县"两免一补"实施步伐有关工作意见的通知》（国办发〔2005〕7 号）、《国务院关于深化农村义务教育经费保障机制改革的通知》（国发〔2005〕43 号）、《国务院办公厅转发国务院农村综合改革工作小组关于开展清理化解农村义务教育"普九"债务试点工作意见的通知》（国办发〔2007〕70 号）	
	职业教育政策：《国务院关于大力推进职业教育改革与发展的决定》（国发〔2002〕16 号）、《国务院关于大力发展职业教育的决定》（国发〔2005〕35 号）	
	学前教育政策：《国务院关于当前发展学前教育的若干意见》（国发〔2010〕41 号）	
	助学资助政策：《国务院办公厅转发教育部等部门关于开展经常性助学活动意见的通知》（国办发〔2003〕77 号）、《国务院办公厅转发教育部财政部人民银行银监会关于进一步完善国家助学贷款工作若干意见的通知》（国办发〔2004〕51 号）、《国务院办公厅关于切实解决高校贫困家庭学生困难问题的通知》（国办发〔2004〕68 号）、《国务院关于建立健全普通本科高校高等职业学校和中等职业学校家庭经济困难学生资助政策体系的意见》（国发〔2007〕13 号）	

续表

扶贫阶段	教育扶贫政策	主要内容及特征
《中国农村扶贫开发纲要（2011~2020年）》期间	《中国农村扶贫开发纲要（2011~2020年）》(2011)	教育扶贫在国家脱贫攻坚中的战略定位上升到新高度；强调义务教育质量的提升和义务教育的均衡发展；教育扶贫维度从教育维度本身拓展到学生的营养、健康维度；从以学生为重点关注对象拓展到教师能力建设和学校布局的调整；教育范围从义务教育延伸到婴幼照护、学前教育、职业教育、高中教育、校外培训
	义务教育政策：《国务院办公厅关于实施农村义务教育学生营养改善计划的意见》(国办发〔2011〕54号)、《国务院关于深入推进义务教育均衡发展的意见》(国发〔2012〕48号)、《国务院办公厅关于规范农村义务教育学校布局调整的意见》(国办发〔2012〕48号)、《国务院关于进一步完善城乡义务教育经费保障机制的通知》(国发〔2015〕67号)、《中共中央 国务院关于深化教育教学改革全面提高义务教育质量的意见》(2019)	
	教师支持政策：《国务院关于加强教师队伍建设的意见》(国发〔2012〕41号)、《乡村教师支持计划（2015~2020年）》、《中共中央 国务院关于全面深化新时代教师队伍建设改革的意见》(中发〔2018〕4号)	
	学前教育政策：《中共中央 国务院关于学前教育深化改革规范发展的若干意见》(2018)、《国务院办公厅关于开展城镇小区配套幼儿园治理工作的通知》(国办发〔2019〕3号)、《国务院办公厅关于促进3岁以下婴幼儿照护服务发展的指导意见》(国办发〔2019〕15号)	
	高中教育：《国务院办公厅关于新时代推进普通高中育人方式改革的指导意见》(国办发〔2019〕29号)	
	职业教育：《国务院关于印发国家职业教育改革实施方案的通知》(国发〔2019〕4号)	
	特殊教育：《国务院办公厅关于转发教育部等部门特殊教育提升计划(2014~2016年)的通知》(国办发〔2014〕1号)	
	民族教育：《国务院关于加快发展民族教育的决定》(国发〔2015〕46号)	
	校外培训政策：《国务院办公厅关于规范校外培训机构发展的意见》(国办发〔2018〕80号)	
	教育扶贫工程：《国务院办公厅转发教育部等部门关于实施教育扶贫工程意见的通知》(国办发〔2013〕86号)	
	脱贫攻坚政策：《中共中央 国务院关于打赢脱贫攻坚战的决定》(2015)、《"十三五"脱贫攻坚规划》(2016)	

资料来源：作者根据中华人民共和国教育部网（http：//www.moe.gov.cn）、中华人民共和国中央人民政府网（http：//www.gov.cn/index.htm）资料整理。

1.《国家八七扶贫攻坚计划》期间

1994 年，《国家八七扶贫攻坚计划》提出了改变中国教育文化落后状况的具体目标：基本普及初等教育，积极扫除青壮年文盲；开展成人职业技术教育和技术培训，使多数青壮年劳力掌握一到两门实用技术。这一阶段的教育扶贫政策重在对教育扶贫机制进行框架性设计，目标重在扫除青壮年文盲、普及基础教育。这一阶段的教育政策及实施大幅度改善了中国教育文化落后的状况。截至 2000 年，中国实现了基本普及九年义务教育、基本扫除青壮年文盲（简称"两基"）目标，"两基"人口覆盖率超过 85%（吴晶、刘奕湛，2008）。

2.《中国农村扶贫开发纲要（2001～2010年）》期间

义务教育的普及依然是政策关注的重中之重，从完善农村义务教育管理体制到对农村义务教育阶段贫困家庭学生实行"两免一补"，再到深化农村义务教育经费保障机制改革，一系列针对义务教育政策的实施，有力推动了义务教育的普及，缩小了贫困地区与其他地区的教育差距。2000 年底，中国普及九年义务教育的地区人口覆盖率是 85%（教育部，2000），到 2010年，普及九年义务教育人口覆盖率达到 98% 以上，全国青壮年文盲率降到2% 以下，成人文盲率降到 5% 以下（翟博等，2012）。

同时，学前教育开始成为政策关注的重点。2010 年，《国务院关于当前发展学前教育的若干意见》（国发〔2010〕41 号）对学前教育进行"定性"，认为发展学前教育，必须坚持公益性和普惠性。并且，这一政策提出以县为单位编制学前教育三年行动计划，开启了学前教育三年行动国家计划。另外，这一阶段，教育资助政策的资助力度加大，资助阶段从义务教育延伸到学前教育、职业教育和高等教育，资助范围从学费、课本费扩展到杂费、生活费。

3.《中国农村扶贫开发纲要（2011～2020年）》期间

《中共中央 国务院关于打赢脱贫攻坚战的决定》提出，"通过发展生产脱贫一批，易地搬迁脱贫一批，生态补偿脱贫一批，发展教育脱贫一批，社会保障兜底一批，因地制宜综合施策，确保现行标准下农村贫困人口实现脱贫，消除绝对贫困"。这一举措将教育扶贫在整个脱贫攻坚中的战略地位上升到了前所未有的新高度。

这一阶段，关于义务教育的政策依然是最多的，普及义务教育仍然是核心，但更加强调义务教育的质量和均衡发展。值得注意的是，从2018年到2019年，关于儿童早期教育和发展，国家发布了三个政策文件，针对"学前教育资源尤其是普惠性资源不足、政策保障体系不完善、教师队伍建设滞后、监管体制机制不健全、存在'小学化'倾向、部分民办园过度逐利、幼儿安全问题时有发生"等问题，国家制定了学前教育深化改革的系列措施。3岁以下婴幼儿照护服务是全生命周期服务管理的重要内容，事关婴幼儿健康成长和终身发展。《国务院办公厅关于促进3岁以下婴幼儿照护服务发展的指导意见》（国办发〔2019〕15号）为贫困地区儿童和随迁儿童获得更好的早期发展机会提供了政策依据，体现了全生命周期视角下重视早期教育的发展理念。

另外，这一阶段教育扶贫政策从多个方面对教育扶贫进行支持，支持维度从单纯的教育维度拓展到儿童的营养和健康维度，对儿童早期营养、健康和教育的支持，不仅有助于提高儿童的身体健康水平和认知能力，还有助于提高国家未来的人力资本水平。再者，支持对象从资助学生拓展到支持乡村教师能力建设，支持范围从义务教育拓展到婴幼儿照护服务、学前教育、职业教育、高中教育、校外培训、民族教育、特殊教育，这些不仅体现了教育扶贫在整个脱贫攻坚上的战略高度，而且意味着我国逐渐形成了比较完善的教育扶贫政策体系。

（二）教育扶贫政策的转变

《国家八七扶贫攻坚计划》期间，中国文化、教育相对落后，基本普及初等教育，积极扫除青壮年文盲是这一阶段教育扶贫政策的首要目标。《中国农村扶贫开发纲要（2001～2010年）》期间，"两免一补"等系列农村义务教育政策的实施大幅度提高了普及九年义务教育人口覆盖率。2011年11月，中国全面完成普及九年义务教育和扫除青壮年文盲的战略任务（翟博等，2012）。这一战略任务的完成，并不意味着教育扶贫任务的终结，而是上升到一个更高层次，意味着我国教育扶贫政策发生了三个转变：由重视基础教育向发展高质量教育转变；由普及义务教育向发展均衡教育转变；由重视基本文化素质培养向激发个体发展能力转变。这三个转变在《中国农村扶贫开发纲要（2011～2020年)》期间的系列政策中开始显现。

四 中国教育扶贫的现实考量

（一）教育扶贫成效

1. 中国不同阶段教育的普及率呈快速上升趋势

1980年以来，中国教育取得了巨大的成就。成人识字率从1982年的65.51%上升到2018年的96.84%[①]。图5-2表明，学前教育、初中教育、大学教育的普及率均呈快速上升趋势。其中，初中毛入学率从1980年的43.03%上升到2018年的100.9%，学前教育毛入学率从1980年的9.1%上升到2018年的88.09%，大学毛入学率从1980年的1.13%上升到2018年的50.6%。1986年，《中华人民共和国义务教育法》以及包括"两免一补"政策在内的系列义务教育政策的实施，有力推动了义务教育的普及。然而，大学教育、学前教育的普及率相对较低。

2. 中国初中毛入学率远高于中高等收入国家的平均水平

图5-3是2018年全球109个国家（2018年人均GDP、初中毛入学率数据均不缺失的国家）的人均GDP对数（美元，当前购买力平价）与初中毛入学率的散点图。由图5-3可知，一般而言，人均GDP越高的国家，其相应的初中毛入学率也相对较高。在这109个国家中，中国人均GDP是18236.61美元（当前购买力平价），排名48，但中国的初中毛入学率是100.9%，排名23。中国作为中高等收入国家，其初中毛入学率远高于中高

[①] 资料来源：世界银行数据库，https：//data.worldbank.org.cn/。

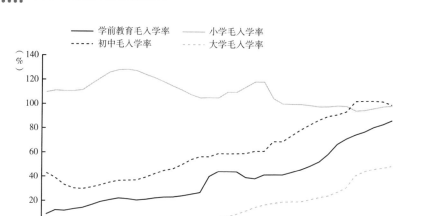

图5-2　1980～2018年中国不同教育阶段毛入学率的变化趋势

资料来源：世界银行数据库（https：//data. worldbank. org. cn/）。

等收入国家初中毛入学率平均水平（91.51%）。这说明与同等经济发展水平的国家相比，中国的初中教育普及率较高。

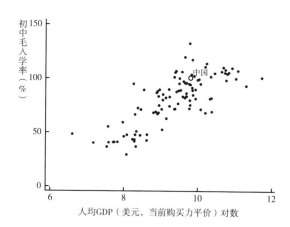

图5-3　2018年全球109个国家初中毛入学率与人均 GDP 对数的比较

资料来源：世界银行数据库（https：//data. worldbank. org. cn/）。

3.中国学前教育超过了高收入国家的平均水平

图5-4表明，整体上，收入水平越高的国家，其学前教育的毛入学率也

相应越高。1980～2018年，全球不同经济水平国家的学前教育毛入学率均呈
上升趋势。随着时间的变化，中高等收入国家与高收入国家的学前教育毛入
学率之间的差距在逐渐缩小。但低收入国家、中低等收入国家与高收入国家
的学前教育毛入学率之间的差距依然很大。但值得注意的是，1980年，中国
的学前教育毛入学率与高收入国家的差距悬殊，但2006年以来，中国学前教
育毛入学率呈快速上升趋势，且在2017年达到了84.79%，反超高收入国家学
前教育毛入学率的平均水平84.36%。2018年，中国的学前教育毛入学率是
88.09%，远超过高收入国家学前教育毛入学率的平均水平82.67%。

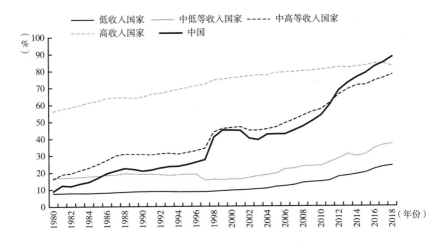

图5-4　1980～2018年全球学前教育毛入学率比较

资料来源：世界银行数据库（https://data.worldbank.org.cn/）。

4. 中国大学毛入学率与高收入国家相比依然有一定的差距

1984年以来，全球不同经济水平国家的大学毛入学率均呈上升趋势，
但高收入国家、中高等收入国家的大学毛入学率上升的速度更快，低收入国
家、中低等收入国家的大学毛入学率与高收入国家的差距呈扩大趋势。但
2000年以来，中国的大学毛入学率呈快速上升趋势，与高收入国家大学毛
入学率之间的差距呈缩小趋势。但截至2018年，中国的大学毛入学率是
50.6%，与高收入国家大学毛入学率的平均水平75.1%相比依然有较大的
差距（见图5-5）。

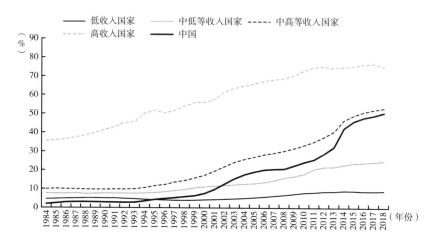

图 5 – 5　1984～2018 年全球大学毛入学率比较

资料来源：世界银行数据库（https：//data. worldbank. org. cn/）。

（二）教育扶贫对我国大规模消除绝对贫困起到核心作用

中国大规模的教育扶贫政策对消除绝对贫困起到至关重要的作用。从新中国成立初期到改革开放前，先后实行了供给制、人民助学金、学杂费减免等资助政策，为经济困难家庭子女获得教育机会提供了一定保障。1949～1978 年，我国学前教育毛入学率从不足 0.4% 提高到 10.6%，小学净入学率从 20% 提高到 94%，初中毛入学率从 3.1% 提高到 66.4%，高中毛入学率从 1.1% 提高到 35.1%，高等教育毛入学率从 0.26% 提高到 2.7%（全国学生资助管理中心，2019）。通过扫除文盲和普及小学教育，中国劳动力基本具备了小学文化。这为改革开放初农业生产力提高和劳动力密集型加工业发展提供了与之相匹配的劳动力。1978～1985 年，中国贫困人口从 2.5 亿人下降到 1.25 亿人，年均减少贫困人口 1700 多万人，贫困发生率从 30.7% 下降到 15%（李小云等，2018）。那时并没有扶贫办。那么是什么原因带来那个阶段的大规模减贫呢？过去我们的研究把这种大规模减贫主要归功于改革开放带来的制度效应。事实上，教育也起着非常重要的作用。

图 5 – 6 表明，1985～2017 年，随着初中毛入学率的快速提升，中国的

贫困发生率呈快速下降的趋势。中国自 1986 年开始实施有计划、有组织、大规模的农村扶贫开发以来，逐步把扶贫脱贫、巩固脱贫成果和防止新的贫困现象发生有机结合、整体推进。对小学阶段和初中阶段实施免费义务教育、在义务教育阶段对贫困家庭的学生进行"两免一补"等系列优惠政策为贫困地区子女获得基础教育提供了政策保障。系列教育扶贫政策减轻了贫困家庭的教育支出压力，有效防止其返贫或致贫。同时，各学段学生均可获得资助，提高了贫困家庭学生升学信心，为完成控辍保学这一脱贫攻坚硬任务奠定了良好基础。当前，在脱贫攻坚中，通过教育脱贫一批，教育对阻断贫困代际传递更是发挥了十分重要的作用。

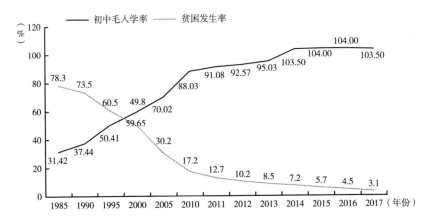

图 5 – 6　1985～2017 年初中毛入学率与贫困发生率的变化趋势

资料来源：初中毛入学率来源于世界银行数据库（https：//data. worldbank. org. cn/）；贫困发生率是按现行农村贫困标准（2010 年 2300 元，不变价）衡量的贫困发生率，数据来源于国家统计局住户调查办公室发布的《中国农村贫困监测报告 2018》。

（三）中国教育扶贫实践经验

1. 对教育立法保障了包括贫困人口在内的所有适龄儿童接受义务教育的权利

中国对九年义务教育立法为包括贫困人口在内的所有适龄人口获得基础教育提供了法律保障。1982 年颁布的《中华人民共和国宪法》提出"普及初等义务教育"，这是首次以宪法形式确定在中国普及初等义务教育，成为各地普及初等义务教育的根本遵循。为保证义务教育的顺利实施，1986年，九年制义务教育写入了《中华人民共和国义务教育法》，从而使普及义务教育有了专门的法律保障，中国基础教育走上了法制化的轨道。2006年修订的《中华人民共和国义务教育法》以法律形式明确了义务教育的免费原则，并对义务教育经费保障机制改革的主要内容予以确立。从2006年春季学期开始，西部地区农村义务教育阶段学生免收学杂费，2007年春推及全国农村地区，2008年秋推广至全国，至此，义务教育实现"全免费"（王家源，2019）。

2.从政策制定上保障了贫困人口的受教育机会

针对各个教育阶段的贫困人口实施系列资助政策为贫困人口获得公平的教育机会提供政策保障。为支持各地实施好学前教育三年行动计划，2010年起，国家启动了系列重大项目，重点支持中西部地区发展农村学前教育。中国对小学阶段和初中阶段实施免费义务教育，同时在义务教育阶段对贫困家庭的学生进行"两免一补"，降低了贫困学生在义务教育阶段的流失率，保证了贫困家庭的孩子至少可以接受初中阶段的教育。另外，中国启动实施了农村义务教育学生营养改善计划，对集中连片特殊困难地区的学生和家庭经济困难的寄宿学生给予财政补助，以改善贫困地区农村儿童的营养状况。在普通高中和高等教育中为家庭贫困的学生提供国家助学金资助，确保贫困家庭的孩子有平等地享受高中教育和高等教育的机会。

3.政府在教育供给和均等化过程中的主导作用

教育属于典型的公共产品，对贫困人口教育的投资更是私人部门不愿意介入的领域。因此，政府必须在此过程中起主导作用，其主要表现就是公共财政在教育领域的总支出以及针对贫困人口的支出。图5-7表明，中国国家财政性教育经费从2000年的2562.61亿元上升到2018年的36995.77亿元，呈快速上升趋势。2018年，国家财政性教育经费占GDP的比例为4.11%，连续第7年保持在4%以上。在已有基础上，国家还加大了教育领域的扶贫力度，如对贫困农村义务教育薄弱学校进行改造，帮助贫困地区的学校改善校舍和丰富图书资源。同时，兼顾因地制宜原则，在财政实力雄厚的地区地方政府负担的支出比例较高，而在贫困地区中央政府负担的比例较高。

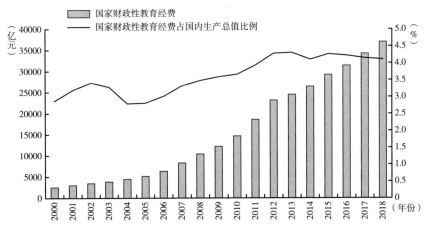

图 5 - 7 2000 ~ 2018 年中国教育财政支出变化趋势

资料来源：根据国家统计局统计数据整理，http：//data. stats. gov. cn/easyquery. htm? cn = C01&zb = A0201&sj = 2019。

五 儿童福利发展战略和缓解相对贫困的教育政策

基于可行能力理论、人力资本理论、生命周期理论等教育扶贫理论，中国教育扶贫政策的梳理及特征分析，中国教育扶贫的现实考量，特别是生命周期视角下的儿童人力资本的"三角形"特征（Fajth，2018），本章在这一部分提出 2020 年后中国儿童福利发展战略和缓解相对贫困的教育扶贫政策展望。

第一，义务教育需要从数量的普及向高质量、均衡方向转变。义务教育是提高全民素质的根本手段，是促进中国从人口大国迈向人口强国的基础措施。因此，"提质均衡"是 2020 年后一段时间内，我国义务教育的首要目标。发展高质量教育、均衡教育在《中国农村扶贫开发纲要（2011 ~ 2020年)》期间的系列政策中开始凸显。高质量发展教育体现在不同教育阶段的相关政策的制定中。无论是义务教育政策,还是学前教育、职业教育、高等教育、民族教育、特殊教育等方面的教育政策,核心都应强调教育质量的提升。发展均衡教育主要体现在两个方面:一是就不同地区的受教育群体而言,相关政策应向贫困地区、西部地区、特困地区贫困人口倾斜;二是就教育阶段而言,在发展义务教育的同时,均衡发展学前教育、职业教育、高等教育和特殊教育。2020年后,贫困农村地区义务教育的高质量发展、均衡发展依然是教育扶贫的重心。

第二,2021~2035年我国将遭遇人力资本相对不足的问题,要延长义务教育,拓展高中、大学教育。我国2035年将进入创新型国家前列,也将迈入高收入水平国家行列。为了实现这些阶段性发展目标,必须有与之相匹配的人力资本。高等教育通过显著提高贫困人口的人力资本水平实现扶贫脱贫的目标,相较于其他扶贫方式具有突出的比较优势(孙涛,2020)。但是,截至2018年,中国的大学毛入学率是50.6%,与高收入国家大学毛入学率的平均水平75.1%相比依然有较大的差距。依靠义务教育普及来快速提高劳动力人口受教育平均水平的潜力已经饱和,这是因为我们已经普及义务教育。因此,要通过各种途径拓展高中、大学教育,可采用的政策工具是实施12年义务教育,或者12年免费教育。

第三,应对新技术变革带来的工作性质的变革,要从全生命周期开展教育扶贫工作。我们现在已经进入信息经济、知识经济时代,2035年之前,随着人工智能的发展,大规模可重复、可编码的劳动将被机器取代,新的就业岗位对劳动力的高级认知技能和社会情感技能要求更高。从全生命周期来看,儿童人力资本的形成具有"三角形"特征:0~3岁主要形成身体(身高、体重等)运动技能,4~6岁主要形成认知技能(智商),青春期则主要形成社会情感(情商)技能。教育要在全生命周期发挥作用。当前的脱贫攻坚主要关注了九年义务教育,2020年之后,对儿童的教育扶贫需要为儿童早期营养、健康和教育提供全面的支持,关注0~3岁以及青春期教育。社会情感技能的形成不是数理化能解决的问题,需要音乐、美术、体育、社会参与等一系列相关教育。这要求缓解相对贫困和儿童福利发展之间建立更加紧密的关联，对 2020 年后缓解相对贫困阶段的教育扶贫工作提出了更高的要求。这也需要对整个教育工作进行反思和提升，特别是要适应未来进入创新型国家前列的教育需求。

参考文献

阿玛蒂亚·森、让·德雷兹，2006，《印度：经济发展与社会机会》，黄飞君译，北京：社会科学文献出版社。

陈志刚、毕洁颖、吴国宝、何晓军、王子妹一，2019，《中国扶贫现状与演进以及 2020 年后的扶贫愿景和战略重点》，《中国农村经济》第 1 期，第 2 - 16 页。

国家统计局住户调查办公室，2019，《中国农村贫困监测报告 2018》，北京：中国统计出版社。

教育部，2000，《2000 年全国教育事业发展统计公报》，中华人民共和国教育部网，http：//www. moe. gov. cn/s78/A03/ghs_ left/s182/moe_ 633/tnull_ 843. html，最后访问日期：2020 年 5 月 9 日。

教育部，2018，《2017 年全国教育事业发展统计公报》，中华人民共和国教育部网，http：//www. moe. gov. cn/jyb_ sjzl/sjzl_ fztjgb/201807/t20180719_ 343508. html，最后访问日期：2020 年 5 月 9 日。

李小云、徐进、于乐荣，2018，《中国减贫四十年：基于历史与社会学的尝试性解释》，《社会学研究》第 6 期，第 35 - 61 + 242 - 243 页。

全国学生资助管理中心，2019，《新中国 70 年学生资助成效显著　促进教育公平　助力全面小康》，《人民日报》9 月 25 日，第 14 版，中华人民共和国教育部网转载，http：//www. moe. gov. cn/jyb_ xwfb/s5147/201909/t20190925_ 400739. html，最后访问日期：2021 年 2 月 2 日。

孙久文、夏添，2019，《中国扶贫战略与 2020 年后相对贫困线划定——基于理论、政策和数据的分析》，《中国农村经济》第 10 期，第 98 - 113 页。

孙涛，2020，《高等教育扶贫：比较优势、政策支持与扩展路径》，《南京社会科学》第 2 期，第 137 - 141 + 156 页。

王浩名、岳希明，2019，《贫困家庭子女受教育程度决定因素研究进展》，《经济学动态》第 11 期，112 - 125 页。

王家源，2019，《夯实千秋基业　聚力学有所教——新中国 70 年基础教育改革发展历程》，《中国教育报》，中华人民共和国教育部网转载，http：//www. moe. gov. cn/jyb_ xwfb/s5147/201909/t20190926_ 401046. html，最后访问日期：2020 年 11 月 17 日。

王文静、李兴洲，2007，《中国教育扶贫报告》，北京：社会科学文献出版社。

王小林、冯贺霞，2020，《2020年后中国多维相对贫困标准：国际经验与政策取向》，《中国农村经济》第3期，第2-21页。

吴晶、刘奕湛，2008，《书写民族更加辉煌的未来——改革开放30年中国教育事业实现跨越式发展》，10月9日，中央政府门户网站，http：//www. gov. cn/jrzg/2008-10/09/content_1116328. htm，最后访问日期：2021年1月20日。

习近平，2020，《习近平：在决战决胜脱贫攻坚座谈会上的讲话》，中国政协网，http：//www. cppcc. gov. cn/zxww/2020/03/07/ARTI1583539449347123. shtml，最后访问日期：2020年4月15日。

翟博、刘华蓉、李曜明、张滢，2012，《人类教育史上的奇迹——来自中国普及九年义务教育和扫除青壮年文盲的报告》，《中国教育报》9月9日，教育部官网转载，http：//old. moe. gov. cn/publicfiles/business/htmlfiles/moe/moe_177/201209/141845. html，最后访问日期：2020年4月15日。

Bara, D. , R. Bhengra, and B. Minz. 1991. "Tribal female literacy: factors in differentiation among munda religious communities." *Social Action* 41 (4).

Fajth, Gaspar. 2018. "How we can drive do to extinction: addressing developmental opportunity deprivation DOD." EAPR Social Policy Networking Meeting.

Flabbi, L. , and Roberta Gatti. 2018. "A primer on human capital." *Policy Research Working Paper* No. 8309. World Bank, Washington, D. C. http://hdl. handle. net/10986/29219.

Gertler et al. . 2014. "Labor market returns to an early childhood stimulation intervention in Jamaica." *Science* 30; 344 (6187): 998-1001.

Heckman, James J. , Seong Hyeok Moon, Rodrigo Pinto, Peter A. Savelyev, Adam Yavitz. 2010. "The rate of return to the high scope perry preschool program." *Journal of Public Economics* 94 (1-2): 114-128.

Hsieh, Chang-Tai, and Peter J. Klenow. 2010. "Development accounting." *American Economic Journal: Macroeconomics* 2 (1): 207-223.

Schultz, T. W. . 1960. "Capital formation by education." *Journal of Political Economy* 68 (6): 571-583.

Sen, Amartya. 1976. "Poverty: an order approach to measurement." *Econometrica: Journal of the Econometric Society*: 219-231.

UNICEF. 2016. "Cognitive capital: investing in children to generate sustainable growth." UNICEF East Asia & Pacific. Accessed June 8, 2018. https://www. unicef. org/eap/reports/cognitive-capital-investing-children-generate-sustainable-growth.

World Bank. 2019. "World development report 2019: the changing nature of work." Washington, D. C. : World Bank.

第三篇
困境儿童福利

第六章
中国儿童福利的收入支持
和现金救助体系

姚建平[*]

摘　要： 本章先按照是否选择受益对象和对受助对象是否有行为约束两个
维度，将国际上儿童现金转移支付分为普惠式模式，无条件、瞄
准式模式，以及有条件、瞄准式模式三种。在此基础上，进一步
分析不同国家选择不同儿童现金转移支付模式的历史文化、社会
和经济等方面的原因。为了考察中国困境儿童现金救助的情况，
课题组选取云南、江苏及湖北三个省进行实地调查，对被访低保
儿童、散居孤儿和事实无人抚养儿童等困境儿童现金救助状况进
行分析和评价，并分别对我国瞄准式儿童现金转移支付项目和普
惠式儿童现金转移支付项目的发展趋势提出了政策建议。

一　儿童现金转移支付模式理论和中国的实践分析

现金转移支付是给予受益人购买物品/服务的能力，而不是给予物品/
服务的一种救助方法。现金转移支付政策对于贫困儿童保护发挥着极其重
要的作用。通过这种转移支付，儿童的家庭可以获得与儿童相关的直接补
贴，最贫困的家庭还可以获得额外的补贴。儿童现金转移支付可以给贫困

---

* 姚建平，华北电力大学教授，研究方向为儿童福利、社会救助。

家庭带来可预期的、稳定的现金收入，能够为贫困家庭提供基本的生存保障，因而对于贫困家庭应对风险危机和儿童保护具有非常重要的意义。有研究表明，在19个经合组织国家里，公共转移支付和税收优惠平均帮助40%贫困线以下有孩子的家庭摆脱了贫困（史威琳，2010）。同时，儿童现金转移支付对于贫困儿童教育、健康和营养改善，以及家庭生育和就业行为都有重要影响。

由于政治、经济、文化等方面的差异，世界各国的儿童现金转移支付模式存在明显差异，但是大体可以按照以下两个维度进行分类。

第一，按照是否选择受益对象，儿童现金转移支付可以分为普惠式和瞄准式（补缺式的另一种表达）两种类型。普惠式的儿童现金转移支付方式一般为发达国家采用，其给付面向所有儿童，不进行家庭经济状况调查，也没有任何资格条件的要求。例如，瑞典规定，对于16岁以下所有居住在瑞典的儿童发放儿童津贴。除了瑞典以外，英国、法国、加拿大等西方发达国家都有类似的普惠式儿童津贴制度。瞄准式的儿童现金转移支付是指根据一定的标准选择特定的儿童或家庭作为受益对象。这通常包括两种情况：一是针对贫困儿童的现金救助，即只有那些符合条件的贫困家庭才能成为儿童现金转移支付的受益对象；二是根据儿童及其家庭的人口学特征来选择受益对象，例如，西方国家的单亲家庭补贴、残疾儿童补贴，中国的孤儿基本生活费补贴、困境儿童基本生活费补贴等。

第二，按照对受助对象是否有行为约束，可以将儿童现金转移支付划分为无条件和有条件两种类型。无条件儿童现金转移支付对受益人如何使用受助资金没有限制，对儿童监护人也没有任何行为要求。无条件现金转移支付可以是普惠性的，也可以是瞄准性的（例如，瞄准有照护责任的妈妈）。发达国家的儿童津贴多是普惠性的，因此其儿童现金转移支付项目多是无条件的。有条件现金转移支付（Conditional Cash Transfers，CCT）项目的现金给付要取决于家庭的行为表现情况。这些条件包括儿童人力资本投资情况、受雇于公共部门工作的情况以及使用特别的健康护理设施情况等（Narayanan，2011）。有条件现金转移支付儿童政策主要盛行于拉美、非洲等发展中国家。

根据以上两个维度，我们可以将目前世界各国的儿童现金转移支付模式大体划分为三种类型（见图6-1）：第一类是普惠式儿童现金转移支付，例如瑞典、法国、英国等欧洲发达国家的儿童津贴；第二类是无条件、瞄准式儿童现金转移支付，例如中国的孤儿基本生活费补贴、困境儿童基本生活费补贴；第三类是有条件、瞄准式儿童现金转移支付。

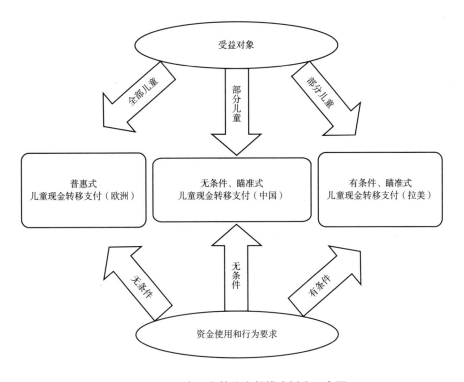

图6-1　儿童现金转移支付模式划分示意图

不同儿童现金转移支付模式有各自的优势和劣势。以下四个维度可以在很大程度上解释世界上不同国家儿童现金转移支付模式选择的原因。

（一）单一目标还是多元目标？

儿童现金转移支付政策目标包括减贫、儿童保护、人力资本投资、社会公平、生育及就业促进等方面，不同的儿童现金转移支付模式的政策目标有明显差异。

首先，西方发达国家儿童现金转移支付制度经历了从单一目标向多元目标发展的过程。早期欧洲国家济贫制度下的儿童救助主要是基于反贫困。而在战争期间，儿童津贴又在一定程度上是为了保障士兵家庭基本生活，维护后方的社会安定。二战期间，西方国家选择家庭津贴制度作为其控制经济的一种政策。北欧国家由于特殊的自然条件和国情，家庭津贴制度很早就被赋予了促进生育的功能。到 1960～1970 年代，西方发达国家普遍面临人口出生不足的问题，普惠式的家庭津贴制度较多地被作为一种优生措施；1970 年代以来，家庭津贴制度成为提高工作积极性、促进劳动力流动、解决低收入问题等的有效政策工具。研究表明，家庭津贴虽然增加了父母照顾儿童的时间，但同时也减少了女性进入劳动力市场工作的可能性。例如，有人对加拿大马尼托巴省 2001 年的儿童扩展津贴（Child Benefit Supplement）改革进行研究发现，儿童津贴使得父母照顾的时间增加且对儿童的发展也有积极影响，但是研究也发现更少的家庭有劳动收入，更多家庭依赖福利（Milligan and Stabile，2009）。另一项对 2007 年西班牙的普惠性儿童津贴进行研究发现，儿童津贴显著提高了生育率，降低了堕胎率，但是有资格领取儿童津贴的母亲在生完孩子后脱离劳动力市场的时间更长（González，2013）。

其次，拉美国家有条件的儿童现金转移支付最主要的政策目标是减贫和人力资本投资。为了实现这些政策目标，转移支付给贫困家庭的条件是投资于他们孩子的教育、健康和营养（Azevedo and Robies，2013）。当然，拉美国家面向教育和医疗附加条件的现金转移支付计划之所以广受欢迎，也是由于其可以在一定程度上消除社会保障制度私有化带来的消极影响，以及应对经济和社会动荡等。拉美国家有条件的现金转移支付项目可以看作扶贫方式的创新。它不是单方面由政府向贫困群体提供援助，还要求受益群体履行相应的义务，从根本上提升了他们摆脱贫困的可能性。同时，有条件的现金转移支付以家庭为单位实施时，要求家庭中的女性承担起协助、监督的职责，性别特征十分明显。

通过实施有条件的现金转移支付项目，拉美国家也在一定程度上实现了其减贫政策目标。巴西的赤贫人口占比从 1999 年的 12.9% 下降到 2007 年的 8.5%，同期贫困人口占比从 37.5% 下降到 30%；墨西哥的赤贫人口占比从 1998 年的 18.5% 下降到 2006 年的 8.7%，同期贫困人口占比从 46.9% 下降到 31.7%。在非洲，肯尼亚政府建立的有条件的现金转移支付项目为极端贫困家庭提供直接现金支持，并特别关注受艾滋病影响的儿童。项目取得的反贫困和儿童保护的政策效果十分明显（Bryant，2009）。从人力资本投资的角度来看，有条件的现金转移支付取得了两个方面的显著效果。一是改善受教育条件。世界银行的研究发现，有条件现金转移支付方案有助于儿童入学率的提高。哥伦比亚、墨西哥和土耳其的计划实施都提高了中学的入学率。尤其是对于本来小学入学率很低的地方，有条件现金转移支付方案的效果更明显。二是改善健康和营养状况。在墨西哥，项目受益者体检率提高了 18 个百分点，0~5 岁儿童疾病率则降低了 12 个百分点。在洪都拉斯，项目儿童接受医疗服务的比例提高了 15~21 个百分点；墨西哥、尼加拉瓜和哥伦比亚项目儿童的身材矮小率分别降低了 10、5.5 和 7 个百分点（唐丽霞等，2012）。

最后，中国的主要反贫困战略是农村扶贫开发，这一点与拉美国家有明显不同。中国农村扶贫开发的对象是有劳动能力的贫困者，主要通过经济发展来实现减贫的目标。另外，有条件的现金转移支付作为扶贫项目并不适用于所有的贫困家庭，例如老年人家庭、无未成年子女家庭等。在这种情况下，中国反贫困更需要综合性的项目，而不是有条件的现金转移支付项目。中国采用无条件、瞄准式儿童现金转移支付模式，所有制度项目都是针对贫困/困境儿童，最重要的政策目标也是保障贫困儿童的基本生活。

早期中国城市困难家庭的儿童主要是由单位救济，农村孤儿的养育主要是通过农村五保供养制度来实现，这种状况一直持续到 1990 年代城市居民最低生活保障制度建立。最低生活保障制度的政策目标是保障贫困群众的基本生活，因此城乡贫困家庭的儿童主要通过低保制度获得基本生活保障。由于儿童会增加贫困家庭的额外支出，因此各地低保制度还通过分类施保增加有儿童低保家庭的低保金，给予儿童更多保障。尽管改革开放以后农村五保供养制度仍然发挥着保障孤儿的作用，但是一些地方的五保供养政策的经费落实出现了困难，这导致农村孤儿的生存状况严重恶化。在这种情况下，2010 年国务院办公厅通过了《关于加强孤儿保障工作的意见》（国办发〔2010〕54 号），并建立了孤儿基本生活保障制度。2019 年，事实无人抚养儿童也参照孤儿发放基本生活补贴。

虽然孤儿基本生活费和事实无人抚养儿童基本生活补贴也是儿童生活保障制度的重要组成部分，但是其受益标准要比低保高得多。因此，孤儿基本生活费和事实无人抚养儿童基本生活补贴可以看作对困境儿童中最困难的那一部分给予较高的现金支持，但大部分贫困儿童仍然需要低保制度予以保障。

（二）普惠还是补缺？

普惠式儿童现金转移支付模式的优势是可以实现多重政策目标。普惠式儿童津贴可以通过减轻家庭养育负担来实现鼓励生育，同时也可以达到反贫困和人力资本投资的效果。从技术的角度来看，普惠式现金转移支付不需要进行家计调查，因此大大降低了行政成本。由于普惠式儿童津贴发给所有儿童，因此一定程度上会浪费有限的公共资源。

补缺式儿童现金转移支付项目如果通过家计调查确定受益对象，有利于保证贫困儿童能够优先得到政府的支持。但是，家计调查往往给受益儿童带来污名性效应。如果根据残疾、单亲、孤儿等类别特征来选择受益儿童，也可能由于无法区分家庭经济状况而造成公共资源的浪费。

选择普惠式还是补缺式儿童现金转移支付制度与经济发展水平密切相关。一般说来，发达国家更有意愿选择普惠式的儿童津贴。发展中国家受到财政能力的影响，往往更多采用补缺式儿童现金转移支付制度。除了经济因素之外，儿童现金转移支付制度还受到政治、文化以及福利制度等方面影响。根据埃斯平—安德森的理论，西方福利国家可分为社会民主模式（主要指北欧国家）、欧洲大陆传统模式（德国是典型国家）和盎格鲁－撒克逊模式（美国是典型国家）（埃斯平－安德森，2011：42）。社会民主模式国家和欧洲大陆模式的许多国家都有普惠型的儿童津贴。津贴给付与家庭收入无关，每个有未成年子女的家庭都能得到现金资助。在盎格鲁－撒克逊国家和地中海国家，现金津贴的给付是基于家计调查的。也有些国家兼有两种形式，如德国和丹麦除了提供普惠型的儿童津贴外，还有基于家计调查的津贴和残疾儿童津贴、单亲补贴等。因此，这些国家是混合型的儿童现金转移支付制度。

有条件的儿童现金转移支付的目标对象主要是贫困儿童，因此是补缺型的儿童福利制度。实行有条件现金转移支付政策的主要是发展中国家。由于受到经济发展水平和财政能力的制约，有条件现金转移支付项目的目标对象都是贫困家庭，以便让最贫困的儿童得到优先保障。拉美国家选择有条件的现金转移支付政策与该地区新自由主义意识形态占主导地位密切相关。一些非洲国家选择有条件现金转移支付政策则一定程度上源于相关国际组织把北美和拉美地区的新自由主义观念有意地输入非洲，再加上非洲国家在接纳现金转移支付计划的政策建议前并没有一套比较完善的社会保障制度体系，这使得有条件现金转移支付比较容易被接受。

中国属于补缺型的儿童福利制度。较之于西方发达国家，中国的儿童现金转移支付项目主要针对困境儿童，且覆盖范围窄。中国选择补缺式的儿童现金转移支付制度一定程度上受制于经济发展水平，因此只能先重点解决最困难儿童的保障问题。从人口结构的角度来看，中国早些年面临人口过多的问题，这一点与西方发达国家所处的社会背景明显不同，因此不大可能通过慷慨的儿童津贴去鼓励生育。从文化角度来看，中国家庭通常将儿童的教育、健康等事务当成家庭内部的事情，也愿意为此投资。在这种情况下，国家只需要负责那些家庭无法履行责任的困境儿童就可以。

（三）有条件还是无条件？

有条件的儿童现金转移支付设置"附加条件"，主要是为了控制受助人不适当的行为，从根源上改变贫困发生的概率和条件。从这点上看，它显然优于"无附加条件"项目。但是，具体儿童现金转移支付项目是否设置"附加条件"需要考量以下几个方面。

第一，是否有约束的必要。研究发现，有条件现金转移支付项目最显著的效果是提高儿童的入学率。并且，如果儿童入学率越低，那么有条件现金转移支付模式的效果越明显。拉美国家和非洲地区基础教育差，儿童辍学现象严重，尤其是童工现象普遍的情况下，有条件的现金转移支付正向激励效应十分明显。在西方发达国家，儿童教育和营养健康早就不是严重的社会问题，因此也就没有必要约束受益对象的行为。中国受到儒家文化传统的影响，家庭非常重视儿童教育和人力资本的投资。同时，国家也将教育作为优先投资的战略。中国政府也通过《义务教育法》的实施和贯彻，确保了儿童受教育的基本权利。在这种情况下，即使是对那些接受国家现金资助的贫困家庭，也没有必要约束儿童监护人的行为。

第二，政治和文化因素。拉美等国家受新自由主义思想影响较深，国内政治势力倾向于把贫困发生归咎于个体努力不足或缺乏能力等个人责任，而忽略贫困的社会因素，因此就容易对"附加条件"的项目存有主观偏好。欧洲国家普遍认为贫困是社会排斥和社会剥夺的结果，认同社会救助是公民的基本权利，因此更容易采用普惠式的儿童津贴制度。尽管中国也是十分重视工作伦理的国家，福利项目的设计特别关注福利依赖问题，但是由于中国社会救助项目（例如最低生活保障制度）受益人群中"老弱病残"等无劳动能力个体的比重较大，即使项目加入了约束条件，在实践中执行起来问题也会较大。再加上儿童是优先保障群体，因此针对儿童的现金转移支付项目也就没有附加约束条件。

第三，是否有相应的管理和经办能力。儿童福利项目一旦附加了约束条件，就需要对受助对象的行为进行监管，这无疑需要很大的行政成本。因此，项目成功的前提条件之一就是政府各相关部门（如社会福利、教育、卫生等部门）的协调合作能力要比较强。同时，统计、监测评估和福利发放等管理服务系统也要充分发挥作用。由于"附加条件"项目的管理成本比较高，再加上大多数非洲国家硬件设备和管理经费短缺、工作人员数量有限的现象十分普遍，因此有条件的现金转移支付开展并不普遍。在拉美各国，有条件现金转移支付蓬勃发展与世界银行和泛美开发银行的资金支持密切相关。离开了这些外部条件，单靠发展中国家自身财力和管理能力，"附加条件"的救助项目很难有效开展（杨一帆，2010）。对于西方发达国家和中国来说，如果项目监督和管理要耗费巨大的行政成本，而同时取得的经济和社会效益非常小，那么还不如放弃对受助对象进行硬性约束。

（四）"去家庭"还是"再家庭"？

如果政府只给儿童提供现金支持，那么给付越慷慨就越可能导致更多的女性退出劳动力市场，而待在家里专心照顾孩子，这种政策的效果是"再家庭化"。当然，政府也可以在实施儿童现金转移支付项目的同时，提供低价/免费、可及的儿童养育公共服务，让女性从儿童养育的过程中解脱出来并进入劳动力市场就业，这种政策的效果就是"去家庭化"。

瑞典是"去家庭化"的代表，突出表现在国家面向1～6岁儿童提供了统一、普惠、优质的公共托教服务，这在很大程度上代替家庭承担了照顾孩子的负担，而私人机构服务的空间则被挤压到了相当小的程度。不仅如此，政府还鼓励男女双方共同分担抚育儿童的责任。在这种情况下，儿童津贴并没有鼓励女性离开劳动力市场，从而没有体现"去家庭化"的政策取向。德国属于合作主义福利体制国家，且福利政策的形成也深受左翼势力和保守势力两股政治力量的影响。在儿童福利的提供方式上，左翼势力追求两性平等，主张提供高水平公共儿童托教服务，促进女性就业和经济独立，这是"去家庭化"的思路；保守势力则极力维护传统家庭模式，认为母亲在家照顾儿童对儿童成长最有利，因此主张为家庭提供高水平的津贴，通过分担家庭经济压力把女性留在家庭中照顾儿童。由于德国在较长一段时间内都是保守势力占据政治优势，这就使得德国更多地呈现出"再家庭化"的政策取向。在英国和美国，市场是最重要的儿童服务提供主体，国家扮演的是补缺的角色，只有在市场失灵或家庭失灵时才伸出援手。国家通过家计调查的方式帮助贫困家庭，有能力的人则自行到市场上去购买所需的托教服务。在这种情况下，这种儿童津贴制度发挥着"去家庭化"的效果（李亮亮，2013）。

拉美国家大都是发展中国家，人力资源非常丰富且劳动力价格便宜。如果儿童现金转移支付比较慷慨的话，那么就会有更多女性留在家庭承担儿童养育工作。实际上，拉美有条件的现金转移支付项目的政策目标之一就是鼓励妇女承担起更多的儿童照顾、教育和营养健康等方面的工作，从而实现通过人力资本投资带动减贫的政策目标。因此，拉美国家有条件的现金转移支付政策主要表现为"再家庭化"的政策效果。

中国目前没有普惠性的儿童现金转移支付。针对困境儿童的现金转移支付项目（如孤儿基本生活费）和社会救助项目（如低保制度）发挥着支持家庭的作用。少部分贫困家庭中的女性（例如单亲家庭的女性）可以更加安心地在家照顾孩子，这就可能发挥"再家庭化"的效果。但是，由于中国老年人往往会承担照顾儿童责任，女性在领取救助的情况下仍然能够到劳动力市场寻找工作，这在一定程度上会抵消福利政策的"再家庭化"效果。同时，中国市场提供的托幼服务非常发达，一些贫困家庭的女性也可以利用市场来解决托幼问题，现金救助也体现的是"去家庭化"效果。

二　西方发达国家儿童现金转移支付政策

总体看来，西方发达国家儿童现金转移支付主要包括三种方式：一是普惠式的儿童津贴；二是针对特殊儿童的津贴/补贴；三是儿童税收减免。从实际情况来看，西方发达国家的儿童现金转移支付往往不是采取一种，而是多种方式混合使用。例如，北欧国家既有普惠式的儿童津贴，也有针对残疾儿童的补贴；美国不仅有针对贫困、残疾儿童的津贴，也采取税收减免手段来增加那些养育儿童且有劳动收入家庭的实际收入。

（一）普惠式儿童现金转移支付政策

瑞典的儿童津贴制度是普惠式现金转移支付的典型代表。早在1934年，瑞典经济学家麦德尔教授及其夫人出版的《人口问题的危机》一书指出，瑞典人口有逐渐减少的潜在危机，并敦促政府重视女性及儿童福利问题（何玲，2009）。1948年，瑞典议会通过法令，决定实行普惠式儿童福利制度，取代以前实行的通过减少家庭收入税为儿童提供福利的传统做法。二战后瑞典建立的儿童津贴制度是一种针对所有16岁以下儿童的福利，它实行统一标准，且不附带任何有关家庭收入情况调查规定（丁建定、李薇，2013）。

目前瑞典政府规定，所有居住在瑞典的16岁以下儿童均可获得儿童津贴。儿童津贴数额与家庭儿童数量有关。对于第一个孩子，如果父母联合抚养，父母每人可获得每月525克朗①的补贴；如果一个人抚养孩子，则个人可获得每月1050克朗的补贴。如果家庭儿童不止一个，父母可获得大家庭补充补贴（Large Family Supplement）。例如，父母联合抚养的情况下，如果有两个孩子，可以获得额外的75克朗/月；如果有三个孩子，则可以再领取302克朗/月。如果孩子满16岁后，仍然接受义务教育或在特殊学校求学，则仍可继续领取该补贴（马蔡琛等，2017）。随着近年来经济发展，瑞典政府决定为儿童提供更多的资助。自2018年3月起，瑞典提高了在家学习儿童补助金和高中生学习补助金。对于年龄在16~20岁，仍然处于全日制阶段学习且未婚的青年人，可以获得国家学习补助金，每人每月的补助金额将增加200克朗（Ministry of Health and Social Affairs，2017）。

---

① 2022年初，1瑞典克朗大约可兑换0.7元人民币。

（二）瞄准式儿童现金转移支付政策

美国没有普惠性的儿童现金津贴，其最重要的儿童现金转移支付制度是贫困家庭临时救助（Temporary Assistance to Needy Family，TANF）。

美国儿童津贴制度始于1919年美国召开第二次白宫会议，威尔逊总统将1919年定为"儿童年"，各州相继建立儿童津贴制度。1935年《社会保障法》第四条规定，制订家庭援助计划（儿童福利津贴），提供现金补贴给孤儿和低收入家庭的儿童。该法案规定，联邦政府将依据匹配原则向各州提供资助，以帮助那些没有独立能力（收入来源）抚养儿童的单亲母亲，当时称为"抚养未成年子女援助（Aid to Dependent Child，ADC）"。1961年，美国肯尼迪政府将"抚养未成年子女援助"改名为"抚养未成年子女家庭援助"（Aid to Families with Dependent Children，AFDC），并在原有对单身的未成年儿童母亲提供援助的基础上，将父亲失业的家庭囊括进未成年儿童援助的对象中。新法案（AFDC-UP条款）的一个重要变化是要求政府提供经济援助给那些父母失业的儿童。另一个变化是在经济调查时要求将参加工作挣得的收入的情况也纳入考虑。1963年，约翰逊上台后提出"伟大社会"计划，扩大和提高了社会性福利补助的范围与标准，放宽了援助抚养未成年子女的家庭的资格条件，放弃了限制居住地的要求。

AFDC计划在1960年代发展迅速，但是到1970年代，因各国经济出现滞胀以及其他社会问题，其规模开始缩减。AFDC计划自实施以来一直备受争议，因为在所有公共援助项目中，AFDC规模最大、花费最多但是效果最差，造成福利依赖以及非婚家庭数量的上升。考虑到公众舆论、财政资源和机构管理等方面的原因，1996年联邦政府颁布了《个人责任与就业机会协调法》（PRWORA）。这个法案从根本上改变了"抚养未成年子女家庭援助"项目的体制和方法。新法案废除了"抚养未成年子女家庭援助"项目，取而代之的是"贫困家庭临时援助（TANF）"。"贫困家庭临时援助"在很多方面已经完全不同于"抚养未成年子女家庭援助"，主要包括以下几方面。

一是州在资格审查上的权力更大。在"贫困家庭临时援助"项目下，各州有更多的选择权来挑选受助者，也允许各州试行各种方式来帮助贫困家庭。二是工作要求。从项目的名称"贫困家庭临时援助"可以看出，"临时"意味着福利的领取不是无限期的。在旧项目下，单亲父母有权享受救助一直到最小的孩子达到18岁。而在新项目下，所有的家庭只能获得累计60个月（5年）的援助。在领取福利金过程中，各个时段都可能有更进一步的要求。比如：单亲父母在领取福利金的2年之内，被要求每周至少工作20个小时（霍斯金斯，2004）。除此之外，受助者还有行为表现的要求。例如，妇女必须证明已为孩子注射了免疫剂，孩子必须按规定入学，等等。

很多有普惠性儿童津贴的发达国家同时也会有瞄准性的儿童现金转移支付。例如瑞典针对各类困境儿童还提供各种补贴，主要包括以下几种。①单亲儿童津贴。对单亲家庭的每个孩子，由地方社会保险署每月付给监护方生活费补贴。这些生活费补贴由不具有监护权的一方父母，根据其工资收入和抚养孩子的数量付给社会保险署。②儿童抚恤金。丧失父母的儿童（孤儿）可以获得一定金额的儿童抚恤金，国家通过物质上的补偿，弥补儿童由于丧失父母缺少的关怀，如果儿童无法切实得到这笔抚恤金，还可以获得生存津贴，保障儿童可以顺利地成长（刘凡同，2014）。③残疾儿童津贴。这一津贴主要面向在家照顾残疾或患病儿童的父母双方，也就是说，父母在家照顾残疾儿童期间，可以获得相应的津贴，用于补偿没有工作带来的损失。要想获得该津贴，儿童需要接受至少6个月的特别监督和照看，或者由于儿童残疾、患病而需要承担庞大的额外费用。支付方式有1/4、1/2、3/4和全额几种，此项费用的最高额度为每年基本费用价格的2.5倍（邹明明，2009）。此外，还有一种"寡妇补贴"，即当丈夫去世后，寡妇要继续照顾同她居住在一起的16岁以下的孩子时可以领取此项补贴。在瑞典，房租是家庭的主要开支之一，原则上地方当局根据居民家庭情况向低收入者和多子女家庭提供一定的住房补贴。

（三）儿童税收减免

除了直接的现金转移支付以外，发达国家还通过税收减免方式间接增加育儿家庭的收入。通过税收杠杆把社会财富向有儿童的家庭倾斜，同样也能增加那些有孩子的家庭的现金收入，实现儿童现金转移支付的同等效果。税收减免可以是普惠性的，如对所有有孩子的家庭进行减免；也可以是瞄准性的，如针对那些有劳动收入的贫困家庭。家庭税收抵扣政策是发达国家普遍采用的财政政策，其中美国 EITC（Earing Income Tax Credit）项目最为典型。美国 EITC 自 1975 年制定，经过多次修订，已经成为一项内容完备的税收抵免制度。如今，EITC 已被纳入《美国税法典》第 32 节"劳动所得"中，涵盖 11 个分节内容。由于 EITC 反贫困效应显著，美国各州在联邦法之外也进行地方立法。一般而言，越富裕的州，其地方税收抵免额越高，反贫困力度越强。

美国贫困家庭是 EITC 税收抵免制度的主要受益群体。"收入所得税抵免"受益群体是有孩子的低收入工作家庭（从 1994 年开始，低收入无孩子的家庭也可以成为受助者），因此属于家庭津贴的一部分。接受者除了有抚养孩子要求和工作要求外，还必须接受经济调查。补助的水平主要根据申请者的收入水平来确定，同时也要尽可能地鼓励他们通过努力工作挣取更多的收入。可见，EITC 尽可能保障贫困线以下的家庭都可受益，保证贫困者的生活水平。

三 拉美国家有条件的瞄准式儿童现金转移支付

有条件的儿童现金转移支付的基本假设是，一个家庭是否愿意投资于健康、教育和营养等服务，不仅取决于这些服务供给状况，而且取决于这个家庭对这些服务需求程度的判断，以及这个家庭的收入水平（唐丽霞等，2012）。有条件的现金转移支付关注的是，受助人的某些特别行为和行动事项必须以符合预定条件为前提，所提供的资金支持必须用于特定用途，如适龄儿童教育、恢复生产等。出于维护"可持续生计"、提高"可行能力"的考虑，这种救助计划寄希望于提升受助人的个人能力，并改变其行为方式，以此实现长期内的减贫、脱贫和能力建设，而不以满足一般的生存需求为导向。

1995 年，有条件的现金转移支付在巴西的两个城市首次试行，此时的"条件"内容包括：家庭中 6 ~ 15 岁的儿童在一年级至八年级就学，且在校出勤率达 85%。2001 年末，该项目覆盖了巴西 5562 个城市 98% 的贫困家庭，480 万家庭中的 820 万儿童从中受益，政府补助金额达 7 亿美元（汪三贵，2016）。1997 年，墨西哥政府开始实施有条件现金转移支付（CCT）项目，为 30 万左右极端贫困的家庭提供补助。初期在农村地区启动"教育、健康与营养计划"，2001 年后开始在城市地区推广。2002 年，该项目更名为"机会均等计划"。2007 年覆盖 500 万户家庭，占全国总人口的 25%，是墨西哥财政预算最大的项目。CCT 项目的基本内容是为贫困家庭提供现金补助，条件是他们的孩子必须接受健康、营养和教育方面的服务。

在巴西，津贴直接交给家庭中的女性户主，没有通过地方预算的中介。原则上，给付标准与年龄、性别和地理位置无关。巴西分权化的财政安排，使得地方政府可以为中央的项目提供配套资金。为了实施该项目，政府设立贫困线。对地方目标群体的估计，是建立在全国人口抽样调查、全国人口普查和年度教育普查的基础上的。对目标家庭的定位则由地方政府实施。作为结果，地方层面的目标定位活动有相当大的不同。有些地方受益者的识别是由学校来执行的；有些地方则是由地方政府自己定位的。Bolsa Família（家庭补贴计划）的受益对象是极端贫困家庭和贫困家庭。津贴类型分为 4 种：基本型（basic）、可变型（variable）、青年可变型（variable for young）和消除儿童早期极端贫困（overcoming extreme poverty in early childhood）。基本津贴标准为每月 70 雷亚尔，支付给极端贫困家庭。可变津贴支付给有 0 ~ 15 岁子女的贫困和极端贫困家庭，最低津贴标准为每月 32 雷亚尔，受益人可以达到 5 个，因此，最多能达到 160 雷亚尔。青年可变津贴支付给有 16 ~ 17 岁在校学生的贫困和极端贫困家庭，津贴标准为每月 38 雷亚尔。第四种津贴支付给有 0～6 岁子女的极端贫困家庭。截至 2011 年 2 月，26% 的巴西人被该项目覆盖（金静等，2014）。

巴西的家庭补贴计划由国家社会发展与反饥饿部（Ministério do Desenvolvimento Social e Combate à Fome，MDS）负责管理，且由巴西第二大国有银行（CAIXA Econômica Federal）建立统一的管理数据库，记录关于家庭的人口、收入、住址、教育和就业等方面的信息，这些信息被用作筛选满足家庭补贴计划资格基准条件的家庭（房连泉，2016）。巴西的家庭补贴计划明确规定，6～15 岁儿童须保证 85% 以上的在校出勤率，且 7 岁以下儿童必须定期接受疫苗接种和身体检查，14～44 岁女性也必须接受孕期检查以及哺乳期指导。若受益群体第一次违规，会受到警告处分但不影响其领取救助金。2～4 次违规会导致其救助金被冻结。若发生 5 次或 5 次以上违规，则被取消受益资格（吴孙沛璟、赵雪梅，2016）。巴西家庭补贴计划的支付标准取决于家庭的收入状况和儿童的数量，这点与大多数国家的原则一致。但不同的是，巴西政府在进行转移支付时，将性别特征考虑在内，基于女性会有较大概率将钱花在孩子身上的假设，通过借记卡将补贴优先发放给家庭中的女人（汪三贵，2016）。

拉美国家有条件现金转移支付项目在贫困儿童救助方面主要有以下一些特点。

第一，目标定位上主要瞄准有儿童的贫困家庭，具体采用地域定位和群体定位两种方式。地域定位主要是指，设定特定的地理位置作为受益对象的选择依据，项目针对儿童人力资本投资不足的地区，凡是居住在入学率低、辍学率高、营养不良发生率高或预防保健服务使用率低的地区内，符合贫困标准且有适龄儿童的家庭都被锁定为目标家庭。这种方法的操作成本较低，但有可能遗漏那些生活在条件较好的社区的贫困家庭。群体定位主要是指先确定受益对象的性别、年龄或者家庭收入水平，然后根据这些定量的标准来选择受益对象，一般是确定有适龄儿童的、年收入低于一定标准的家庭为受益对象。

第二，救助金的发放对象以母亲和儿童为主，体现了以儿童为中心的政策思路。在拉美国家，救助金通常是直接发放给受益对象，从而减少中间的流通环节，降低项目的管理成本，并且也能够防止项目资金的流失。有条件现金转移支付项目的受益人口主要是儿童，旨在着力保障儿童获得必要的营养、教育和健康服务，因此救助金的发放对象以母亲和儿童为主。根据世界银行的数据，在全球的项目中，以母亲为发放对象的项目数量为23个，占到全部项目的60.53%；以儿童为发放对象的项目数量为4个，占到10.53%。

第三，救助金的获取带有条件，而这些条件的设置与儿童贫困的多维度测量趋势对应，大多围绕贫困家庭儿童的营养、健康和教育，并与减少童工的目标相联系。有条件现金转移支付项目与无条件现金救助项目最大的不同在于其救助金的发放是带有条件的，即受助者需要采取一定的行为，强调救助金的获取必须以一定的行动作交换。有条件现金转移支付的最终目标，不仅是给予贫困家庭现金补助，更是促进家庭中儿童的发展与人力资本的提高，进而实现长期内消除贫困的目标。因此，其发放条件多是围绕贫困家庭儿童的营养、健康和教育这三大方面（张浩淼，2013）。

四　中国困境儿童现金救助：实地调查分析

上面介绍了西方发达国家和拉美国家为达到特定的政策目标所采取的对儿童现金救助的各种政策。这些政策的得失均可被中国借鉴。中国各地的情况差异极大，为了考察中国困境儿童现金救助的情况，课题组选取云南、江苏及湖北三个省进行实地调查分析。

具体调查地点是：湖北省武汉市和黄石市，江苏省南京市和张家港市，云南省昆明市和楚雄州武定县。调查采用的是问卷法和访谈法相结合的方式。在样本的选取上，都是先联系三个省当地民政部门或社工组织，请他们提供可以进行调查的困境儿童名单，然后与困境儿童监护人取得联系。为了便于比较，每个省样本规模大体相近。其中云南省回收问卷30份，江苏省回收问卷30份，湖北省回收问卷30份，共90份。省会城市问卷47份，占52.2%；非省会城市问卷43份，占47.8%。

（一）被访监护人及儿童基本情况

表6-1是被访儿童监护人基本情况。在监护人性别结构上，江苏省的女性监护人比例要明显高于其余两省，江苏省80%都是女性监护人；在监护人年龄结构上，湖北省60岁以上监护人比例要明显高于云南、江苏两省，隔代监管状况较多；在户籍上，湖北省被访监护人农业户籍比例最高，云南省次之，江苏省农业户籍比例最低；在文化程度上，云南、湖北两省被访监护人的学历层次集中在初中及以下，而江苏省被访监护人学历主要集中在高中及以下；从被访监护人的职业来看，三省均以家务、务农和打工三种职业为主，经商和其他均占一小部分的比例。

表6-1 被访儿童监护人基本情况（N=90）

单位：%

	选项	云南（N=30）	湖北（N=30）	江苏（N=30）
性别	男	40.00	63.3	20.00
	女	60.00	36.7	80.00
年龄	20~40岁	36.70	23.33	33.30
	41~60岁	36.60	26.67	40.00
	61~80岁	26.70	50.00	26.70
户籍	农业	60.00	96.70	53.30
	非农业	36.70	3.30	46.70
	其他	3.30	——	——
文化程度	文盲	13.30	16.70	10.00
	小学	26.70	40.00	26.70
	初中	43.30	33.30	23.3
	高中及以上	10.00	10.00	26.70
	大专	——	——	10.00
	本科	——	——	3.30
	其他	3.30	——	——
	不知道	3.30	——	——
职业	家务	33.30	40.00	73.40
	务农	26.70	23.30	——
	打工	13.30	13.30	23.30
	经商	10.00	——	3.3
	其他	16.70	23.30	——

从数据统计的情况来看，被访家庭一般有 1 ~ 2 个孩子（总计占 85.8%），有 3 个孩子的只有小部分，占 12.10%，拥有 4 个孩子的只占极少数，只有 2 户（占 2.2%）。从三省情况来看，被访家庭儿童性别比例差距不大；湖北及江苏儿童都以汉族为主，云南受地区影响，有少部分彝族儿童；年龄层次上，三省被访儿童都是 6 ~ 12 岁儿童居多，大部分在上小学，12 岁以上儿童次之，主要分布在初中及高中/中专，6 岁以下儿童中湖北略多于云南和江苏。此外，湖北还有少数辍学儿童，其余两省则没有（见表 6 - 2）。

表 6 - 2　被访儿童基本情况（第 1 个孩子）（N = 90）

单位：%

	选项	云南(N = 30)	湖北(N = 30)	江苏(N = 30)
性别	男	43.30	60.00	50.00
	女	56.70	40.00	50.00
民族	汉族	63.40	96.70	96.70
	回族	3.30	3.30	3.30
	彝族	30.00	—	—
	其他	3.30	—	—
年龄	12 岁以上	36.70	26.67	36.70
	6 ~ 12 岁	60.00	56.67	56.60
	6 岁以下	3.30	16.66	6.70
就学情况	幼儿园	3.30	6.70	6.70
	学前班	—	—	—
	小学	53.30	63.30	56.70
	初中	20.00	10.00	13.30
	高中/中专	13.30	6.70	23.30
	辍学	—	3.30	—
	从未入学	6.70	10.00	—
	其他	3.30	—	—

（二）被访家庭困境情况分析

1. 监护人困境分析

表6-3为被访儿童监护人的困境情况。在三省被访监护人中，除江苏没有服刑人员外，云南、湖北均有1人；云南、江苏均没有感染艾滋病人员；三省患慢性病人员均在40%左右，数量较为相近；三省被访人员中极少数人残疾；自理状态上，被访者普遍能完全自理，部分自理的只有少数，另外除江苏外，云南和湖北均有1人完全不能自理。

表6-3 被访儿童监护人的困境分析（N=90）

单位：%

	选项	云南（N=30）	湖北（N=30）	江苏（N=30）
服刑	是	3.30	3.30	—
	否	96.70	80.00	100
	不知道	—	13.30	—
	不适用	—	3.40	—
慢性病	是	36.70	43.30	43.30
	否	63.30	50.00	56.70
	不知道	—	6.70	—
艾滋病感染	是	—	—	—
	否	100.00	80.00	100.00
	不知道	—	16.70	—
	不适用	—	3.30	—
残疾	是	13.30	20.00	13.30
	否	86.70	63.30	80.00
	不知道	—	6.70	—
	不适用	—	10.00	6.70
自理状态	完全自理	90.00	83.30	96.70
	部分自理	6.70	13.30	3.30
	完全不能自理	3.30	3.40	—

2．儿童困境分析

表6－4为被访家庭第1个孩子的身体状况和亲生父母情况。从表中可以看出，三个省均有一定比例的孩子残疾或患重病/慢性病。但总体看来，江苏儿童身体状况要好于云南、湖北两省，其残疾及患病儿童较少，湖北患重病/慢性病的儿童比例要高于其余两省；三个省儿童生父均有较高比例的死亡或残疾/失能等非正常情况，其中湖北和江苏两省生父非正常情况比例达到35%左右；生母情况也不容乐观，尤其是湖北被访儿童生母非正常情况比例达到80%。这表明困境儿童的家庭监护情况十分堪忧。

表6－4 被访家庭第1个孩子困境情况分析（N＝90）

单位：%

	选项	云南（N＝30）	湖北（N＝30）	江苏（N＝30）
儿童身体状况	健康	80.00	73.30	96.70
	残疾	13.30	13.30	3.30
	重病/慢性病	6.70	13.40	—
生父情况	死亡	3.30	16.70	20.00
	残疾/失能	13.30	13.30	6.70
	失踪	—	—	—
	遗弃/再婚	10.00	—	3.30
	服刑	—	—	3.30
	正常	73.30	66.70	63.30
	其他	—	—	3.30
	不适用	—	3.30	—
生母情况	死亡		13.30	6.70
	残疾/失能		16.70	13.30
	失踪		6.70	
	遗弃/再婚	23.30	40.00	10.00
	服刑	3.30	—	
	正常	73.30	20.00	70.00
	不知道	—	3.30	—

（三）家庭收入和消费情况

1. 家庭收入来源

表6-5为被访儿童家庭收入来源情况。从表中可知，家庭总收入方面，湖北要远远低于云南和江苏；三省被访儿童家庭收入来源结构较类似，主要依赖工资性收入，其中云南占52.71%，江苏占51.80%，湖北占44.36%，这主要因为三省被访儿童监护人中外出打工者所占比重较大；江苏和湖北都是家庭经营收入其次，分别占25.62%和31.18%；而云南则是保障性收入为其次，达到25.40%，这表明云南困境儿童更加依赖政府现金救助；江苏保障性收入也有21.67%的占比，对增加家庭收入也起到了重要的作用；而湖北保障性收入仅占家庭总收入的11.73%，这表明湖北困境儿童对于政府现金救助依赖性较小；三省中赠与性收入和财产性收入只占小部分比例，对家庭收入贡献的作用极小。

表6-5 2018年被访儿童家庭收入来源

单位：元/年，%

选项	云南		湖北		江苏	
	金额	占比	金额	占比	金额	占比
工资性收入	37800	52.71	13058.06	44.36	37736.67	51.80
家庭经营收入	12523.33	17.46	9177.42	31.18	18666.67	25.62
财产性收入	2760	3.85	1274.19	4.33	270	0.37
赠与性收入	413.33	0.58	2470.97	8.39	390	0.54
保障性收入	18220.23	25.40	3453.48	11.73	15787.4	21.67
家庭总收入	71716.9	100	29434.13	100	72850.73	100

2. 消费支出

从表6-6可以看出三省被访家庭消费支出中云南省最高，江苏省次之，湖北省消费支出最少。各省家庭消费支出中食品支出均占首位，属于刚性支出。另外，三省困境儿童家庭的恩格尔系数均在30%左右，其中江苏省最高；这表明，食品和营养仍然在一定程度上影响着困境儿童。湖北省医疗消费支出占比（25.05%）要显著高于云南、江苏两省，这表明因病致困在湖北省是一个重要原因；云南省被访儿童家庭的住房支出达到15.06%，其次是江苏省（占比为10.34%）。这表明，住房支出也给这两省被访家庭带来了一定的负担。文化娱乐支出方面，湖北省被访家庭中孩子多由爷爷奶奶照看，娱乐项目较少，该项消费支出要低于云南、江苏两省，仅占比1.89%；家庭设备和住房两项支出在云南和江苏两省被访家庭消费支出中均有较高的比重，而湖北省被访家庭中两项支出占比较少；人情交往支出则在湖北省家庭中属于消费支出较高的项目，占8.35%；上网通信费及水电燃料费在三省家庭消费支出中均属于较小的开支，所占比例都很低。

表6-6　2018年被访儿童家庭消费支出情况

单位：元/年，%

选项	云南		湖北		江苏	
	全家支出	占家庭总支出比例	全家支出	占家庭总支出比例	全家支出	占家庭总支出比例
食品	643112	27.72	285100	30.20	521354	32.64
衣服	109000	4.70	41600	4.41	79452	4.97
教育	168060	7.24	73600	7.80	128194	8.03
医疗	179459	7.74	236450	25.05	172704	10.81
文化娱乐	157900	6.81	17860	1.89	91134	5.71
交通费	164970	7.11	51130	5.42	51154	3.20
上网通信	58820	2.54	40500	4.29	40134	2.51
家庭设备	232990	10.04	25000	2.65	123272	7.72
住房	349280	15.06	35600	3.77	165202	10.34
水电燃料	76760	3.31	47456	5.03	57238	3.58
人情交往	83400	3.60	78800	8.35	87264	5.46
其他支出	95985	4.14	10800	1.14	80264	5.02
合计	2319736	100.00	943896	100.00	1597366	100.00

（四）两类典型困境儿童现金救助情况和效果

1. 低保儿童

表6-7为被访困境儿童申请低保原因情况。由表可知，云南省被访儿童中因家庭成员患有疾病申请低保的人数最多，占40.00%（6人），孩子教育负担重其次，占26.67%（4人），家庭主要劳动力没有工作占20.00%（3人），原因为其他和家庭成员发生意外事故的各有1人。江苏省被访困境儿童中，因家庭成员患有疾病而申请低保的占38.46%（5人），因家庭主要劳动力没有工作而申请低保的占30.77%（4人），因孩子教育负担重及其他原因的各占15.38%（2人）。湖北省中，因家庭成员患有疾病而申请低保的占主要比例，为68.42%（13人），因家庭主要劳动力没有工作的有3人，因家庭成员发生意外事故的有2人，因孩子教育负担重的有1人。

总体来看，三省中疾病均是导致申请低保的主要原因，其中湖北省由于监护人老龄化严重，因病致贫和家庭主要劳动力没有工作是申请低保的主要原因；在云南省孩子教育是申请低保的另一重要原因；而在江苏省被访家庭因女性监护人较多，家庭主要劳动力没有工作是申请低保的另一重要原因。

表6-7 被访困境儿童家庭申请低保原因（N=47）

单位：%

	选项	云南（N=15）	湖北（N=19）	江苏（N=13）
申请低保原因	家庭主要劳动力没有工作	20.00	15.79	30.77
	家庭成员发生意外事故	6.67	10.53	—
	家庭成员患有疾病	40.00	68.42	38.46
	孩子教育负担重	26.67	5.26	15.38
	其他	6.67	—	15.38

表6-8为低保金对孩子作用评价。在云南省，认为低保金作用比较大的占42.86%（3人），认为作用比较小的有2人，认为作用很大和作用一般的各有1人。湖北省被访低保家庭中认为低保金作用比较大的占43.75%

（7 人），认为作用很大的占 25.00%（4 人），认为作用一般的占 18.75%（3 人），认为作用比较小和没有作用的各有 1 人。江苏省被访低保家庭人员共有 10 人，其中认为作用很大和作用一般的各有 4 人，认为作用比较大和作用比较小的各有 1 人。综上对比，三省中认为低保金起到作用的占绝大部分，表明低保金对改善孩子生活状况确实起到了很大帮助。

表6－8 低保金对孩子作用评价（N＝33）

单位：%

	选项	云南（N＝7）	湖北（N＝16）	江苏（N＝10）
低保金作用	作用很大	14.29	25.00	40.00
	作用比较大	42.86	43.75	10.00
	作用一般	14.29	18.75	40.00
	作用比较小	28.57	6.25	10.00
	没有作用	—	6.25	—

表6－9 为低保公示对孩子造成负面影响评价。由该表可知，云南省参与低保评价的共有 7 人，其中认为不会造成负面影响和不好说的各有 3 人，认为会造成负面影响的有 1 人；湖北省参与评价的共有 16 人，其中认为不会造成负面影响的有 8 人，认为会造成负面影响的有 1 人，不好说的有 5 人，不知道的有 2 人；江苏省参与评价的有 9 人，其中认为不会造成负面影响的有 5 人，认为会造成负面影响和不好说的各有 2 人。总体来看，三省被访低保人员中认为低保不会造成负面影响的占一半左右，认为会造成负面影响的只是少部分人。这表明，低保如果进行公示，可能对贫困儿童造成一定的负面影响。

表6－9 低保公示对孩子造成负面影响评价（N＝32）

单位：%

	选项	云南（N＝7）	湖北（N＝16）	江苏（N＝9）
是否会造成负面影响	会	14.29	6.25	22.22
	不会	42.86	50.00	55.56
	不好说	42.86	31.25	22.22
	不知道	—	12.50	—

2. 散居孤儿和事实无人抚养儿童

表6-10为散居孤儿和事实无人抚养儿童现金救助状况和效果情况。云南省从政府领取孤儿基本生活费的只有1人，对孤儿基本生活费的作用也不了解；湖北省领取孤儿基本生活费的有5人，不知道的有4人，认为孤儿基本生活费作用很大的有5人，对其作用不知道的有4人；江苏省散居孤儿及事实无人抚养儿童中没有人领取孤儿基本生活费。

表6-10　散居孤儿和事实无人抚养儿童现金救助状况和效果 （N=14）

单位：%

	选项	云南（N=1）	湖北（N=9）	江苏（N=4）
从政府领取 孤儿基本生活费	是	100.00	55.56	—
	否	—	—	100.00
	不知道	—	44.44	—
孤儿基本 生活费作用	作用很大	—	55.56	—
	不知道	100.00	44.44	—

表6-11为散居孤儿和事实无人抚养儿童居住状况。其中云南省共有2名，均为独自生活；湖北省共有9名散居孤儿和事实无人抚养儿童，目前独自居住及和亲属生活在一起的各有3人，与重残/重病父母、非血缘父母和其他人生活在一起的各有1人，与儿童生长的家庭环境较复杂有一定关系；江苏省散居孤儿和事实无人抚养儿童共有5名，与亲属生活在一起的有3名，独居的有2名。

表6-11　散居孤儿和事实无人抚养儿童居住状况 （N=16）

单位：%

	选项	云南（N=2）	湖北（N=9）	江苏（N=5）
孩子目前和谁 生活在一起	自己	100.00	33.33	40.01
	重残/重病父母	—	11.11	—
	亲属	—	33.33	60.00
	非血缘父母	—	11.11	—
	其他人	—	11.11	—

表6－12为散居孤儿和事实无人抚养儿童受到的照顾评价，云南省参与评价的2人均对孩子照顾情况不了解；湖北省参与的5人中，认为孩子受到的照顾非常好的有3人，不知道的有2人；江苏省参与评价的3人中，认为孩子受到的照顾比较好、一般以及不知道的各有1人。从湖北和江苏的情况来看，被访散居孤儿和事实无人抚养儿童的照料情况比较好。

表6－12 散居孤儿和事实无人抚养儿童目前受到的照顾情况评价（N＝10）

单位：%

	选项	云南（N＝2）	湖北（N＝5）	江苏（N＝3）
受到的照顾评价	非常好	—	60.00	—
	比较好	—	—	33.33
	一 般	—	—	33.33
	不知道	100	40.00	33.33

五 战略思考：中国儿童收入支持和现金救助体系将怎样发展

这项研究建议在中国建立部分普惠的儿童福利制度。之所以提出部分普惠，主要考虑是，对儿童的现金支持项目，如果是普惠制，则成本极高，从改善儿童福利状态的角度看，不如把有限的资源用于改善最需要支持的儿童群体的福利状态。目前的瞄准式儿童现金转移支付制度的主要功能是减贫与儿童保护。但是，在生育率不断降低的情况下，中国未来很可能需要采用普惠式的儿童现金转移支付政策来鼓励生育。结合以上理论分析和实地调查发现，本部分提出中国未来儿童现金转移支付项目的发展趋势及政策建议。

（一）瞄准式儿童现金转移支付项目

1.孤儿基本生活费和事实无人抚养儿童生活补贴

目前，中国只有孤儿基本生活费和事实无人抚养儿童生活补贴两个完全针对儿童的瞄准式现金转移支付项目。截至 2020 年底，全国共有孤儿 23.3 万人，其中社会散居孤儿 16.9 万人，基本生活保障平均标准为 1073.5 元/（人·月）（民政部，2021）。事实无人抚养儿童的数量大约为 50 万（高文兴，2019），两者合计约 80 万人左右。从目前的情况来看，孤儿基本生活费制度保障标准比较高，能够给城乡孤儿提供较好的基本生活保障。但是，事实无人抚养儿童生活补贴制度仍然处于发展完善之中。事实无人抚养儿童生活补贴制度实际上发源于困境儿童保障工作。困境儿童包括因家庭贫困导致生活、就医、就学等困难的儿童，因自身残疾导致康复、照料、护理和社会融入等困难的儿童，以及因家庭监护缺失或监护不当遭受虐待、遗弃、意外伤害、不法侵害等进而导致人身安全受到威胁或侵害的儿童（国务院，2016）。因此，事实无人抚养儿童其实是困境儿童中的一个类别。在早期实践中，针对困境儿童并没有单独的现金救助，而是将他们纳入不同救助制度中。例如，将符合特困人员供养条件的儿童纳入特困人员供养制度，将符合最低生活保障条件的儿童纳入低保制度，对因遭遇突发事件、意外伤害、重大疾病等导致基本生活陷入困境的儿童给予临时救助，对符合条件的残疾儿童发放残疾人两项补贴等。

事实无人抚养儿童是困境儿童保障中最困难的那一部分。父母由于重病、重残等原因不仅没有能力抚养孩子，往往还需要治疗、康复等方面大额支出，因此事实无人抚养儿童的生活困难程度并不亚于孤儿，甚至超过孤儿。因此，把事实无人抚养儿童纳入低保制度显然无法解决问题。在实践中，各地大都采取挂钩孤儿基本生活费的方法来发放补贴。例如江苏省规定：父母监护缺失的儿童按照不低于当地社会散居孤儿基本生活费补贴标准的 80% 发放，父母无力履行监护职责的儿童按照不低于当地社会散居孤儿基本生活费补贴标准的 60% 发放（江苏省民政厅，2018）。由于中央没有统一政策规定，各地对于事实无人抚养儿童的保障标准差异很大。2019 年，民政部等 12 部门联合印发了《关于进一步加强事实无人抚养儿童保障工作的意见》，规定各地事实无人抚养儿童发放基本生活补贴标准按照当地孤儿保障标准执行。标准的提高有利于更好地保障事实无人抚养儿童的基本生活，但这并没有从根本上帮助他们摆脱面临的困境。事实无人抚养儿童由于监护人无法或没有能力履行监护责任，因此更需要生活照料、家庭教育、情感关爱等方面的基本服务，以保障其健康成长。因此，探索通过政府购买社会救助服务或增加照护服务津贴等方式，为事实无人抚养儿童提供基本照护服务，应该是制度进一步发展的方向。

2. 贫困儿童救助

截至2020年底，全国共有城市低保对象488.9万户，有农村低保对象1985.0万户（民政部，2021）。如果按照每户平均1个未成年人推算，那么全国有2400万左右的儿童生活在低保家庭中。因此，尽管低保制度并不是专门保障儿童，但中国最大的儿童现金支持项目应该是低保制度。除此以外，低保制度针对有儿童家庭还进行分类施保。例如安徽省黄山市徽州区规定：低保家庭有14周岁以下的未成年人，低保待遇可以在本人月补差标准的基础上上浮20%（黄山市徽州区人民政府，2019）。陕西省规定：对城乡低保家庭中的18周岁（不含）以下未成年人，按每人每月不低于当地低保标准的30%增发低保金（陕西省民政厅、财政厅，2020）。虽然通过分类施保可以让贫困儿童家庭得到更多的收入支持，但这种做法也存在两个方面问题：

一是目前我国低保金待遇仍然偏低，不利于贫困儿童健康成长。2018年第四季度，全国城市平均低保标准仅为每人每月579.7元，农村平均低保标准仅为每人每年4833.4元。城市平均低保标准不足城市人均收入中位值的20%，农村的仅为30%左右。发达国家的贫困标准一般在收入中位数的50%~60%。相比之下，我国的低保标准确实偏低。低保标准偏低直接带来的后果是导致现金救助待遇水平偏低。2018年，城市低保平均补差水平仅为每人每月476元，农村仅为250元（关信平，2019）。由于低保标准偏低，而分类施保的上浮的待遇比例也比较小（通常为20%~30%），因此难以实现贫困儿童充分救助的效果。

二是将制度捆绑会增加福利依赖效应。分类施保本来就是一种补救措施，实际上是将贫困救助和儿童福利捆绑在一起，这很容易造成低保制度的福利依赖。除了分类施保以外，我国低保制度还往往与医疗救助、教育救助、住房补贴、自然灾害救助、临时救助、水电燃料取暖费减免、节假日一次性救助、其他补助收入、其他费用减免等捆绑在一起（刘璐婵、林闽钢，2015）。这些救助项目的叠加提高了实际救助水平，不利于激励有劳动能力的受助者去就业。

基于以上两个方面的问题，低保制度的发展方向应当考虑逐步取消分类施保的做法。同时，要尽快建立和完善相应的社会福利制度，通过社会福利津贴来取代分类施保的待遇。例如，可以考虑在孤儿、事实无人抚养儿童的基础上，进一步将贫困家庭中的儿童从低保制度中剥离出来，建立贫困儿童生活补贴制度。

3. 教育救助

教育救助也是儿童现金转移支付的重要组成部分。2004 年，民政部和教育部发布了《关于进一步做好城乡特殊困难未成年人教育救助工作的通知》，要求对享受农村五保供养的未成年人、城市"三无"对象中的未成年人、城乡最低生活保障和农村特困户家庭的未成年子女进行教育救助（民政部、教育部，2004）。这是中国教育救助的开端，救助内容主要包括对义务教育阶段实行"两免一补"（免杂费、免书本费、补助寄宿生活费），高中教育阶段要提供必要的学习和生活补助。除了免杂费和书本费之外，贫困生寄宿生活费是教育救助中重要的现金转移支付内容。例如，2017 年安徽省补助城乡义务教育阶段家庭经济困难寄宿生生活费的基本标准为：小学生 4 元/天、初中生5 元/天，学生每年在校天数均按 250 天计算。所需资金由中央和市、县（市、区）按照 5：5 比例分担（安徽省教育厅、财政厅，2017）。

近年来，由于教育救助被当成脱贫攻坚的重要手段（即"三保障"中的教育保障），教育救助得到了极大的重视，各地出台和实施了一些新的教育救助政策。例如，福建省 2019 年将"城乡义务教育公办寄宿制学校中家庭经济困难寄宿生补助生活费"政策调整为"义务教育家庭经济困难学生补助生活费"政策。补助对象从义务教育阶段的贫困寄宿生扩展到义务教育阶段家庭经济困难学生，具体包括建档立卡学生、低保家庭（含特困人员）学生、孤儿或残疾学生、烈士或优抚家庭学生。寄宿生补助标准为小学每生每年1000元，初中每生每年1250元。非寄宿生补助标准为小学每生每年500元，初中生每生每年625元（福建省财政厅、教育厅，2019）。目前，各地以低保人员、特困人员、建档立卡贫困人口为主要对象，在学前教育阶段实施家庭经济困难儿童保育教育费和生活费资助政策，在义务教育阶段实行"两免一补"政策，在普通高中和中职学校实施免学费、国家助学金和建档立卡贫困学生教育扶贫资助政策。困难学生救助政策体系很好地保障了贫困学生的受教育权。但是，中国目前的教育救助政策体系的形成很大程度上受到脱贫攻坚的影响。随着脱贫攻坚任务完成，贫困村和贫困户都将摘帽，教育救助政策体系如何延续是一个重大课题。尽管当前各地都在执行脱贫不脱政策，但是随着农村扶贫政策的转型，教育救助政策也很有可能面临进一步调整。

4. 其他儿童现金转移支付政策探索

随着中国儿童福利制度的发展，可以结合具体国情探索一些新的瞄准式儿童现金转移支付政策，主要方向可以包括两个方面。

一是探索有条件的现金转移支付项目。中国目前的儿童现金转移支付项目主要是针对孤儿或父母残疾/大病等缺乏监护能力的儿童，在这种情况下实施有条件的现金转移支付政策就不太现实。但是，由于中国幅员辽阔，经济发展地域差异明显，特别是民族地区的父母对于儿童监护与汉族地区存在明显的文化差异。汉族地区受传统文化的影响，通常会将儿童教育放在家庭最重要的位置，而一些民族地区则不太注重儿童的人力资本投资。在这种情况下，可以针对民族地区的具体状况来制定有条件的儿童现金转移支付政策。

二是探索困境儿童个人账户。除了孤儿基本生活费、事实无人抚养儿童生活补贴以外，中国城乡的困境儿童还有可能享受其他一些现金转移支付项目，包括低保、受艾滋病影响的儿童生活补贴、教育救助、贫困地区寄宿生补贴、残疾人两项补贴、社会慈善救助等。由于这些资金是发到儿童的监护人手上，在实际生活中往往难以保证监护人会使用到儿童身上。针对这种情况，可以考虑建立困境儿童个人账户。儿童个人账户的资金用途具有限定性，生活保障资金只能用于儿童生活消费，教育资金只能专门用于孩子教育，营养康复资金只能用于孩子的营养康复等。通过将国家给予困境儿童的各种现金资源整合在一起形成儿童资产个人账户，以保障困境儿童的权利，并促进其能力提升及未来发展目标的实现。

（二）普惠式儿童现金转移支付的发展趋势

1. 普惠式家庭津贴

近年来，中国进入低生育率阶段已经是不争的事实。从国家统计局2000年以来的人口普查和1%人口抽样调查数据看，中国不仅处于极低生育率阶段，而且其一直在持续走低。在世界上人口规模足够大的国家中，中国已经成为生育率最低的国家。而且，2016年开始实行的全面二孩政策也收效甚微（刘金菊、陈卫，2019）。更重要的是，中国目前极有可能掉入低生育率的陷阱。一旦落入则要做出很大努力才能摆脱（吴帆，2019）。在这种情况下，通过现金补贴鼓励生育已经成为必然的选择。但是，由于中国的计划生育政策持续了很长的一段时间，计划生育相关政策只能逐步废止。因此，当前中国实际上处于一个明显的政策过渡期。例如，一些单位既要给领取了《独生子女父母光荣证》的职工发放独生子女费，同时也要给生育二胎家庭发放托幼补贴。但从总体趋势来看，通过现金补助鼓励生育的趋势越来越明显。例如，2020年4月8日，山西省人民政府办公厅下发了《关于促进3岁以下婴幼儿照护服务发展的实施意见》，鼓励用人单位对计划生育政策内生育的婴幼儿家庭父母每人每月发放200元的婴幼儿保教费（山西省人民政府办公厅，2020）。2021年6月，国家实施三孩生育政策，各地都出台了一系列配套支持政策，其中就包括家庭津贴。例如，2021年7月28日，攀枝花市发布《关于促进人力资源聚集的十六条政策措施》规定：对按政策生育第二个及以上孩子的攀枝花户籍家庭，每月每孩发放500元育儿补贴金，直至孩子3岁（中共攀枝花市委办公室、攀枝花市人民政府办公室，2021）。由于家庭津贴可以一定程度上降低家庭的生育成本，从而达到鼓励生育的效果，采取完善的现金补贴政策鼓励生育就会水到渠成。因此，中国可以考虑整合原有生育政策，选择适当时机出台鼓励生育的家庭津贴制度，包括养育津贴、托费津贴以及教育津贴等。

2. 与儿童相关的税收扣除项目

通过税收扣除的方式来降低儿童的养育成本能产生与家庭津贴不同的政策效果。给予养育儿童的家庭一定数量的收入所得税扣除，可以实现鼓励就业并避免家庭津贴的福利依赖负效应。为此，可以探索从以下两个方面对税收制度进行改革。

一是家庭收入税扣除与儿童支出挂钩。从 2019 年 1 月 1 日开始，中国纳税人的子女接受学前教育和学历教育的相关支出，按每个子女每年 1.2 万元（每月 1000 元）的标准定额扣除（中华人民共和国中央人民政府，2018）；除了教育支出之外，未来可以进一步扩大税收扣除的范围，覆盖更多的儿童养育支出项目。

二是可以考虑将所得税扣除与收入水平挂钩，设立递增、水平和递减三个阶段。类似于美国的劳动收入所得税扣除（EITC）项目设计，随着劳动收入的增加税收扣除逐渐减少。凡是劳动所得超过法定最高值的纳税人不能申报税收扣除（余显财，2010）。通过这种边际税率的设计可以增加养育子女家庭的实际收入，并激发低收入家庭成员参加工作的热情，以避免福利依赖。

无论是瞄准式的救助还是普惠式的津贴都可能影响女性就业。为此，在项目设计时需要注意以下两点。

第一，贫困救助缓退机制。当前中国最大的儿童现金救助项目是低保制度。一些学者认为中国的低保制度福利依赖比较严重（朱一丹、金喜在，2014；陈翠玉，2016）。为此，针对有劳动力且有子女的低保家庭可以考虑建立缓退机制。对低保家庭成员通过自身劳动使得家庭人均收入超过当地低保标准的，应给予一定短期的救助缓退期，以鼓励就业。同时，要为有子女的低保家庭提供就业服务，降低其就业成本。

第二，幼托服务公共性导向。如果建立了较为慷慨的普惠式儿童津贴制度，那么很可能对女性就业造成两种影响，即"再家庭化"和"去家庭化"

的政策效果。就中国的情况来说，通过现金支持，让女性回家专职照顾儿童显然不现实。因此，在提供低价/免费、可及的公共性幼托服务帮助低收入家庭女性参与劳动力市场基础上，通过普惠性儿童津贴制度实现"去家庭化"的政策效果才是中国未来的发展趋势。

参考文献

埃斯平－安德森，考斯塔，2001，《福利资本主义的三个世界》，郑秉文译，法律出版社，第2－3＋42页。

安徽省教育厅、财政厅，2017，《义务教育经费保障机制实施办法》，淮南市人民政府官网，https：//kyc. chzu. edu. cn/jhfsl/2017/0316/c8531a143749/page. htm，最后访问日期：2020年9月27日。

陈翠玉，2016，《有劳动能力城市低保人员"福利依赖"难题及其破解》，《探索》第2期，第118－124页。

丁建定、李薇，2013，《西方国家家庭补贴制度的发展与改革》，《苏州大学学报》第1期，第36－41页。

房连泉，2016，《国际扶贫中的退出机制——有条件现金转移支付计划在发展中国家的实践》，《国际经济评论》第6期，第86－104页。

福建省财政厅、教育厅，2019，《关于进一步完善义务教育家庭经济困难学生生活补助政策的通知》（闽财教〔2019〕23号），福建省教育厅官网，http：//jyt. fujian. gov. cn/xxgk/czzj/201909/t20190904_ 5017086. htm，最后访问日期：2020年9月23日。

高文兴，2019，《全国共有事实无人抚养儿童约50万——12部门将联合对该群体进一步加强保障》，《公益时报》7月16日，第3版。

关信平，2019，《当前我国反贫困进程及社会救助制度的发展议题》，《陕西师范大学学报（哲学社会科学版）》第5期，第28－36页。

国务院，2016，《国务院关于加强困境儿童保障工作的意见》（国发〔2016〕36号），中华人民共和国中央人民政府官网，http：//www. gov. cn/zhengce/content/2016－06/16/content_ 5082800. htm，最后访问日期：2020年9月23日。

何玲，2009年，《瑞典儿童福利模式及发展趋势研议》，《中国青年研究》第2期，第5－9＋15页。

黄山市徽州区人民政府，2019，《黄山市徽州区城乡低保分类施保实施办法》，黄山市徽州区人民政府官网，http：//www. huizhouqu. gov. cn/zwgk/public/6616266/9340097. html，最后访问日期：2020年9月28日。

霍斯金斯，达尔默·D.，2004，《21 世纪初的社会保障》，中国劳动社会保障出版社，第 258 - 259 页。

江苏省民政厅，2018，《关于落实困境儿童分类保障制度有关问题的补充意见》，苏州市民政局官网，http：//minzhengju. suzhou. gov. cn/mzj/csywwj/202006/b4efee43ac704a868d93f99cbcfa1c26. shtml，最后访问日期：2020 年 9 月 23 日。

金静、汪燕敏、徐冠宇，2014，《构建我国儿童津贴制度的思考——基于金砖国家的跨国比较》，《经济体制改革》第 1 期，第 161 - 164 页。

李亮亮，2013，《欧洲家庭友好政策比较研究——兼谈对女性就业的影响》，博士学位论文，中国人民大学。

刘凡同，2014，《瑞典儿童福利体系研究》，硕士学位论文，山东大学。

刘金菊、陈卫，2019，《中国的生育率低在何处？》，《人口与经济》第 6 期，第 70 - 81 页。

刘璐婵、林闽钢，2015，《"养懒汉"是否存在？——城市低保制度中"福利依赖"问题研究》，《东岳论丛》第 10 期，第 37 - 42 页。

马蔡琛、李萌、那卿，2017，《发达国家现代家庭补贴与税收减免的政策法律》，《社会政策研究》第 6 期，第 66 - 80 页。

民政部，2021，《2020 年民政事业发展统计公报》，民政部官网，http：//www. mca. gov. cn/article/sj/tjgb/，最后访问日期：2022 年 1 月 26 日。

民政部、教育部，2004，《关于进一步做好城乡特殊困难未成年人教育救助工作的通知》（民发〔2004〕151 号），教育部官网，http：//www. moe. gov. cn/jyb_ xxgk/gk_ gbgg/moe_ 0/moe_ 1/moe_ 201/tnull_ 3060. html，最后访问日期：2020 年 10 月 8 日。

山西省人民政府办公厅，2020，《关于促进 3 岁以下婴幼儿照护服务发展的实施意见》（晋政办发〔2020〕24 号），山西省人民政府官网，http：//www. shanxi. gov. cn/sxszfxxgk/sxsrmzfzcbm/sxszfbgt/flfg _ 7203/bgtgfxwj _ 7206/202004/t20200428 _ 797639. shtml，最后访问日期：2020 年 10 月 12 日。

陕西省民政厅、财政厅，2020，《关于调整我省城乡低保分类施保对象及标准的通知》（陕民发〔2020〕2 号），岚皋县人民政府官网，http：//www. langao. gov. cn/Content - 2023322. html，最后访问日期：2020 年 10 月 15 日。

史威琳，2010，《社会保护政策及其对缓解儿童贫困的作用》，《新视野》第 2 期，第 30 - 32 页。

唐丽霞、赵丽霞、李小云，2012，《有条件现金转移支付缓贫方案的国际经验》，《贵州社会科学》第 8 期，第 87 - 93 页。

汪三贵，2016，《巴西的有条件现金转移支付计划》，《学习时报》3 月 17 日，第 2 版。

吴帆，2019，《低生育率陷阱究竟是否存在？——对后生育率转变国家地区生育率长期变化趋势的观察》，《人口研究》第 4 期，第 50 - 60 页。

吴孙沛璟、赵雪梅，2016，《多维视角下的拉美贫困及扶贫政策》，《拉丁美洲研究》第 3 期，第 15 - 30 + 153 - 154 页。

杨一帆，2010，《国际社会保障政策中的社会现金转移计划：关键问题与政策启示——基于拉美和非洲等国政策创新的比较研究》，《经济社会体制比较》第 5 期，第 73 - 81 页。

余显财，2010，《EITC、最低工资与福利制度创新》，《财贸经济》第 3 期，第 53 - 60 页。

张浩森，2013，《拉美国家贫困儿童的救助经验及其启示》，《学术月刊》第 6 期，第 221 - 228 + 288 页。

中共攀枝花市委办公室、攀枝花市人民政府办公室，2021，《关于促进人力资源聚集的十六条政策措施》，攀枝花市人力资源与社会保障局官网，http：//rsj. panzhihua. gov. cn/zwgk/zcfg/zcwj/1943153. shtml，最后访问日期：2022 年 1 月 26 日。

中华人民共和国中央人民政府，2018，《国务院关于印发个人所得税专项附加扣除暂行办法的通知》（国发〔2018〕41 号），中华人民共和国中央人民政府官网，http：//www. gov. cn/zhengce/content/2018 - 12/22/content_ 5351181. htm，最后访问日期：2020 年 1 月 28 日。

朱一丹、金喜在，2014，《我国城市低保福利依赖问题及对策探析》，《东北师大学报（哲学社会科学版)》第 6 期，第 74 - 79 页。

邹明明，2009，《瑞典的儿童福利制度》，《社会福利》第 12 期，第 58 - 59 页。

Azevedo, Viviane, and Marcos Robies. 2013. "Multidimensional targeting: identifying beneficiaries of conditional cash transfer programs." *Social Indicators Research* 112 (2): 447 - 475.

Bryant, John H. . 2009. "Kenya's cash trash transfer program: protecting the health and human rights of orphans and vulnerable children." *Health and Human right: An International Journal* 11 (2): 65 - 76.

Milligan, Kevin, and Mark Stabile. 2009. "Child benefits, maternal employment, and children's health: evidence from Canadian child benefit expansions." *The American Economic Review* 99 (2): 128 - 32.

Ministry of Health and Social Affairs. 2017. "Reforms for increased security and welfare in the budget bill for 2018", Accessed June 5 2019. https: //www. government. se/articles/2017/09/reforms - for - increased - security - and - welfare - in - the - budget - bill - for - 2018/.

González, Libertad. 2013. "The effect of a universal child benefit on conceptions, abortions, and early maternal labor supply." *American Economic Journal: Economic Policy* 5 (3): 160 - 88.

Narayanan, Sudha. 2011. "A case for reframing the cash transfer debate in India." *Economic and Political Weekly* 46 (21): 41 - 48

第七章
中国儿童福利服务体系研究

乔东平　廉婷婷　黄　冠　窦　媛[*]

摘　要： 本章对国内外儿童福利服务相关研究进行了系统综述，并基于对4省7县市政府主管部门、儿童福利院、未成年人保护中心、社会服务机构、社区儿童之家、父母等的半结构式访谈和问卷调查，呈现我国儿童福利服务需要/需求和供给的现状、经验和问题。为解决儿童不平衡不充分发展问题，探索我国实现"部分普惠制"儿童福利的路径，本章提出新时代以服务形式提供的儿童福利应该是普惠性的，即国家根据儿童的普遍性需要和特殊群体需要，提供教育、医疗、残疾康复、替代性养护和儿童保护等方面的服务。在发展型儿童福利视角和生命周期理论指导下，提出构建"全儿童视角"的普惠性儿童福利服务体系的战略目标、基本要素、机制和策略。

一　引言

（一）研究背景

儿童福利服务是儿童福利体系的重要内容，发达国家和地区均重视基于

---

* 乔东平，北京师范大学教授、博士生导师，研究方向为儿童福利、儿童保护；廉婷婷，北京师范大学博士，内蒙古工业大学讲师，研究方向为儿童及家庭福利、社会工作；黄冠，北京师范大学博士研究生，研究方向为儿童福利、儿童保护；窦媛，北京师范大学博士研究生，研究方向为儿童福利、儿童保护、家庭福利。

儿童和家庭需求的多样化、专业化的儿童福利服务（乔东平，2016）。2015年8月1日，民政部办公厅印发了《关于在全国部分地区开展基层儿童福利服务体系建设试点工作的通知》，试点社区设立儿童福利主任和儿童之家，中国儿童福利服务体系建设提上政府议程。2019年4月，民政部等10部门联合发布《关于进一步健全农村留守儿童和困境儿童关爱服务体系的意见》，要求村（居）要有"儿童主任"、乡镇街道要有"儿童督导员"负责儿童关爱保护工作，并明确了各自的工作职责，要求初任儿童督导员和儿童主任经培训考核合格后方可开展工作。随着2019年新政策的出台，全国城乡社区陆续设立"儿童主任"（儿童福利主任统一改称为儿童主任）。

什么是儿童福利服务？广义的界定为"儿童福利服务是政府和社会为满足儿童的需求，促进儿童身心发展而提供的制度化的、非现金形式的社会福利资源"（陆士桢、李月圆，2014）。其包括一般儿童的服务和特殊或困境儿童的服务，困境儿童又包括两类：一类是失去家庭依托的困境儿童；另一类是其生理、心理和发展需要不能在家庭中得到恰当的或充分的满足，或不适宜继续在家庭中生活的困境儿童。对儿童福利服务类型有不同划分：一是从服务功能与作用的角度分为支持性、补充性、保护性和替代性服务四类；二是从服务范围与领域角度分为家庭服务、社区服务、需要特殊服务的儿童服务、寄养家庭中儿童的服务、儿童福利机构照顾和儿童收养服务等（刘继同，2008a）。

长期以来，我国儿童福利服务无法满足儿童及其家庭的需要。民政部门提供的传统儿童福利服务主要集中于孤残儿童、五保儿童和流浪儿童群体。2011年《中国儿童发展纲要（2011～2020年)》首次增加"儿童与福利"部分，要求"扩大儿童福利范围，推动儿童福利由补缺型向适度普惠型的转变"。2013年，民政部相继开始"未成年人社会保护试点工作"和"适度普惠型儿童福利制度建设试点工作"，明确要将传统的对孤儿的保障扩展到得不到家庭良好监护的其他困境儿童。实际上，困境儿童保障的形式大多局限于现金保障，缺少服务保障，无法满足困境儿童及家庭的需要，保障体系不完善。毕节留守儿童自杀案、南京饿死女童案等显示，困境儿童仅有现金和实物等经济保障远远不够，服务保障的缺失可能导致功亏一篑（乔东平，2015）。虽然"儿童福利机构自2006年推进社会工作以来，取得了很大的进展"（童小军，2017），但服务分散零碎、覆盖面窄，社会组织和专业人员严重缺乏，服务不足并缺少专业性，难以提供有效的服务保障。相对于大量的儿童福利和儿童保护问题，"儿童福利服务体系不健全和专业服务的缺乏，使服务保障成为难题"（乔东平，2014）。"中国儿童福利还存在明显的缺陷，特别是福利服务方面，从政策法规到行政执行体系，再到综合专业服务机制，都还没有形成真正严谨、规范、科学的体系，对全体儿童，特别是为每一个弱势儿童提供切实的服务保障的目标还难以真正实现"（陆士桢、李月圆，2014）。

近几年，儿童福利服务政策频频出台，显示政府对服务问题的重视。孤残儿童、流浪儿童、3岁以上的托幼服务、义务教育、计划生育和基础卫生保健方面逐渐形成体系，2016年国务院出台《关于加强农村留守儿童关爱保护工作的意见》和《关于加强困境儿童保障工作的意见》后，留守儿童和困境儿童服务成为新的重点，推动了相关服务机制、制度和专业化的发展。2017年，民政部等5部门发布《关于在农村留守儿童关爱保护中发挥社会工作专业人才作用的指导意见》。2019年，儿童福利服务的两个重要政策文件发布，即国务院办公厅《关于促进3岁以下婴幼儿照护服务发展的指导意见》、民政部等10部门《关于进一步健全农村留守儿童和困境儿童关爱服务体系的意见》，后者明确了未成年人救助保护机构和儿童福利机构的功能定位，要求推进未成年人救助保护机构转型升级和拓展儿童福利机构社会服务功能。这表明，儿童福利服务正在从传统的官办机构院内照顾为主向家庭和社区导向转变，并力图接通儿童福利服务的"最后一公里"。目前，这些政策的落实和服务的开展还面临很多困难，国家儿童福利服务体系仍不健全，从战略高度设计和构建中国儿童福利服务体系具有重要意义。

（二）研究问题和研究内容

1. 研究问题

本章研究我国实现"部分普惠制"的儿童福利的路径问题。在"部分普惠的儿童福利模式"中，不同于现金福利，以服务形式提供的福利都应该是普惠的，即国家对所有儿童，根据他们的一般性或普遍性需要和特殊需要，提供普惠性的教育、医疗、残疾康复、替代性养护和儿童保护等方面的服务。因此，需要研究我国儿童福利服务需求与服务供给现状是什么？如何构建新时代中国普惠性的儿童福利服务体系？

2. 研究内容

（1）我国儿童福利服务的现状。具体来说，目前有哪些针对儿童提供的服务或项目？服务主体（服务提供者）、服务客体（服务接受者）、服务内容、服务方式、服务目的是什么？服务面临的主要问题是什么？试点地区儿童主任和儿童之家的服务情况如何？

（2）儿童福利服务的相关性、供给与需求的匹配度问题。服务的相关性指服务供给能否满足儿童及家庭的实际和迫切需求？儿童及其家庭福利服务的需求有哪些？现有儿童福利服务满足了哪些需求？有哪些儿童成长和发展中的需求尚未得到满足？需要哪些干预和服务来满足儿童的需求？

（3）与我国各种儿童及其家庭服务需求相匹配的儿童福利服务体系的基本要素等。

（4）实现普惠制儿童福利服务的理念、路径、策略、机制和支撑体系。

二　国内外儿童福利服务研究综述

（一）儿童福利服务的内涵

英美国家中，儿童福利系统独立于其他系统设置，主流话语中，"child welfare service"是一个有着特定含义的词语，与"child protective service"有较大重叠，指的是对受到虐待和暴力侵害儿童的保护性服务，这是一个狭义的概念，更加广义的儿童福利服务如精神健康服务、住房服务等福利服务包含在与前者独立的"public welfare service"之中（Fuller and Nieto, 2014;

Bai et al.，2009；Billings et al.，2003）[1]。有学者将西方国家儿童保护服务分为两种取向：一种是儿童保护取向（child protection orientation），干预相对滞后，通常采取司法干预的方式处理儿童虐待问题，美国、加拿大、英国是其中的代表；另一种是家庭服务取向（family service orientation），采取一种预防性的策略，在早期提供家庭支持服务，创造有利于儿童成长的安全环境，预防儿童虐待和儿童行为问题的发生，北欧国家是这种取向（Gilbert，1997）。上述儿童保护服务两种取向的划分是学者在 20 世纪末得出的研究结论，随着相关国家儿童保护政策的改革，吉尔伯特等人修正了之前的类型划分，提出了儿童保护服务的第三种取向：儿童焦点取向（child-focused orientation）（Gilbert et al.，2011）。这种导向是儿童保护和家庭服务两种取向的发展和整合，儿童被视为独立于家庭的个体，儿童权利位于父母权利之上，这一点和家庭服务取向下整体提供家庭支持服务不同，同时与儿童保护取向下司法的强制干预也不同，是一种重视国家的早期预防和干预的积极取向，国家的责任被更加强调（李莹、韩文瑞，2018）。同时，儿童焦点取向也意味着儿童保护服务突破狭义的对儿童虐待的关注，更加关注儿童的整体福利的发展。

我国儿童福利服务的实践和研究都还非常薄弱，刘继同（2008b）曾总结了儿童福利政策研究的 15 个核心议题，其中第 7 个议题"儿童福利服务"的研究非常薄弱，"尚无人对中国儿童福利服务体系进行系统深入的研究"。2010 年后，虽然有关儿童福利服务的研究在数量和质量上都有了较大增长[2]，但多数研究并未对"儿童福利服务"的内涵做出明确界定，这似乎表明"儿童福利服务"的内涵不存在争议，但实际上"中国儿童福利服务

---

[1] 在英美国家的学术研究和政策文件中，"child welfare"与"child protection"可以交替使用，但"child welfare"与"child care"则含义不同。例如美国负责儿童福利服务的业务归属于儿童局，具体负责防治儿童虐待的儿童保护相关服务，而负责儿童照料的部门则是儿童照料办公室，服务内容是为低收入家庭的儿童提供早期照料和教育服务。二者为美国卫生与人类服务部下的儿童与家庭局下面两个同级别的平行组织。参见儿童与家庭局的官方网站信息，https://www.acf.hhs.gov/about/offices。

[2] 截至 2021 年 12 月 15 日，以"儿童福利服务"在中国知网进行主题检索，共有 584 篇期刊论文，2010 年前仅有 88 篇相关研究，且研究并不系统深入，其中 CSSCI 来源期刊 7 篇，只是与儿童福利相关，并非直接与儿童福利服务相关。

体系框架界定标准还比较混乱"（刘继同，2021）。通过梳理发现，国内较早对这一问题进行研究的是徐月宾 2001 年发表的一篇论文。徐月宾（2001）根据儿童福利服务性质的不同，将其分为预防性服务、保护性服务、补偿性服务三种形式。其中预防性服务是指为避免儿童虐待等问题出现，强化家庭功能、满足儿童需要的服务；保护性服务是指保护儿童免受虐待的服务；补偿性服务是指针对失去家庭依托或因监护不当被带离家庭的儿童提供的照顾。这种对儿童福利服务的界定和类型划分，延续了西方儿童福利服务的知识传统，体现的是研究者的国际眼光，仍然是将儿童免受虐待作为儿童福利服务的干预目标，但是在目前的政策实践和相关研究中，我国的儿童福利服务关注的主要是孤残儿童（谢宇、冯婷，2018；韩央迪等，2016）、流浪儿童（冯元、彭华民，2014；张明锁等，2013）、困境儿童（乔东平，2015；黄君、彭华民，2018；彭华民等，2020）、留守儿童（吴帆，2016；王玉香、杜经国，2018）。个别研究开始将儿童福利服务的主体扩展至全体儿童，提倡"普惠"的现代儿童福利服务，服务内容也不仅仅是儿童保护服务，而是涉及教育、医疗卫生、儿童照顾等各种发展性福利服务（刘继同，2021；乔东平、黄冠，2021；谢琼，2020）。

通过国内外儿童福利服务内涵的梳理比较可以发现，国外儿童福利服务以干预儿童虐待的儿童保护服务为中心，但已经逐步转向关注儿童整体福利发展。我国儿童福利服务也是以狭义的儿童福利服务为取向，但关注焦点目前集中在困境儿童和留守儿童上。相对于国外学者总结的儿童保护服务的三种取向，国内学者的研究发现，我国"儿童保护的理念更接近于儿童焦点取向，倾向于满足儿童需要和对儿童进行社会投资，但是受制于发展阶段和资源可得性，当前实践中的儿童保护更偏向于儿童保护取向"（李莹、韩文瑞，2018）。

（二）儿童福利服务需要研究

1. 有关儿童福利需要的理论框架

在社会政策研究中，马斯洛的需要层次理论和布拉德肖的需要理论被广泛使用，作为需求分析的基本框架。需要层次理论将人的需要从低到高分为生理需要、安全需要、社交需要、尊重需要、自我实现需要5个层次（马斯洛，2013）。布拉德肖则将需要分为规范性需要、表达性需要、比较性需要、感受性需要四类（Bradshaw，1972）。这两个理论框架高度归纳，但是并不是针对儿童需要提出的，尤其是布拉德肖的需要分类并不是从内容上建立分析框架，而是从需要的特征、性质上进行划分，因此以此框架分析儿童福利需要时，要谨慎论证其适切性。如果按照马斯洛的需要层次理论来分析，儿童的生理需要和安全需要相对属于较低层次的需要，生理需要的满足通常通过现金转移支付和实物进行满足（Sherr et al.，2009），安全需要的满足则是通过儿童保护服务得到保障。

2. 儿童共享的福利服务需要

对于儿童福利服务需要的结构，英国政府开发的服务需要框架具有典型性。1989年，英国《儿童法案》界定了存在儿童需要的三种情形：①如果不给儿童提供服务，他不可能达到或维持，也不可能有机会达到或维持一个合理的健康或发展的标准；②如果不给儿童提供这样的服务，他的健康或发展可能严重受损或进一步受损；③残疾儿童（Léveillé and Chamberland，2010）。基于此法案，英国政府开发了一个综合评估儿童和家庭需要的框架——the Framework for the Assessment for Children in Need and their Families（FACNF，见图7-1），这个评估框架已经在超过15个国家得到推广应用。FACNF框架下，儿童福利服务的目标取向从狭义的针对儿童虐待的儿童保护扩展至促进儿童福利，它整合了三个维度上的内容：第一个维度是儿童的发展需要，包括健康需要（health）、教育需要（education）、情感和行为发展需要（emotional and behavioural development）、身份需要（identity）、社会交往需要（social presentation）、家庭和社会关系需要（family and social relationship）、自我照料需要（selfcare skill）7个类别的内容；第二个维度是家长在满足儿童第一个维度需要上的能力情况，包括基本照料能力、行为刺激能力、情感温暖、指导与边界、确保安全、家庭稳定；第三个维度是可能影响满足相关需要的方式的因素，如收入、社区资源、家庭社会地位、就业、住房条件、扩展家庭、家庭史和家庭运作情况等。

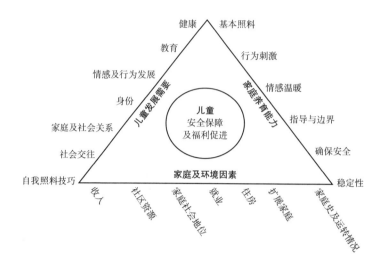

图 7 - 1　儿童及家庭需要综合评估框架

资料来源：Léveillé and Chamberland，2010。

我国台湾学者曾华源、郭静晃（1999）将儿童福利需求归结成八类，在儿童福利研究中引用率较高：获得基本生活照顾的需求；获得健康照顾的需求；获得良好的家庭生活的需求；满足学习的需求；满足休闲和娱乐的需求；拥有社会生活能力的需求；获得良好心理发展的需求；免于被剥削伤害的需求。

虽然从广义儿童福利来看，儿童福利服务内容包含众多，但刘继同（2008a）认为"儿童健康照顾服务既是统辖各项服务核心部分，又是儿童福利服务体系处于优先领域的关键部分"。在儿童健康需要方面，国内学者对不同群体的实证研究表明，婴幼儿喂养与营养、疫苗接种、婴幼儿护理等健康保健知识的需求强烈（郭波，2016；刘松等，2012；王燕等，2011）。心理健康也是儿童健康的一个重要方面。调查结果显示，无论是学龄前儿童还是中小学生，都存在心理健康方面的需求。绝大多数学龄前儿童家长表示需要接受儿童心理健康教育培训（符勤怀等，2018），小学生对心理危机干预教育的热情颇高，希望通过家长培训和团体辅导等方式获取相关知识（王婷等，2012），中学生对心理健康教育的认识更加深刻，且存在多样化的特点（周静，2009；安宏玉、刘丽红，2011），尤其是青春期儿童，对心理健康教育的需求存在特殊性（黄金园等，2019）。青少年对性与生殖健康教育的需求较高，且存在性别和年龄差异（王彦华等，2009；夏明娟等，2018），需求内容主要体现在处理与异性的关系、青春期生理心理变化知识、保健知识、预防性病/艾滋病传播的措施等（毕蕙等，2009；武俊青等，2017）。在照顾服务需求方面，儿童家长往往存在家庭与工作难以平衡、儿童照顾负担沉重的问题，希望有社会化照顾分担家庭教养的压力，但幼儿托育市场发展滞后，远不能满足家长的多样化需求（洪秀敏等，2019；杨菊华，2018；程福财，2013）。除婴幼儿的托育之外，小学生课后托管的需求也十分突出，家长对课后托管的需求集中于晚托及周末托管（薛璐、葛兰，2019；翁洁，2019）。

英国作为儿童福利事业发展较为发达的国家，它所建立的 FACNF 框架是一个综合的儿童和家庭需要评估框架，体现了"儿童焦点"的服务理念，同时将儿童福利服务从侧重儿童保护需要拓展至儿童发展需要，促进儿童的福祉，这个框架高度归纳，是一个较好的分析框架。相对而言，我国儿童福利服务需要的相关研究则呈现碎片化，尚没有开发出较为概括的分析框架，FACNF 框架值得在研究和实践过程中参考借鉴。

3. 特殊儿童的福利服务需要

除上述儿童共享的福利服务需要外，一些特殊儿童还有特别的需要，例如智力、听力残疾儿童需要无障碍设施、辅助设施来弥补损失，他们的教育需要也应被重视（Narayan et al.，2017；Bowman，2018）。国外一些研究还关注照料者的服务需要。有学者将儿童照料者的需要分为基本需要（如住房和财务），以及亲密关系中的冲突、创伤后压力、药物滥用和精神健康方面的需要（Jarpe-Ratner et al.，2015）。Chambers 等人基于儿童福利服务的行政管理数据进行聚类分析从而确定了低层次需要以及物质滥用、家庭暴力或精神健康方面的需要（Chambers and Potter，2008）。与儿童类似，相关案例中儿童的照料者通常也具有较高的精神健康需要，有研究发现一半以上照料者具有抑郁等精神问题的特征（Marcenko et al.，2011）。

国内学者对特殊儿童的需要的相关研究对本课题有直接启发。研究发现，特殊儿童的基本生活、医疗康复、教育、社会权利保障都处于困境之中（胡晓毅、姜依彤，2019；徐倩、周沛，2016）；特殊儿童在家庭教育、社会交往、心理健康方面都存在较大需求（魏少芳，2018）；无障碍设施建设和监护制度建设也需要进一步推进（杨孝霞等，2017；金博、李金玉，2014）；特殊儿童家长期望构建经济补贴、心理辅导、机构指导和社区支持的共同支持体系，以缓解家庭压力（祝玉红、张红，2018；谷长芬等，2010；黄辛隐等，2009）。在众多需求中，医疗康复是特殊儿童家庭最突出的需求，特殊儿童接受教育的过程中同样需要加入康复课程，对专业的康复师也存在较大需求（李永勤等，2017；刘显威、周迎春，2016）。

留守儿童问题多样，部分研究表明留守儿童需求出现低端化和物质化（李坚，2011），但也有研究表明，留守儿童的精神需求高于物质需求，更渴望得到父母的陪伴（高中建，2018；沈冠辰、陈立行，2018；张耀庭，2018）。农村留守儿童的自我保护与自我服务能力较差（李泽影、刘恒，2010），存在心理和行为偏差，需要正确教养方式和平等尊重的姿态（孙婷等，2018）。此外，受基础教育设施、家长教育意识以及留守儿童自身因素的影响，留守儿童比非留守儿童的学习难度大，不管是独居还是与祖辈同住的留守儿童，都缺乏相应的教育辅导（张娜、蔡迎旗，2009）。除此之外，由于资源严重短缺，留守儿童的精神文化需求难以得到满足（邓倩、胡登全，2013）。

流动儿童的需求主要有教育需求、健康需求以及社会适应需求。流动儿童在融入流入地生活的过程中困难重重，在教育中受到歧视与排斥的现象成为不容回避的问题，除了入学难、单独分班，还要受到学校老师、同学、家长的歧视（王善峰、郭冬梅，2011）。流动儿童家长由于自身文化水平低、生活压力大、生存环境差等问题，无法为学龄前儿童提供必要的家庭教育，与非流动儿童的家长相比，流动儿童家长更把孩子未来发展的希望寄托在教育上，对孩子的学前教育展现出了强烈的需求（赵静茹等，2019；王晓芬，2019）。由于流动儿童建立档案存在困难，健康教育课程获取不足，流动儿童的保健现状与当地户籍儿童显示出较大差距，家长希望得到收费合理的健康体检、基础免疫的电话提醒和保健知识的健康教育（周淼，2017；张永梅、唐佳丽，2013；陈丽，2012；葛承辉等，2011；倪泽敏、韩仁锋，2010；王倩等，2009）。

由于困境儿童的类型不同，他们的需求体现出多样性和复杂性。具体来说，在儿童照护、营养、健康、教育四个维度中，城市贫困儿童和乡镇贫困儿童需求的侧重点有所不同（金梅，2020），少数民族地区的困境儿童存在隐性"辍学"问题，且对职业教育了解不足，教育需求较为强烈（杨慧等，2019）。目前，我国心理性困境儿童存在感低，心理性困境儿童的直接需求主要是教育、卫生健康与康复，间接需求则体现在早期筛查、家长教育和家庭援助等方面（丁建定、方之瑜，2019），服刑人员未成年子女在生理与安全、爱与尊重、自我实现方面的需求强烈（陈鹏，2018）。不同年龄、性别的孤儿有不同需求，权利诉求存在较大差异：低龄孤儿更需要情感关心，大龄孤儿有更多交往需要，低龄孤儿、女性孤儿和生活在寄养家庭、类家庭的孤儿渴望早日回归家庭（陈晨，2013）。受艾滋病影响的儿童主要面临问题包括家庭困难、教育问题、营养问题、医疗问题、心理问题、歧视和社会化问题（邢浩杰等，2011）。

研究回顾发现，对于特殊儿童的服务需要或需求（常混用），学术界既关注儿童本身的需要，也关注儿童家庭的需要。特殊教育界的学者，主要关注孤残儿童的教育和康复需要以及其家庭的社会支持需要；留守儿童的需求集中在精神文化需求、陪伴、学业辅导方面；流动儿童的需求集中在教育需求、健康需求以及社会适应需求方面；困境儿童则因为类型众多，需求较为复杂。

（三）儿童福利服务供给研究

1.儿童福利服务供给的理论框架

国家、市场、社会与家庭责任的划分，是儿童福利服务供给的福利哲学问题。艾斯平 - 安德森（Esping-Andersen）以劳动力的去商品化程度将福利国家分为自由主义、社会民主主义、保守主义三种类型（Esping-Andersen，1990），这种划分受到女性主义的批判。女性主义认为安德森没有从家庭功能和女性在家庭照料中的角色进行福利类型划分（Orloff and Shola，1993）。作为回应，安德森引入了家庭主义（familialism）和去家庭化（de-familialization）两个概念分析福利类型，家庭主义是指家庭承担主要的福利供给责任，去家庭化则指通过社会政策减轻家庭福利供给的负担（Esping-Andersen，1999）。

有关儿童福利的供给主体，莱特纳（Sigrid Leitner）提供了一个分析框架。他以儿童照顾的去家庭化程度归纳出显性家庭主义、隐性家庭主义、选择性家庭主义、去家庭主义四种模式（Leitner，2003）。显性家庭主义是指国家通过鲜明的政策，强化家庭的照顾功能，但其他主体如市场、志愿部门欠缺，德国、奥地利、卢森堡、荷兰、意大利为代表；隐性家庭主义是指国家不提供去家庭化政策，家庭承担主要照顾责任，葡萄牙、西班牙、希腊为代表；选择性家庭主义是指国家提供市场、志愿组织、去家庭化政策等多种选择，由家庭自主选择服务主体，北欧国家、法国、比利时为代表；去家庭主义是指政府通过家庭外的其他主体发挥照护功能，减轻家庭负担，爱尔兰为代表。

安德森和莱特纳等人对儿童照顾"去家庭化"的分析，其实可以归入多元主义的福利供给框架之下。1970 年代末，随着福利国家危机出现，福利多元主义成为学者和政府考虑福利供给的基本原则。罗斯提出的家庭、市场、国家的福利三角理论推动了福利多元主义的发展（Rose，1986），而后约翰逊在此基础上加入了志愿组织，形成福利四角，进一步发展了理论（Johnson，1987）。1980 年代以来，照护（care）成为西方社会政策的主题。在福利多元主义原则下，学者依据照护劳动的承担情况，发展了基于福利四角的看护四边形理论或看护钻石（care diamond）理论。看护四边形理论从看护劳动角度为福利制度研究提供了新视角，对以往福利体制划分的去商品化、去家庭化视角是一种补充。实证研究中，可以将看护劳动时间投入和费用投入作为衡量四角比例的依据（周维宏，2016）。

2．儿童福利服务的供给主体构成

（1）国外儿童福利服务供给主体

家庭是儿童福利服务的重要责任主体。国外最重要的儿童保护服务普遍建立在安全（safety）、永久性（permanency）、福祉（well-being）三个基本原则之上（Dettlaff and Lincroft，2010），其中的永久性指为儿童提供永久家庭的重要性，家庭参与在儿童福利服务中的重要性被普遍证明（Wells et al.，2015）。国外学者还基于性别视角，越来越重视父亲角色在儿童福利服务中的参与（Coady et al.，2013；Howard，2014；McLanahan and Carlson，2002）。由于儿童福利服务有可能将儿童带离家庭，这也造成了儿童福利服务使用者与儿童福利服务系统之间的紧张关系（Lundahl et al.，2020），如何更好地促进家庭参与儿童福利服务的供给成为儿童福利服务人员的重要工作。家庭作为儿童福利服务的重要主体，应该充分重视其作用。

西方国家普遍通过明确的法定授权，赋予公共部门干预儿童福利服务的职权，从而使其成为儿童福利服务的供给主体。美国1980年通过了第一个明确的儿童福利法案——《收养救助与儿童福利法案》（*Adoption Assistance and Child Welfare Act*）；英国于1989年通过《儿童法案》（*The Children Act*）；挪威1981年通过《儿童法案》（*Children Act*），1992年通过《儿童福利法案》（*Child Welfare Act*）。通过法定授权的形式，以儿童保护为主要内容的儿童福利服务成为政府部门的法定职责，在美国，这一职责主要归于州和县一级政府；在英国，这一职责归于地方政府；在挪威，这一职责主要归于430个市。

在具体的儿童福利服务递送过程中，社工、警察、律师、法官、社区、学校是重要的政府部门代表。有研究表明，美国得克萨斯州儿童福利工作人员中，社会工作背景的专业人员比例高达30%左右，且与非社工背景的工作人员相比，社会工作人员在服务递送方面的效果更好（Scannapieco et al.，2012）。在英国，社会工作这一职业根据服务人群被分为两个体系，成人社会工作由卫生部负责管理，儿童社会工作由教育部负责管理，其中注册社会工作者中超过1/3都从事与儿童及家庭相关的服务（亓迪，2018）。除了社会工作者之外，警察、律师等司法工作人员都是重要的儿童福利服务供给主体（Mathis，2007；Pott，2017；Garrett，2004；Dettlaff and Rycraft，2010），学校和社区作为供给主体，则使儿童福利服务更容易被家庭获得，效果较好（Cameron and Freymond，2015；Pinkerton and Muhangi，2009；Jack and Gill，2010）。

在新公共管理运动影响下，私有部门也大量参与儿童福利服务，成为重要的供给主体。据国外学者统计，在美国，1997～2008 年 29 个州累计发起了 47 个寄养服务私有化项目；47 个州中至少 11 个实施了私有化的案例管理服务；6 个州把大量服务转移至私有部门（Collins-Camargo et al.，2011）。但是到 2012 年，案例管理服务仍然以州政府部门供给为主，仅有 6 个州通过私有部门供给，14 个州部分实施私有化的儿童福利服务案例管理（Coles，2015）。通过私有化提供儿童福利服务的有效性被相关研究和实践证明是无效的，因为私有化的前提是通过市场竞争削减成本，提高效率，但儿童福利服务领域的供给主体是缺乏的，并不存在竞争，因此私有化服务可能是无效的，甚至会增加服务成本（Huggins-Hoyt et al.，2019；Hubel et al.，2013）。

（2）我国儿童福利服务供给主体

如果以莱特纳的理论框架为分析工具，国内有学者认为我国儿童照顾的供给模式类似隐性家庭主义（刘中一，2018）。其实不仅在儿童照顾领域，即使在广义的儿童福利领域，我国儿童福利服务中，家庭不仅是服务对象，更是福利责任主体。此外，政府、儿童福利机构、市场部门、社会组织也积极参与儿童福利服务的供给。

我国传统的儿童福利服务的服务对象以孤残儿童为主，儿童福利院是重要的服务供给主体。目前儿童福利机构发生了重大变迁：资金来源、服务力量从封闭到开放；服务对象由原来机构收养的孤儿、残疾儿童和弃婴等，逐渐扩展到社会散居的儿童、社区的困境儿童及其家庭；服务内容不再局限于满足儿童生存需要，而是增加了康复、治疗、教育、职业技能培训等多方面的内容；养护方式由原来的单一的院舍集中养护向领养、家庭寄养、类家庭或家庭式养护等转变（刘兰华、伏燕，2017）。有学者认为儿童福利机构需要进一步改革，福利机构还需要更深层次改进，比如增加康复教育场所、增加对儿童生理心理发展性的评估报告、增加专业人员的照看、完善对寄养家庭回访的评估标准和孤儿管理的基本材料等（万国威、马杨卿，2019）。

困境儿童服务方面，有学者认为困境儿童保障服务的主体是政府、社区、社会组织等多元主体，社会工作者是专业服务的递送者（乔东平，2015）；留守儿童服务方面，有学者认为我国"已经建立起一个包括政府和社会力量在内的留守儿童社会工作服务多元化主体"，其中专业社会工作者的作用不可代替（吴帆，2016）；流浪儿童救助保护方面，"救助保护机构数量有所提升，服务进一步规范化，流浪儿童保护实践不断创新。但是，也存在以下问题：片段化的遣返式救助，缺乏前后延伸性；均一化的流程性救助，缺乏对流浪儿童个性化同理关怀；对流浪儿童的污名化认识，影响了救助方式手法；流浪儿童救助保护部门责任分散，救助方法机械化，未能有效维护流浪儿童权利；社会力量参与不足等"（赵川芳，2017）。

而在更为广义的儿童福利服务领域，如学前教育和婴幼儿照顾，学者对供给主体的选择讨论较为热烈，存在争论。有学者认为学前教育的供给主体主要有政府、市场与第三部门，政府是主体，市场发挥竞争、反垄断优势，第三部门是补充（张晋、刘云艳，2019）。但是有学者担心"市场化可能会侵害学前教育的质量、可负担性和公平，集团化更加剧了市场主体'道德风险'的可能"（刘颖，2019）。对于早期教育服务提供，有研究认为不应刻意过多在意公办还是民办，应更多依赖社区、单位、非营利组织来提供服务，对于市场化的机构，应加强监管（胡敏洁，2019）。还有学者从讨论政府职责的角度出发，认为应该让地方政府作为托育服务体系的指导者和责任者，实现由传统的"业务部门主管"到"地方基层政府主导"的转型，目前教育部门主管的服务体系存在着混淆教育和保育的概念，难以承担3岁以下的幼儿保育工作且调动社会资源的权限和能力有限等问题（刘中一，2019）。

3. 儿童福利服务的供给内容

（1）西方儿童福利服务供给内容

作为西方儿童福利服务中最核心的儿童保护服务，主要有四种具体的服务内容，即危机回应（emergency response）、家庭维系（family maintenance）、家庭重聚（family reunification）、长期安置（permanency planning and adoption），其中前两项是家庭内服务，后两项是针对已被安置在家庭外的儿童和家庭提供的服务（Brookes and Webster，1999）。危机回应是指对疑似儿童虐待的案例进行入户调查，评估儿童和家庭的风险；家庭维系是指进行调查后，对风险可控的案例，为家庭提供家庭支持的培训，避免儿童被带离家庭；家庭团聚是指经调查和风险评估后，儿童被带离家庭，为相应的家长提供服务，提高其育儿技巧，降低风险，帮助儿童回归家庭；长期安置是指对高风险下的儿童进行家庭寄养或其他方式的家外安置。

与儿童保护服务紧密相关的还有对儿童和照料者提供的精神健康服务（Pérez Jolles et al.，2017；Oppenheim et al.，2012），对儿童提供的医疗救助服务（Raghavan et al.，2006）。从国外研究文献来看，处于儿童福利服务系统中的儿童和照料者精神健康问题非常普遍。有研究表明美国儿童虐待的受害者中，几乎一半都是 5 岁以下（U. S. Department of Health & Human Services，2016），在这些年幼儿童中，有精神健康服务需求的在 10% ~ 35%（Horwitz et al.，2012），接受寄养服务的儿童中，存在精神健康问题的更是高达80%（Schneiderman et al.，2010）。儿童的照料者通常也具有较高的精神健康需求，有研究发现一半以上照料者具有抑郁等精神问题的特征（Marcenko et al.，2011）。因此，精神健康服务是重要的服务内容。

除了狭义的以儿童保护为中心的儿童福利外，欧美国家还设计了许多覆盖面广、影响较大的广义儿童福利服务项目，比较典型的如美国的开端计划（Head Start）。开端计划服务于低收入家庭中 0 ~ 5 岁的儿童，为其提供有助于其入学准备的早期学习、健康发展、家庭福祉的服务项目，自 1965 年以来已经累计服务 3600 万名儿童，官网数据显示，2018 年度，开端计划服务100 万人，支出 98 亿美元①。开端计划通过地方社区中的 1700 多家机构递送服务，服务模式分为基于学校的服务、基于儿童照料中心的服务、基于家

① 数据来源：Administration for Children & Family，"History of head start"，https：//www. acf. hhs. gov/ohs/about/history – of – head – start。

庭（上门服务）的服务等多种类型。除了开端计划外，儿童照料办公室为低收入家庭中 0～12 岁儿童提供早期照料、课后辅导服务，2018 年平均每月服务 81 万户家庭，132 万儿童受益，2018 年支出 82 亿美元；儿童支持赋能办公室不直接向家庭提供服务，通过支持儿童支持类机构间接递送相关服务，2018 年各机构花费 286 亿美元，服务 1470 万儿童[1]。

（2）我国儿童福利服务供给内容

儿童福利服务方面，我国的儿童保护服务还比较薄弱。姚建龙等认为尽管国内在保护儿童方面建立了分别由群团组织、政府、检察院牵头的三种综合性反应平台性质的模式，但依旧"存在着发现难、报告难、干预难、联动难、监督难、追责难等共同性难题"（姚建龙、滕洪昌，2017）。虽然我国把公安机关定为负责虐童案的受理单位，但并未有专门部门掌握儿童保护知识和技巧，关于如何建立关系、如何评估、如何干预、如何结案，统统尚未形成明确体系（林典，2019）。

我国的儿童福利服务受政策影响，以困境儿童、留守儿童为主要对象。我国已为困境儿童中的孤残儿童设计了相关特殊教育模式，目前融合教育、随班就读、送教上门、医教结合等服务形式正在积极探索（傅王倩、肖非，2013；邓猛、苏慧，2012；邓猛、朱志勇，2007；肖非，2005）。有学者研究了困境儿童保护的相关政策后发现，我国困境儿童保护服务中，"家庭"严重缺位，没有被政策充分重视，同时政策偏重物质保护而轻视社会服务、轻视家庭能力建设（徐丽敏等，2019）。留守儿童服务方面，已经形成了个案社会工作、家庭社会工作、小组社会工作、学校社会工作、社区社会工作、社会政策倡导等复合型的干预方法，探索出系统化的服务模式、亲情热线、代理妈妈等多样化的服务，但服务缺乏科学依据、服务评估环节缺失、专业社会工作服务人员供给不足等问题比较突出（吴帆，2016）。

在广义儿童福利领域，学前教育、托幼服务、课后托管等服务的供给严重不足。学前教育方面，学者研究发现，学前教育要素投入结构不合理、民

---

[1] 数据来源：Administration for Children & Family，https：//www.acf.hhs.gov。

办园与公办园结构失调、管理体制不协调、群众需求与学前教育资源供给失衡、城乡和区域之间学前教育发展不均衡五大结构性矛盾突出（王培峰，2011）；托幼服务方面，研究表明超七成的家庭需要托育服务，尤其是 2~3 岁的孩子家庭，家庭对托管机构的期望不只是在照护方面，更多的是在教育层面，然而当前托育服务供需矛盾重重，比如需求多样化而供给单一化的矛盾，对优质服务的需求和供给质量不高的矛盾（洪秀敏等，2019）；课后托管服务方面，调查显示，目前尚有一半的省份未开展小学生课后服务，经济发达地区开展相对较好，而发展落后地区其实更需要课后服务（刘宇佳，2020）。

（四）儿童福利服务递送模式研究

1. 国外以儿童保护为核心的儿童福利服务递送

（1）儿童保护服务递送的基本流程

有研究者将儿童福利服务分为个案管理（case management）、临床服务（clinical services）、具体服务（concrete services）三类（Ryan and Schuerman，2004）。个案管理涉及疑似儿童虐待案例的调查、跟进、转介等；临床服务主要解决家庭的情感、关系方面的需要问题，提升教养能力；具体服务则主要是物质上的服务，如衣食住行等方面（Fuller and Nieto，2014）。

在儿童福利系统中，当儿童福利机构接收到相关报告后，就会启动调查，评估家庭风险，确定是否要继续跟进。在美国，经过调查阶段，进入跟进服务的比例约为 35%（U. S. Department of Health & Human Services，2017），其他未被证实的案例则会终止服务。跟进阶段，案例管理者（caseworker）会根据儿童家庭情况和虐待严重程度决定是否需要将儿童带离家庭，除了特定的儿童保护服务外，儿童福利服务系统还会根据儿童和家庭的特定需求将儿童和家庭转介给其他服务系统（具体流程见图 7-2）。

此外，国外儿童福利服务划分比较精细，且儿童福利服务系统与其他公共服务系统（public service 或 social service）如精神健康服务、教育、社会救助系统是独立的，所以儿童福利服务系统中的案例管理者会有转介这

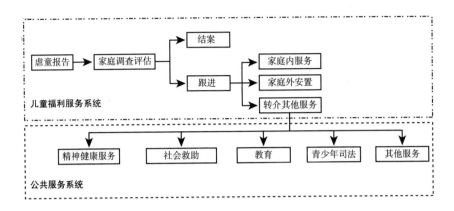

图7-2 欧美国家儿童福利服务递送系统

资料来源：作者绘制。

一职责。国外大量研究证明，儿童服务系统的碎片化影响了服务递送的效果，加强不同系统之间的密切联系被广泛提及（Howell et al.，2004；Jonson-Reid，2011）。

（2）儿童福利服务递送的基本模式

以儿童保护为中心的儿童福利服务递送有两种策略：一种是把服务直接递送给儿童和家庭，另外一种是将儿童暂时或长期从不安全的环境中带离出来（Berliner et al.，2015）。

在第一种服务策略下，通常通过家长培训（parent-training）、家访（home visiting）、家庭资源中心（family resource center）、家庭集体决策（family group decision making）等服务项目实现（Brookes and Webster，1999；Barth et al.，2005）。家长培训项目旨在提升父母照料技能，并被视为父母儿童福利服务参与度和改善现状的意愿的一个指标，从而作为儿童福利机构和司法部门做出相关决定的依据；家访项目的基本理念是，在家庭内提供服务比传统服务递送模式效果更好；家庭资源中心则是一种社区为本的服务递送模式，强调社区居民参与，通常可以和学校紧密联系提供学前教育和课后课程辅导服务；家庭集体决策则是通过吸纳直系家庭和扩展家庭以及社区成员参与集体会议，对家庭赋能，鼓励家庭主动做出相关有利于儿童安全的决定。

第二种策略下，通常是为高风险家庭的儿童提供家庭寄养服务，相较于第一种服务递送模式下的服务，寄养服务通常是儿童福利服务投入最大的一部分。寄养服务一般有寄养家庭照顾、亲属照顾、寄养家庭机构照顾（foster family agency）和集体家庭（group home）照顾四种模式。寄养家庭照顾中，寄养家庭需要取得相关牌照许可，寄养的儿童不能超过6名；亲属照顾不需要取得相关牌照；寄养家庭机构照顾需要取得法定资质；集体家庭照顾要求机构具备提供24小时服务和监管的能力，一般服务于具有严重情感和行为问题的儿童；此外，儿童和家庭整体安置于寄养家庭中接受服务和指导的新模式也已经出现（Brookes and Webster，1999）。

（3）儿童福利服务递送的效果及影响因素

西方国家中，虽然儿童福利机构每年接收大量疑似虐儿的报告，但最终能够接受相关服务的群体相对有限，以美国为例，经过调查阶段，进入跟进服务的比例仅约为35%（U. S. Department of Health & Human Services，2017）。精神健康需要是儿童福利系统中最常见的需要，但是相关研究表明仅有2%~13%的儿童接受了相关服务（Horwitz et al.，2012），儿童照料者通常也具有较高的精神健康需求，而能接受相关服务的照料者仅占23%~33%左右（Burns et al.，2010）。

学者使用定量研究的方法对影响儿童福利服务递送的因素分析后发现：儿童福利机构与精神健康服务机构的密切联系可以增加精神健康服务递送的可及性（Fong et al.，2018；Bai et al.，2009），而年龄较大者、遭受性虐待者、家外安置（相较家庭内服务）者等接受精神健康服务的概率相对较高（Fong et al.，2018）。还有研究者基于案例管理者的焦点小组发现，受制于知识结构，年幼儿童精神健康方面的问题难以识别以及案例管理者工作权限不清晰会影响儿童精神健康服务的转介（Hoffman et al.，2016）。

除上述因素外，服务递送与需求不匹配也是影响服务递送可及性的原因。有研究发现，服务使用者接受的服务与自身的需求匹配度并不高，瞄准误差高达43.2%~89.1%（Choi and Ryan，2007），这是因为儿童福利服务的递送有可能是从服务提供者视角判断服务需求的。因此，除了定量研究的方法外，从服务使用者视角审视影响服务递送的因素也是常见的研究方法。有研究者使用深度访谈的方法从照料者自身的视角了解他们接受精神健康服务的体验，研究表明，服务使用者并不情愿接受相关服务的递送，他们更多将接受此类服务视为避免自己孩子监护权被剥夺的必要策略（Pérez Jolles et al.，2017）。还有学者对儿童福利服务在降低虐童风险方面的效果进行了检验研究发现，即使控制选择偏倚进行匹配比较，接受儿童福利服务的家庭再次出现儿童虐待的可能性也比没有接受儿童福利服务的家庭更高，这意味着儿童福利服务递送的有效性不足。儿童福利系统服务的家庭通常都极端贫困，如果不解决这些问题，儿童福利服务的递送不一定有效（Fuller and Nieto，2014）。这项研究还意味着，提高儿童福利服务递送的有效性需要注意儿童福利服务系统与其他公共服务系统的整合性，这在研究人员在关于加强儿童福利服务与住房服务系统（Fowler and Chavira，2014）、社会救助服务系统（TANF）（Billings et al.，2003）、精神健康服务系统（Fong et al.，2018）的整合联系的实证结论中得到了检验。

2.我国儿童福利服务递送模式

相较国外儿童保护关注儿童虐待问题，我国的儿童保护关注孤残儿童、流浪儿童、困境儿童和留守儿童。近年来，"社区为本"的儿童保护服务模式受到越来越多学者的重视（贺连辉、陈涛，2018；郁菁、黄晓燕，2016；雷杰、邓云，2016）。

孤残儿童救助服务递送模式中，非院舍化已经成为重要的服务理念，家庭寄养、社区寄养、类家庭养育成为重要的服务递送模式（尚晓援等，2003；刘兰华、伏燕，2017）。此外，尚晓援、刘浪（2006）对散居在农村的孤儿救助模式进行研究后发现，农村父系扩展家庭是孤儿救助保护的一种重要模式。

对于留守儿童福利服务递送模式，有学者研究了民政主导的留守儿童关爱服务体系后发现，其"由决策层的部际联席会议、管理层的未成年人

（留守儿童）保护处和执行层的儿童福利督导站所构成"，具体的服务递送中，政府通过部分购买或整体购买的方式提供服务，部分购买的形式主要是进行公益平台搭建，整体购买则是将留守儿童某一方面的业务整体委托给社会组织（邓纯考，2019）。

在困境儿童保护服务递送模式上，黄君、彭华民（2018）总结了项目制和嵌入制两种模式。项目制模式以政府购买服务的方式运行，专业化水平高，能够更好地撬动资源，但项目委托方和承包方存在多重博弈，项目效果存在不确定性；嵌入制模式依托原有行政体系，进行内部生产，开展服务，成本低，可持续性高，但是专业水平和服务质量偏低。

在广义儿童福利服务领域，有学者总结出我国学前教育供给模式经过以单位福利为主的供给模式、以市场主导的多元供给模式、以政府主导的多元供给模式这三种模式的演变（蔡迎旗等，2019）。新兴的政府购买学前教育服务模式包括两种：一种直接购买作用于供给方，如购买幼儿园学位；另一种间接购买作用于需求方，即为家长提供教育券，相对而言间接购买的效果更好（刘颖、冯晓霞，2014）。对于托幼服务，学者认为存在政府主导模式、市场主导模式和企事业主导模式，认为要构建"政府主导、市场主体、社会参与、家庭补充"的多元供给体系（杨雪燕等，2019）。而对中国家长需求强烈的课后托管服务，有学者总结了目前存在的分别由学校、学校家委会、青少年校外教育场所和社区主导的四种课后服务基本方式。

（五）儿童福利服务的保障机制研究

西方儿童福利服务发展过程中建立起来一套值得借鉴的服务保障机制，如高级别会议制度、部门协调机制、研究保障机制、标准化服务流程。美国的白宫儿童会议制度具有典型意义，从1909年开始美国总统每10年组织召开一次白宫儿童会议，这种高级别会议制度直接促成了美国一系列儿童福利发展的重大进步，1980年代后改由州长主持（Fredericksen et al.，2013）。英国与儿童福利相关的诸多政策法案中明确了儿童福利服务体系中不同服务部门之间的合作机制，不同部门之间使用共同的儿童及家庭需要综合评估框架、建立一套整合的儿童信息系统使得不同部门的相关数据在同一个系统内共享流动（Léveillé and Chamberland，2010）。国外政府部门非常重视儿童福利服务的研究保障机制，在美国儿童局每年投入1.1亿美元支持儿童保护相关的研究（Brodowski et al.，2003），此外每年还组织多个全国层面有关儿童福利服务的大型调查，如美国儿童青年家庭局每年组织的全国儿童和青少年福祉调查（National Survey of Child and Adolescent Well-Being），对进入儿童福利服务系统的儿童进行追踪，建立起服务群体的数据库并被大量引用，产生了许多实证研究成果（Bunger et al.，2012）。在加拿大，也有类似的全国数据调查——加拿大儿童虐待和忽视发生率调查（Trocmé et al.，2016）。这类全国层面的大型调查可以建立儿童福利服务的基础数据库，对儿童福利服务递送非常重要。国外儿童福利服务的标准化案例管理流程对儿童福利服务递送也有积极意义，在美国，《收养救助与儿童福利法案》明确要求在服务开始前，制定服务计划，在英国、瑞典、丹麦，都有标准化的评估工具对儿童和家庭的风险和需要进行评估（Smith，2008；Heggdalsvik et al.，2018）。

小结

西方儿童福利服务研究成果丰富。首先从研究内容上看，虽然西方儿童福利服务实践主要关注防治儿童虐待问题的儿童保护服务，但是越来越多的研究已经开始关注支持家庭养育儿童的家庭服务，以及儿童福利服务系统与其他服务系统整合、密切联系从而提高服务递送效果。其次在研究框架上，国外相关研究已经形成了高度归纳的儿童福利服务需要评估框架、儿童福利供给分析框架。相对而言，我国这方面的研究则呈现碎片化，未提炼出有一般意义的理论模型，且多数研究并没有"儿童福利"的视角。最后从研究方法上看，国外研究呈现明显的实证研究取向，探索影响服务递送的不同层面的影响因素、服务递送效果，实证研究成果较多。这主要是由于在儿童福利实践中，欧美国家从政府层面组织了全国层面的大型调查，建立了相关数据库，数据库的建立促进了儿童福利服务实证研究，也为儿童福利循证服务方案的设计和实施提供了证据，这对我国儿童福利服务的发展是重要启示。

从儿童福利服务实务看，国外儿童福利服务方案的设计有明确的理念和理论作为支撑，以儿童为中心、家庭为中心、社区为中心的服务递送理念在不同阶段、不同项目中被明确设定，基于此理念进行服务方案设计；国外普遍制定儿童福利法，明确儿童福利服务的供给主体以公共部门为主，社会工作者在服务递送中扮演关键角色。我国儿童福利服务还在探索阶段，多元主体提供服务的局面已经形成，但是国外以政府购买服务促进儿童福利服务供给私有化的实践经过证明，并未削减成本，提高服务效率，这是因为儿童福利服务的供给方市场并不存在充分竞争的前提条件，这值得我国引起重视，注重服务效果的评估。从儿童福利服务递送的保障机制来看，国外高级别的会议制度、部门协调机制、信息共享平台、保障机制、标准化服务流程对服务递送有重要作用，这对我国儿童福利服务体系建设有启发意义。

三 研究框架与研究方法

（一）研究思路与研究框架

图7-3呈现了本章的研究思路和框架。首先，基于儿童、家庭的需求调研和需要理论，识别和总结儿童及其家庭对福利服务的多种需求，特别是尚未满足的基本福利服务需求，探讨不同阶段、不同类型儿童的福利需要类型。

其次，运用混合福利理论的框架，分析儿童福利服务供给现状，确定不同儿童福利供给者的责任范围，特别是国家在提供普惠制儿童福利服务中的责任，以及政府购买社会组织的儿童福利服务的情况和问题，评估现有儿童福利服务满足儿童及家庭需求的程度、供需矛盾、存在的问题与挑战等。

最后，以"部分普惠"原则下的"普惠性服务"为核心理念，在明确我国儿童福利需要和服务供给状况的基础上，依据生命周期理论及发展型儿

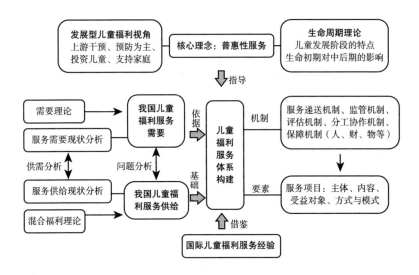

图 7－3　研究框架

童福利视角，结合国际儿童福利先进经验，探讨我国儿童福利服务体系中的
要素和机制，包括主体、内容与项目、受益对象、服务的方式与模式等项目
要素，以及基本的人财物等资源保障，并通过递送、监管、评估、分工协作
等机制建设促进各要素联结，实现服务的有效供给。基于此，设计我国普惠
制的儿童福利服务体系及实现路径。

（二）研究方法

本章采用定性研究和定量研究相结合的研究方法，呈现我国儿童福利服
务研究的进程和框架、儿童福利服务需要与服务供给现状。通过文献研究
法、问卷调查法和访谈法搜集资料，并分别使用描述性统计和主题框架分析
法分析数据和资料。本章的研究发现主要基于访谈资料分析。

1. 文献研究法

文献研究法提供了本研究的背景资料和初步信息，帮助完善理论框架、
调查问卷、访谈提纲，并为后期的资料分析提供依据。本章中，主要涉及三
类文献研究：

一是对"儿童福利服务"与"儿童福利需要"相关的国内外文献进行

系统性的回顾、梳理和分析。2019 年 12 月，通过检索儿童福利服务需求、儿童福利服务供给、儿童福利递送等关键词共获得到相关外文文献 643 篇。通过初步阅读摘要、关键词、题目等剔除重复的、与儿童福利不相关的、非英文文章、非 SCI/SSCI 文献，最后纳入分析的文章共计 438 篇。同时，2019 年 3 月在中国知网通过"专业检索"命令①，分别检索出儿童需求相关中文文献 2835 篇，儿童服务相关中文文献 10295 篇。通过阅读题目、关键词、摘要等剔除不相关的文献，最后共获得儿童需求文献 1900 篇、儿童服务文献 4800 篇。通过对英文 438 篇和中文 6700 篇文献的梳理、归纳和分析，获得本章关于儿童福利需求、儿童福利服务递送、儿童福利服务内容等部分结果。

二是梳理我国 1949 年至今的与儿童福利相关的 251 个政策文件，呈现我国儿童福利的发展脉络，明确儿童福利现金体系和服务体系的政策框架，了解政策设计、落实中的经验和阻碍，为后续探讨我国儿童福利服务体系的设计、策略等提供指导。政策分析研究成果已另文发表。②

三是分析儿童福利服务机构提供的档案文件，如服务项目报告、机构简章、年度报告、宣传页、机构文化墙资料等。在实地调研中，通过搜集机构的档案资料了解儿童福利服务机构的框架、服务体系、服务对象、服务内容、机构管理与文化制度等。这些工作为后续儿童福利服务供给主体分析、服务递送体系设计、儿童福利服务现状分析等提供依据。

---

① 设置检索命令如下：

SU =（'儿童'＋'青少年'＋'婴儿'＋'幼儿'＋'婴幼儿'＋'少年'＋'孤儿'＋'弃婴'＋'服刑人员子女'＋'农民工子女'＋'未成年人'＋'中小学生'＋'中学生'＋'小学生'）and SU =（'福利'＋'救助'＋'保护'＋'健康'＋'医疗'＋'保健'＋'教育'＋'卫生'＋'康复'＋'安全'＋'康复'＋'照顾'＋'照护'＋'早教'＋'矫正'）×'服务'

SU =（'儿童'＋'青少年'＋'婴儿'＋'幼儿'＋'婴幼儿'＋'少年'＋'孤儿'＋'弃婴'＋'服刑人员子女'＋'农民工子女'＋'未成年人'＋'中小学生'＋'中学生'＋'小学生'）and SU =（'福利'＋'救助'＋'保护'＋'健康'＋'医疗'＋'保健'＋'教育'＋'卫生'＋'康复'＋'安全'＋'照顾'＋'照护'＋'早教'＋'矫正'）×'需求'

② 对新中国成立 70 年儿童福利政策发展的梳理和分析见：廉婷婷、乔东平，2021，《中国儿童福利政策发展的逻辑与趋向》，《中国公共政策评论》第 1 期，第 1-18 页。

2. 问卷调查法与描述性统计

2019 年 8 ~ 9 月，根据全国人均 GDP 水平，抽样经济和儿童福利发展的三个层次的 6 个县市，包括高发展水平的江苏省南京市和张家港市、中等发展水平的湖北省武汉市和阳新县、低发展水平的云南省昆明市和武定县。每个省份的城乡通过目的性抽样抽取不同类型的家庭进行问卷调查，共获得 90 份有效问卷，了解不同地区、不同类型儿童及家庭的人口信息、家庭结构、经济及消费水平、儿童福利享受情况、儿童福利服务的需求与供给情况等。同时，对上述县市儿童福利机构进行问卷调查，涉及未成年保护中心、儿童福利院、社会组织、儿童之家等，了解机构的运行和服务供给现状。通过描述性统计，呈现了部分地区儿童福利服务需求和服务供给状况。同时，通过儿童福利服务状态和经济发展水平的区分，进行不同地区的儿童福利服务的比较，发现儿童福利服务供给的短板，以改进儿童福利服务的供给，更好地满足儿童与家庭需要。

3. 访谈法与主题框架分析法

在上述县市以及具有独特社会服务模式的广东省广州市这 7 个县市，通过一对一的访谈收集资料，了解当地儿童福利服务的供给，满足儿童及家庭对福利服务的需求情况，以及服务的可得性、可及性、可负担性和质量等。培训儿童与家庭社会工作方向的社会工作硕士等作为访谈员和调研员，与课题组成员共同进行访谈。访谈对象主要有四类：一是 6 个县市的儿童福利主管领导；二是 90 个家庭中的父母或主要照顾者；三是 6 个县市儿童福利院、未成年保护中心、社工机构的工作人员、社区儿童主任（或督导员）、儿童之家的工作人员等；四是广州市社区社会组织及社工机构负责人（2018 年 7 月调研）。儿童福利主管单位及服务机构访谈名单详见附表 7 – 1。

主题框架分析法（thematic framework analysis）是指采用表格的形式对访谈资料进行主题逐步提炼、归类和分析的资料分析方法（汪涛等，2006）。首先，结合研究方案选取各调研地区的部分访谈资料进行分析，结合研究问题和研究内容确定分析的主题框架，将主题进一步分类汇总形成分主题。其次，确立主题后阅读全部访谈资料并做标记，在标记的同时不断对主题进行完善。最后，将标记的材料按照分析主题、地区归类、分析，获取关于儿童福利需求、服务供给的组织与设置、服务资金来源、服务供给方式、对象资格、存在的问题和困难等的结论，为解决方案、发展战略和服务路径探讨提供依据。

四 中国儿童福利服务的现状、经验和问题

（一）调研地区儿童福利服务需求现状

儿童的健康成长有赖于家庭和环境的共同保障，因此，保护儿童利益及权利不仅要提供面向儿童的福利服务，还需要关注照顾者、家庭、社区层面的服务资源。基于此，研究将儿童及家庭需要综合评估框架（the Framework for the Assessment for Children in Need and their Families，FACNF）和马斯洛需要层次理论整合。研究基于 90 个家庭的访谈和问卷，结合上述框架和理论，将儿童发展需要划分为基础性需要、成长性需要和发展性需要三部分。对应儿童发展需要，从照顾者能力和家庭环境因素角度分析儿童福利服务的其他需求，详见图 7 – 4。

大人基本上只是睡觉的时候可以陪孩子，那孩子在这个地方，就是他也要照顾自己，然后他跟周围的环境又不熟悉，那个状态就好像一个孤岛被孤立的那种感觉。（30102 – YB 副主任）

因为我们关注的是儿童，会在社会发展的层面上去融入儿童参与的元素，推动孩子共同来参与社区的议事，包括给社区的一些事务做调研提意见。……他（儿童）都有权利，可以为社区的发展提供他的建议跟想法。（20111 – LZ 社工）

更多的是心理上的，亲情缺乏，或者是家庭关系不和谐的这种，它不是一个很健康的生长环境。我觉得这个也算是困境儿童吧，应该提供服务。（40105 – P 主任）

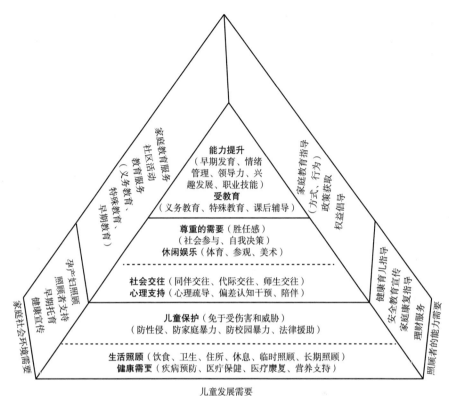

图 7-4 儿童福利服务需要

注：基于理论框架和调研资料，作者制图。

我们家就租了一间房子，也没地方写字也没地方学习，一间房子也不大，就放一张床，书都没地方放，你们说我们房子该有多小。基本上老三在家都是在床上玩，因为走个人都很费劲。(221-19 钱妈妈)

儿童发展需要中的多元化需求。健康和安全的需求属于儿童发展的基础性需要，有赖于外部环境的保障实现，服务层面具体为对生活照顾、陪伴、生理健康和儿童保护等服务的需求。情感支持和尊重属于成长性需要，强调儿童主体和外部环境的交互作用，对应的服务需求包括心理疏导、休闲娱乐活动和参与社会事务等，关注心理层面的服务是儿童、家长、机构的共同愿望。儿童小羊表示"不开心的时候很希望能够找人说话"，很多家长表示"担心孩子的心理状况""心理健康也很重要"，AH科长感慨"农村困境儿童物质层面的保障好，缺口是精神层面的服务"。休闲娱乐活动缺乏，玩耍的时间和空间被剥夺是许多儿童和家长共同的遗憾，多位受访的妈妈都提到了家里缺少玩具、空间小、小孩只能在床上学习和玩耍、多数时间都是躺着。小宁也表示"现在都没时间玩，有时候也不知道能够去哪里玩"。随着儿童自我意识的发展和社会认知的提高，社会参与和自我决策成为儿童和部分社会组织的共同期待，儿童"希望能够有机会让大人多听听我们的想法"，社工机构也希望能够"推动孩子共同来参与社区的议事"。自我实现是高层次需要，属于发展性需要，需要外部环境的强力保障和儿童的主体能动性共同作用，多数受访家庭都很关注包括学习能力提升在内的儿童能力提升，但是受限于现有环境和资源，无法获得相关的服务。

> 刚刚在这里待了一会儿又回去玩手机了，想让他多和其他的小朋友相处，不要老是待在家里面。(221－02 全奶奶)
>
> 我觉得还是科学养育孩子好，但是像我们这些做奶奶的，给他吃饱穿暖不生病就好了。你要说跟他讲讲那些科学了，我们也接受不了，我们也不会。对我这种年龄的人来讲，我就觉得小孩健健康康的最关键。(210－10 孟奶奶)
>
> 这个我觉得还是得言语上教育比较好一点。像我家儿子，有一次我老公打他，然后吓得都躲床底下，然后晚上睡觉的时候半夜就睡醒了。我觉得他心里有压力，心里很受伤。(210－08 董妈妈)
>
> 二年级时候好像有点精神病，一去就是几趟，什么都做过，现在就不打他，那时候教育他就是打骂。(210－11 王妈妈)

基于儿童发展需要的照顾者及环境需要。对应儿童发展需要，进一步将实地调研中的照顾者服务需求和家庭环境服务需求进行梳理。多数受访家庭都意识到了健康养育和保护儿童安全的重要性，例如柯妈妈说，"科学养育孩子的知识、怎么处理孩子的问题还是得学习"，但是知道重要和清楚怎么去做是两个问题。对此，许多照顾者都希望得到直接的指导，例如对应儿童发展的基础性需要的健康照顾指导、心理支持指导、安全教育指导，还有一些特殊家庭的照顾者则希望能够获得有关于家庭康复、照料的指导，从多个角度进行儿童康复工作。例如，张妈妈说："有时候去医院不方便，要是自己会，在家也帮他做做，说不定好（康复）得快"。家庭和环境层面，受访者则希望能够获得类似孕产妇指导服务、特殊家庭照顾者支持服务（喘息服务）、早期托育服务和健康宣传服务。对应儿童的成长性需要和发展性需要的服务需求有家庭教育、政策指导和权益倡导，其中照顾者的家庭教育指导服务显得尤为迫切。调研了解到多数家长缺乏儿童保护意识和合适的教育方式，打骂式教育普遍，家长虽不希望采用这样的方式，但又不知该如何是好。例如，受访的王妈妈表示"只能动手打，就是叫他洗澡，喊他一遍两遍的，他说来了来了，也不来，我就去看他在干吗，一看他在瞟着眼睛玩手机，我就来火了，就开始揍"。董妈妈表示自己的丈夫很不会教育孩子，周妈妈对如何教育孩子也很苦恼，她说"当然知道（打孩子）不好。打完孩子以后，自己也很难受，觉得情绪管理对于大人来说也很重要"。多数受访儿童由祖父母照顾，祖父母普遍存在教养理念落后、儿童需求认识不足的问题，对儿童的关注多局限于健康和教育方面；家庭和环境层面的服务需求包括家庭教育服务、社区活动，同时包含早期教育在内的面向所有儿童的教育服务和针对特殊儿童的教育服务。

　　吃，住，求学机会都有的，是属于兜底工程，基本上都有保证。……其实我们处于这种困境，可能更多的是心理上的，就是亲情缺乏，或者是家庭关系不和谐的这种，它不是一个很健康的生长环境。（40105－P主任）

　　（预防）性侵、家庭暴力、校园暴力这些（服务）没有，应该是要讲（提供）的。（111－10许姥姥）

整体而言，随着我国医疗卫生体系和儿童照顾体系的日益完善，儿童的生活照顾、健康照顾及儿童保护等基础性需要相关的服务提供普遍。情感支持、能力提升、获得早期教育、参与社会事务等成长性需要和发展性需要迫切。能力提升方面，儿童和家庭对于学习能力、语言能力、同伴交往和情绪管理方面的服务需求普遍；情感支持方面，儿童及其家庭服务需求包括获得有关于亲子沟通、同伴交往和师生交往的指导服务；社会参与方面，具体为儿童希望能够获得参与公共事务的机会，让大人多倾听儿童的想法。

儿童群体内服务需求存在差异。基于调研实际，本章尝试从分类和分阶段的视角梳理儿童服务需求，详见表7-1。普通儿童群体中，学龄前的医疗保健、营养支持、家庭支持、托育、早期教育以及安全保护等服务需求突出。许多像董妈妈一样的家庭主妇非常希望能够获得托幼、托育等替代性照顾服务和早期教育服务，其中早期教育服务需求突出，董妈妈说，"我心里面觉得如果有一个好的容纳（孩子）的幼儿园，我也可以去适当地做一些工作补贴家用"，"他如果不上幼儿园，我就怕耽误了（他）……我觉得很亏欠"，这里的"好的容纳（孩子）的幼儿园"指可接受外地儿童、价格可承受和服务有保障的幼儿园。学龄期儿童的服务需求集中于关爱、教育、能力提升、社会参与、身心健康、安全保护层面。对于特殊儿童群体，除了和所有儿童一样的规范性需要之外，其健康照顾、法律支持、政策咨询和个别化干预服务需求更迫切。此外，值得注意的是社会参与和维权服务作为新的服务需求开始逐渐得到儿童、家庭和服务组织的关注。

表7-1　基于实地调研整理的儿童分类别、分阶段服务需求情况

分类别/分阶段		服务需求
普通儿童	学龄前（0~5岁）	医疗保健（疫苗、儿童医疗服务、体检等）；营养支持；家庭支持（家庭教育指导服务、孕期指导与检查、政策宣传）；安全保护（安全教育、防性侵、防虐待）；托育；托幼；早期教育；休闲娱乐
	学龄期（6~18岁）	营养支持；安全保护；教育（义务教育）；课后辅导与照顾；能力提升（学习、同伴交往、情绪管理、领导力、成长指导）；生理健康；心理健康；社会参与；职业技能；休闲娱乐

分类别/分阶段		服务需求
特殊儿童	贫困儿童	经济支持；政策咨询；家庭支持
	残疾儿童	生活照顾；健康照顾；情感支持；政策咨询；家庭支持专业康复/治疗；社会参与；职业指导
	孤儿、事实孤儿（监护缺失）	生活照顾；健康照顾；情感支持；经济支持；教育支持；社会参与；职业指导；陪伴服务
	大病儿童	健康照顾；专业康复/治疗；经济支持
	涉罪未成年人	政策支持；法律支持；社会参与
	流浪儿童	生活照顾；安全保护
	流动儿童	生活照顾；教育支持；社会参与；安全保护
	留守儿童	生活照顾；情感支持；安全保护；关爱

照顾者和家庭的服务需求获得普遍关注。随着家庭对儿童养育认识的发展和对儿童成长需要认识的加深，与儿童基础性需要对应的孕产妇照顾、健康育儿指导、照顾者支持服务得到了家庭和机构的普遍重视，受访社工YJ指出"他们（家庭、照顾者）其实很缺乏这种科学育儿的（指导）"；多数家长希望能够提供有关亲子沟通、家庭教育指导的服务，协助家庭应对儿童成长阶段面临的代际矛盾和社会交往问题。随着家庭和社会对于儿童心理健康和安全保护的认识深入，儿童心理疏导、偏差行为干预，以及预防儿童性侵、校园暴力等服务被广泛关注，家长表示希望此类服务也能面向家庭提供，从家庭的角度为儿童的健康成长再添一层保护。

家还是最好的归属，父母是孩子的第一位老师嘛，但是对我们政府来说，首先是把他的生活兜底要兜到，毕竟孤儿的话他没有父母……甚至其他的亲朋好友都不愿意去履行这个职责的话，我们政府肯定要做到生活教育方面的兜底。（40101MZ - E工作人员）

我觉得一个是身体健康第一嘛，再一个是教育方面，无论是家庭教育，还是孩子在学校的教育。（321 - 13柯奶奶）

说实话，基本上可以说想不到，但是你说的支持各方面的这些话，当然

是怎么说呢，对我们来说，现在能不提都不提。（120 - 30 郭妈妈）

相关主体对于儿童服务需求认识不一致。政府部门和官办儿童服务机构持福利多元主义观点，关注多主体的参与和分工协作，认为"家还是最好的归属"，"政府是兜底的"。一方面，政府和官办儿童福利机构通过政策制定、部门设置和资金供给保障儿童服务的开展；另一方面，政府是保障困境儿童、孤儿等特殊儿童的最后一道防线，保障他们的生存与发展。家庭对儿童服务需求态度矛盾，且存在地区差异。"自卑，不敢提要求"，董妈妈坦言，"因为我根本就没有多余的经济去付出给人家，让人家来给我看孩子"。陆姥姥说："提出什么要求不可能，张不开口的，这个东西吧，自己的孩子你要政府怎么弄？"可见，家长一方面希望政府能够给予家庭服务支持，另一方面又认为儿童照顾是家庭私领域的事情，不应该（而非不想）将责任转移给政府，且无力支付服务费用。家长对于获取福利服务持消极态度，儿童福利服务需求多停留在规范性层面，而对于这些需求，政府和社会已达成普遍共识，且多数服务已经被纳入或即将纳入现有儿童公共福利体系。对2019 年调研时尚未被纳入公共服务体系的，例如儿童心理支持、家庭教育等需求多停留在感知层面，家长还无法将感知性需要转化为表达性需要。受访的湖北家长似乎更关注儿童的基本生活照顾和教育，多数受访者表示身体健康和接受教育（或者提升学习成绩）是他们发展的首要问题，提供相应的服务迫在眉睫。但是，这并不代表他们不需要儿童心理健康、家庭教育、能力提升等成长性服务和发展性服务，而是由于受访者多为儿童的祖辈，难以将感知性需要转化为表达性需要。社会组织对儿童服务需求呈积极态度，认为满足儿童发展需要是社会组织的责任所在，在关注儿童生存与安全的基础性需要之上，注重与儿童成长和发展相关的具体需求满足，重视需求回应方式的专业性和有效性。

福利的提供与获取是儿童福利保障的关键因素，而对儿童需求的充分认识和合理设置则是福利获得的前提，分析需求与当前服务供给的一致性，对于儿童福利服务的整体性设计至关重要。本章基于访谈资料和问卷数据，对当前提供的服务与儿童家庭服务需求的一致性进行分析。

　　家长希望你过来就是把我孩子的学习提升的，但是对于孩子来说，我的心理可能会有一些什么压力或者怎么样，需要帮助。(20110 - LY 社工)

　　村里应该没有这些吧，我也不知道有没有这些服务。(120 - 01 毕爸爸)

　　这个托育服务挺好的，但是不知道哪里有这种免费的托育。(110 - 08 王妈妈)

　　总体来说，当前提供的服务与儿童需求一致性较低，其中健康照顾、教育支持、休闲娱乐服务提供与现实需求的一致性较其他方面高，心理支持服务供给与需求一致性最低，造成服务供给与需求不匹配的原因主要包括没有相关服务、不知道有服务（见表 7 - 2），以及访谈中补充的原因：家庭和儿童对于服务的需求认识存在冲突。这些原因从侧面反映出我国当前的儿童福利服务存在供给不均衡、服务不充足和可及性低的问题。

表 7 - 2　受访儿童未能获得服务的原因

单位：人次

	能力提升	健康照顾	教育支持	家庭支持	休闲娱乐	心理支持	儿童保护	合计
没有相关服务	47	35	30	22	21	22	23	200
家长时间不合适	5	1	1	1	0	1	3	12
地点不合适	5	1	2	2	3	0	1	14
儿童时间不合适	4	1	1	0	2	2	3	13
家长陪同费用多	0	0	0	0	0	0	0	0
需个人缴费	7	1	4	1	0	0	0	13
不知道有服务	21	10	7	6	9	14	17	84
参加过效果不好	1	0	0	0	0	0	0	1
儿童不感兴趣	3	0	1	0	1	2	1	8
家长觉得没必要	1	0	0	0	0	1	1	3
服务与需求不符	4	1	1	0	2	0	2	11
其他	0	2	3	1	9	2	1	18

注：表格数据来源于 90 个家庭的问卷调查。

（二）调研地区儿童福利服务供给现状

儿童福利服务的供给包括服务提供和服务递送两部分，是儿童福利服务体系的核心要素和保障儿童福利的关键。

1. 儿童福利服务主体与服务内容

调研地区初步形成官办儿童福利机构和未成年人救助保护机构兜底、社会组织为主体、社区儿童之家为抓手、学校和医疗机构为补充的儿童福利服务供给网络。供给内容涉及照顾服务、关爱服务、保护服务、医疗健康服务、教育服务、能力发展服务和家庭支持服务等多个类别。

（1）官办机构提供的兜底性服务

以民政部门下属的儿童福利院、未成年人保护中心、儿童福利指导中心为代表的官办机构，兼具引领管理和服务的多重职能，是特殊儿童关爱、照顾服务、残疾康复等兜底性服务的承担主体，部分机构聘请了专职社工或设立了社工科。

根据对访谈资料的分析，儿童福利院通过集中照顾、类家庭和家庭寄养为孤儿、事实无人抚养儿童、残疾儿童等特殊儿童群体提供生活照顾与安置、医疗康复、教育等服务。其中生活照顾服务包含家庭寄养、集中供养、院内类家庭照顾三种方式，对于部分家庭寄养儿童，昆明市和南京市的儿童福利院还设置了寄养指导站，由社区寄养点的社工、康复师、家委会成员每个月上门探访并提供家庭指导。康复服务则面向院内儿童开展，随着福利院内"弃婴、孤儿的数量断崖式下降，福利院也需要转型发展"，部分福利院扩大了服务对象，将父母智障、酗酒暴力等导致的监护缺失或者监护不当的困境儿童，以及患有自闭症、唐氏综合征的儿童纳入服务，提供庇护（长期和临时）服务和康复服务。以南京市和昆明市儿童福利院为代表的部分儿童福利院不再局限于自身开展的服务，还积极寻求与基金会、社工机构、高校专家学者和企业的合作，例如南京市儿童福利院与哥伦比亚大学的"CCPF项目"、云南儿童福利院与春晖博爱合作的"'春晖妈妈'回应式抚育培训项目"、"类家庭项目"等，帮助培训本土的儿童康复治疗师，提升照顾者抚育技能。江苏的福利院都成立了儿童福利指导中心对本地区儿童福利实施情况进行监督和指导，但由于资金和人员配置不到位，多属于"挂牌"，未能发挥应有的作用。不过，张家港市儿童福利指导中心负责儿童保护热线和散居孤儿服务，工作人员每月开展一次散居孤儿家访，起到了实际作用，后来注册为民非机构，扩大了服务范围。由于资金和专职人员配置不到位，多数地区的儿童福利指导中心未能发挥实际作用。

我们会联系对接苏南地区的儿童福利院，提供专业培训和技术指导。承接省厅的研究项目，像2014哥伦比亚大学的CCPF项目，帮助培训本土的儿童康复治疗师，培训合格后输出到各社会福利机构，提供服务。通过团队"辐射"团队，通过承接外来专业康复团队，提供示范、指导、培训，提高我们自身团队的专业性。（10303EF – AS院长/AU副院长）

近几年，未成年人保护中心（简称"未保中心"）的服务范围由过去的流浪未成年人救助保护扩展到困境儿童救助保护，通过救助保护、家庭走访、现金支持、物资捐赠、个案管理、政策宣传等方式提供服务，但仍然是一个临时救助机构，难照料的儿童一般被托养到儿童福利院，因此受访未保中心的儿童极少或无人。未保中心兼具未成年人保护相关部门的联络协调职能，整合多部门资源解决流浪儿童、困境儿童问题。级别高的未保中心和儿童福利院都会基于工作需要开展专业培训和督导，以便提高服务水平。有的未保中心还创造性地设立了社工科。

2019年，"强制报告"培训项目做了6次：医院、公安、学校、社区、街道、区救助机构和儿童福利院。（10304WB – AH科长）

政府这一块呢，它主要是一个引领作用，第二个是保障，再就是指导，我们一定要守护好"最后一道防线"，因为我们这个防线失守了就不行。（40102WB – F工作人员）

有个父亲酗酒，关了孩子半个月，福利院长期庇护这个孩子到能独立生活为止。（10119EF – AZ院长）

（2）社会组织为主体提供的发展性服务

儿童福利服务属于公共产品，具有多样性、过程性、专业化等多种特点，需要依赖社会组织与专业人员具体实施（陆士桢，2010）。社会组织在我国包括基金会、社会团体、民办非企业三类，是当前政府儿童服务的补充和社会儿童服务的主体，特别是专业社工机构的服务较好地解决了政府机构在服务对象、服务内容方面存在的不全面、不深入、专业性不足的问题。

有残疾的，那其实相对应的政府部门非常多的⋯⋯那谁来帮助这些家庭，找到这些对口的政策，帮助他们去寻求这些帮助，然后确保这些又落实在他们身上，其实就是我们社工的角色了。（30103 - YC 社工）

我们主要还是在服务和心理疏导，这个是我们为主的，我们去帮他寻求资源，这个是我们要做的。（20101 - LA 副总干事）

区财政支出是超过 150 万的，专门做这个事情，也是以政府购买服务，依托的主要就是两个社工机构，主要是走访，然后心理疏导、医疗辅助、教育，然后家庭陪护。（40101MZ - E 工作人员）

基金会和社工机构在儿童福利服务供给与递送中发挥重要作用。基金会服务包含支持型服务和专项服务两类协作式服务，支持型服务指服务主体通过物质和智力支持间接开展儿童服务，专项服务则指由基金会直接为儿童提供服务。服务涵盖医疗、教育、儿童保护、社区发展和能力发展等多个领域，合作主体涉及儿童福利院、未保中心等儿童福利机构，社工机构和社区儿童之家，儿童及其家庭。社工机构包括综合性服务机构和专门性儿童服务机构，是儿童福利服务的直接提供者，通过资源链接、直接服务和政策倡导等方式向包含困境儿童在内的所有儿童及其家庭提供服务，服务内容涵盖儿童照顾（课后托管）、能力支持、教育、儿童保护、休闲娱乐、心理支持、健康养育等多个方面，服务领域涉及医疗、教育、司法、心理健康等各个领域。2018 年调研数据显示，张家港地区有 24 家社工机构，持证社工 2547人，昆明地区持证社工 654 人。

（3）社区儿童之家为抓手提供的基础性关爱服务

2015 年 8 月，民政部办公厅印发了《关于在全国部分地区开展基层儿童福利服务体系建设试点工作的通知》，试点设立社区儿童福利主任和儿童之家，解决儿童福利服务"最后一公里"问题（乔东平等，2019），社区和儿童之家被认为是为儿童提供安全稳定的课外学习、游戏娱乐、社会心理支持等的活动场所。2019 年，民政部等 10 部门关于留守儿童和困境儿童关爱服务体系的新政策出台，此后，儿童福利主任统一称为"儿童主任"。截至 2019 年调研，江苏省建成儿童之家 408 个，全省聘请儿童主任 21056 人，专职 363 人。通过社区儿童主任和儿童之家有望解决儿童福利服务"最后一公里"问题，提高服务可及性。

你管辖的范围内如果发现疑似情况，就上报儿童主任，由他去链接各类的资源。（10115 - AM 社工）

我们的工作也会去家访嘛，特别是有些学校的孩子遇到一些困境，我们了解相关的政策，他们有没有享受这样的政策补贴，我们有了新政策就不停地学习……因为我们要去向儿童的家长解释，他符不符合这个条件，符合这个条件他要用什么手续去申请。（40104EJ - Z 儿童主任）

他们租用的民房有时候就是七八平方米，他回家，他转过来感觉是那些东西，转过去也是那些东西。很窄，他宁愿在这儿做作业，他也不愿意回家，而且这里各种各样的活动很受他们的欢迎，现在家长、社区几乎都知道。（30108EJ - YE 儿童主任）

儿童之家服务场所由社区提供，2018 ～ 2019 年调研时，主要由当地妇女主任等村干部、教师、机构社工担任儿童主任，也有年轻村民专职担任。儿童主任承担家访、辍学监护强制报告、困境儿童社会救助、摸底信息管理等责任。常规服务包括学业辅导、政策宣传、休闲娱乐服务。社工机构承接的儿童之家更强调服务过程和服务方法的专业性，以项目化方式开展服务，根据问题和需求的识别提供分类分层服务。除了提供常规服务之外，社工更倾向于聚焦儿童成长需要，针对性地提供生命教育、心理支持等服务。部分社工机构从服务持续性的角度考虑，要求社区配备专人共同开展服务，YX社工表示"要求社区提供一名专业的工作人员，像我们一个儿童之家成立，我们入驻，我们都要求社区要提供一名专业的工作人员，就是我们的人带动他们一起做。因为我们这个儿童之家你不可能一直做嘛，你每年要购买我们的人去入驻，你要不购买我们的人（就）要走，你们的人要负责开展活动"。儿童之家弥补了家庭在教育和娱乐等功能上的不足，深受家长和儿童的喜爱。张妈妈说："来儿童之家，娃娃学的比家里学的还多，大人不教的教师（儿童主任）都在教"。YE儿童主任说："他宁愿在这儿做作业，他也不愿意回家，而且这里各种各样的活动很受他们的欢迎。"

（4）学校为主体提供的儿童教育为主的综合性服务

学校是儿童生活和学习的重要场所，学校作为服务场所和主体能够较好地实现普通儿童服务覆盖。此外，学校拥有丰富的人力资源和服务设施，可以满足儿童发展的多样需求，学校被认为是儿童服务获取的优选途径，在儿童服务提供中的重要性日益凸显。学校提供的服务以儿童教育为主，兼具儿童健康、生活照顾、儿童保护等基础性功能和休闲娱乐、能力提升等发展性功能。学校服务在不同地区和城乡之间的功能定位不同，在农村地区和经济欠发达城市，社会组织发展水平落后，学校几乎成为普通儿童服务获取的唯一平台。武汉地区尝试将儿童之家设立在学校，被认为能够相对较好地保障服务质量，实现服务的普遍可及。学校提供的多样化儿童服务一定程度上弥补了部分地区的服务空白，但是由于学校自身职能和专业限制，服务质量、专业性和服务效果难以得到保证。

（5）基层医疗卫生机构提供的儿童专项健康服务

2016年，国家卫生计生委、国家发展改革委和教育部等五部委联合印发《关于加强儿童医疗卫生服务改革与发展的意见》，将加强基层儿童医疗卫生服务列入重点事项。社区卫生院、妇幼保健院为主的基层医疗机构提供面向所有儿童的普惠性计划免疫服务（0~6岁免费体检、免费疫苗）和健康知识宣传服务。

国家都有专项资金做康复……基本上就花不了多少钱，因为之前就是每个儿童一年2万块。2万块钱还花不完。然后今年（2019年）是改变了，一个月1000块钱。（121-05张妈妈）

在这种情况下，我认为儿童福利院也需要"转型发展"，比如说，接收地方上事实无人抚养（儿童）、散居孤儿、困境儿童，其实也是"双赢"。（10119EF-AZ院长）

特殊儿童疾病康复、大病援助等服务则由专门的康复机构优惠或者免费提供。昆明市儿童福利院从2014年开始与残联合作，免费向患有脑瘫、孤独症、肢体残疾、智力残疾、言语残疾的儿童提供康复服务，服务儿童年龄由0~6岁扩大到0~14岁，每个孩子每月2000元服务费。随着福利院内儿童断崖式减少，云南地区的部分福利院康复服务开始向外公开，为有需要的家庭提供帮助。

调研发现，我国儿童福利服务供给由政府负责的制度取向向政府主导多主体协同的网络取向转变，初步形成了多主体、多层次、多目标的儿童服务网络。本章基于各主体提供的服务内容，进一步将现有儿童福利服务归纳为照顾服务、关爱服务、医疗健康服务、教育服务、保护服务、家庭支持服务和能力发展服务，并对具体的服务内容进行梳理，详见表7-3。总体而言，受访地区儿童福利服务呈现三个积极的转变趋势：一是服务对象由特殊儿童向普通儿童、由单一群体向多元群体扩大的趋势；二是服务类型由补充性和替代性服务向支持性和保护性服务发展；三是服务内容由个人向家庭和社会延伸，由满足生存相关的低阶需求向关注发展的高阶需求迈进。

服务对象由单一的特殊儿童群体转向更广泛的儿童群体，流动儿童、留守儿童、事实无人抚养儿童等被逐步纳入服务范围。但一些新的困难儿童尚未得到足够的重视，例如云南地区提及的"服刑人员子女"和"参与传销活动的未成年人"，以及广州社工曾提及的"隐蔽的孩子"。例如，多动症儿童由于尚未被纳入政府补贴人群中，因此面临着"有需要但是没有相应的支持"的困境。此外，当前的儿童服务对象的年龄集中在6~18岁，除

表7-3 基于调研资料整理的儿童福利服务供给情况

服务类型	服务类别	服务内容	特色项目
关爱服务	健康关爱	心里疏导、心理热线咨询、社会适应服务、儿童陪伴服务、营养午餐	壹乐园-儿童服务站(武汉) 童心同行儿童主任培训(云南) 宜明会儿童之家(云南) "护童成长"儿童关爱体系(全国)
	行为关爱	习惯养成、品格培养、自闭症儿童绘画治疗、偏差行为干预、社区矫正、预防再犯罪服务、家访	免费营养午餐(所有调研地区) 协作者童缘流动儿童服务(南京) 共青团12355热线服务(广州、南京) "微光计划"困境儿童走访服务(武汉) 童伴妈妈项目(武汉、云南)
教育服务	教育基础服务	义务教育、特殊教育、0~6岁早期教育	四点半课堂(所有调研地区) "一平米未来"家庭学习空间(张家港) 优孕课堂(张家港) 协作者社区自助图书馆(南京) 中国发展研究基金会"山村幼儿园"
	教育支持服务	课后托管、课业辅导、图书借阅、绘本阅读服务、兴趣课堂、困境儿童公益课堂、防辍保学服务、乡村学校暑期支教服务、病房学校、学校社工、驻园社工、阅读空间改造	
保护服务	安全保护	性教育、法制教育、自护教育、禁毒防艾、校园欺凌、受暴儿童临时庇护	女童保护(所有调研地区) "青年地带"预防青少年违反犯罪(广州) "伴我同行"预防校园欺凌项目(广州)
	权益维护	政策咨询、法律援助、涉罪青少年社会调查、合适成年人服务	
医疗健康服务	健康服务	0~6岁儿童免费体检、免费疫苗、新生儿体检、健康知识宣传	CCPF儿童治疗师培训项目(南京) 免费疫苗(所有调研地区)
	康复服务	残疾儿童教育和康复评估、自闭症儿童康复、医疗援助	
能力发展服务	能力提升	青少年领导力、情绪管理、生涯规划、职业体验、就业培训、人际交往能力提升	"小鬼当家"项目(学习、社交、心理健康、生活能力)(张家港) "社区亲子中心"(原儿童运动馆)(苏州) "协作者公益少年营"困境儿童自主能力平台打造(南京)
	休闲娱乐	趣味运动会、社区文化建设、外出体验、参访、儿童夏令营、趣味游戏、手工活动等	
家庭支持服务	家庭服务	亲子关系辅导、家庭健康照顾指导、孕期指导、家庭访问、自闭症儿童家庭互助服务、"小候鸟"流动儿童服务	金塘佑苗计划(孕期指导) 社区亲子中心(前社区儿童运动馆)(苏州)
	设施服务	母乳哺育室、亲子活动中心、公益厨房	神奇亲子园流动儿童早期发展课堂项目(广州) "春晖妈妈"回应式抚育培训(云南)
照顾服务	替代照顾	家庭寄养、院内集中供养、类家庭照顾	"社会妈妈"困境儿童救助(张家港) "类家庭"福利院儿童照顾(云南)
	补充照顾	困境儿童托管、留守儿童照顾、流浪儿童救助	

国家普惠制的针对 0～5 岁儿童的公共卫生医疗服务外，针对 0～6 岁儿童的专项服务的重要性逐步得到认可，围绕儿童早期教育的服务得到了部分社会组织的实践。例如，苏州地区的亲子社区服务中心提供的 0～9 岁早期亲子服务、广州地区的神奇亲子园社区公益早教项目、云南地区高校社工机构提供的流动家庭上门学前教育服务，以及 YM 基金会提供的乡村教师早期教育培训服务。

如访问中发现：

ADHD 多动症专注力不足没有评残，他只是觉得你不乖你坐不住，这就很糟糕，没有评残就没有残障津贴也没有一些其他的支援。他要是接受一些专门服务是很贵的，他们确实有需要但是没有相应的支持，被迫去接受一些很高价还不专业的服务，他们也是困境儿童，而且这些很隐蔽。（20102－LB 社工）

福利院、社工机构等除了提供寄养服务、课业辅导等替代性和补充性照顾服务以外，开始关注儿童发展的需求和能力要求，提供相应的支持性服务，例如心理健康教育、职业发展、能力提升以及早期儿童服务等。服务内容存在地区差异。广州、南京和苏州这样经济发达、服务发展较成熟的地区尝试通过社区化的服务关注儿童心理健康、社会参与能力提升，例如为儿童提供一些心理疏导、情绪管理、儿童领导力培训、参观走访服务；武汉地区社会组织以照顾服务和儿童保护服务为主；云南地区的社工机构更关注家庭暴力、被拐卖、被性侵、服刑人员子女以及参与传销的未成年人的保护性服务。

孩子生活在社区，针对自我、家庭、社区、社会四个层面去开展服务，那每个层面他有对应的一个课程……我们叫儿童社区教育服务，其实还是社工在里面做服务，都是由社区工作者还有我们链接的资源，比如说是一些专家或者一些志愿者，包括我们专业实习生，共同去开展服务（10301－AT 工作

人员）

广州这边每一个街道都有家综（家庭综合服务中心），然后每一个家综里面都有儿童青少年的服务，对于这些儿童青少年的服务，一般来说除了在社区里面开展，大家都会想要去做联校服务。（20104 – LD 社工）

儿童之家建立在这个机构里面的一个，依托性质的，依托于这个义务教育的资源，共享资源。（40204EJ – D 儿童主任）

服务由个人向家庭和社会延伸，早期的儿童服务内容多针对儿童本人，采取个人取向的问题视角，希望通过资金和服务提高儿童的福利水平。调研发现，四个地区都就儿童问题的多因素决定论达成共识，尝试通过完善家庭环境和社会环境来提升儿童福利水平，在实践中形成了家庭取向的服务干预、学校为本的社区干预和社区为本的干预。其中较为典型的是武汉地区针对困境儿童的学校干预，昆明、南京地区的流动儿童社区服务，以及苏州、广州地区的儿童服务社区化模式。

2. 儿童福利服务的递送

（1）多主体参与，共同保障服务供给

当前受访的儿童福利服务供给主体包含政府和社会组织，形成了政府提供、社会组织提供和政社合作供给三种来源。

政府提供儿童福利服务属于自上而下的服务规划形式，政府通过定向委托和公开招标的方式招募服务实施者。政府是服务的资金支持者、规划者和决策者，儿童福利机构和社会组织是服务实施的主体。服务目标群体、服务内容的选择往往是事先确定好的，政府对于服务的规划则主要受到政策文件、地域特点、现实情况和机构规划影响。政府发起的服务多集中于健康、教育、司法、生活保障等领域，服务对象以流动儿童、留守儿童、困境儿童和犯罪青少年为主。基金会发起的项目倾向于对特定人群和问题的关注，例如面向留守儿童、流动儿童、残疾儿童、自闭症儿童群体开展的社会适应、疾病康复、儿童阅读、安全教育、儿童保护等项目。在对四个地区的儿童服务机构调研时发现，政府提供的服务是机构的重要项目来源，尤其是在一些经济欠发达的地区。

　　社会组织提供儿童福利服务属于自发性行为，以社工机构和基金会为主，它们既是服务的发起者，也是服务的实施者。基金会通过项目委托以及基于对儿童群体的了解和实践经验，提出有关儿童服务的构想，并付诸实践。社会组织长期驻守一线，贴近儿童群体的真实生活情境，对于儿童群体的特征、问题、需要认识更加深刻和全面。广泛的儿童服务实践使得社会组织和儿童工作者积累了大量的、行之有效的实践经验。在这种模式下行政指令性的工作要求得以较大程度地减少，服务提供者在服务人群、服务内容、干预方式的选择方面有较大的自由裁量权，能够对服务对象变动的需求做出及时的回应，但由于缺乏政府资金支持和行政力保障，服务范围、落实速度和普及性均受限制。

　　广州这边家综最开始是"3＋X"，第二期是"1＋3＋X"，现在就是做成了"1＋1＋3＋X"。"3＋X"是广州市最开始推出家综的时候（采用的），"3"就是指每一个家综都必须要做的三项服务，就是家庭、长者和青少年服务。这个"3"是固定的，"X"是自选动作，根据不同的街道的需求，有的做志愿者，做外来工，做儿童，做妇女，做残障等等（相关服务）。（20101－LA副总干事）

　　政社合作供给模式，既强调政府对于儿童福利服务管理的统筹协调与保障作用，同时重视社会组织在儿童福利服务传递中的主体性和专业性。服务实施过程中，政府提供资金和制度保障，社会组织提供专业人员和技术，双方共同推动儿童服务发展。例如广州地区的"1＋3＋X"家综服务模式，政府通过制度规定家庭、青少年、长者服务为固定项目，儿童服务一般被包含在家庭和青少年服务当中，同时每个家综拥有一个自选服务项目"X"，机构可以根据所在地区的实际需要开展专项服务，既确保了服务的一致性，也为社会组织提供了一定的自主空间。

　　（2）多主体协作，创新儿童服务模式

服务实施是指将福利资源和服务落实到儿童的过程和实践。如果说建立儿童之家是解决儿童福利服务供给问题的"最后一公里",那么服务实施则是保障儿童福利的"最后一公里"。基于四个地区的调研发现,当前儿童福利服务实践形成了以社区为本的嵌入式服务、多主体协作的非嵌入式服务以及培育社区内生力量的自我服务三种实施方式。

社区为本的机构嵌入式福利服务模式。社区搭建平台、机构嵌入社区以及社区学校,以辖区内的儿童为主要服务对象的"机构嵌入式"服务模式得到了普遍的认同。受访基金会工作人员 YM 说,"如果只抓某个层次,或者某个面,这个福利是不到位的,应该是做社区化服务","如果那些孩子来到了机构,其实他是相对脱离社区,但如果是机构的项目走出去,走到社区去服务,社区里的人让我们觉得跟合作伙伴一起就非常的重要"。社区嵌入的服务有助于儿童保持与熟悉环境的联系,机构嵌入开展社区层面的儿童福利服务供给的机制能够覆盖多类儿童群体,外部专业力量的引入有助于动员社区力量,整合政府、学校、社区、家庭等福利主体资源,丰富儿童福利资源,推动服务朝向"儿童最大利益"的目标靠近。

那肯定社区有那种机构就更好了,因为我实在没地方去了,我就送到学校了,在家自己带是没用的。(321－16 李奶奶)

200 多个脑瘫孩子需要终身康复、终身照料,不能治愈,可以缓解,需要"一对一 24 小时"的看护,有的康复后能行走,有的没效果。可见,人员、资源的投入是很高的。我们希望辐射社区,由社区"大家庭"来共同发挥照顾的功能。(10303EF－AU 副院长)

因为所有的政府这些福利落地在社区这一块。如果能在社区这个部分形成很强的以儿童为中心,以家庭为支持,整个社区来关注的这样一个很好的多功能体系的话,我觉得对儿童还有祖国未来有更好的功效。(20109－LK 社工)

现在民政在做,卫计委也在做,教育部现在做得少,它只管着幼儿园。但是总体是割裂型的,还没有形成真正的儿童福利体系……如果说社区能够真正地做到儿童友好型社区，能够把社区里边的社会组织，还有这些儿童服务的专业机构，然后还有政府这一块，关于福利这一块都联系起来……（20109 – LK 社工）

有学者认为造成当前儿童福利可及性低的主要原因是信息的不对称和传播受阻（彭华民等，2020）。机构嵌入社区开展服务不仅有利于从缩短距离和增加知晓率方面提升服务的可及性，还有助于解决儿童服务碎片化、部门分割、专业化程度低等问题，联合多方力量对普通儿童和特殊儿童的需求做出有效回应，发挥社工机构等儿童服务组织的专业力量，准确识别儿童群体的问题与需求，提供适切的服务，保证儿童福利服务质量。

是一个双赢的角度，因为我们没有固定场地嘛，经常被赶来赶去的，所以居委会就帮我协调，对我来说是有利的，对它来说也是有利的。居委会的工作特别多，它有很多的行政工作，它就需要我去完成。比如说，儿童之家是他的任务，他没有人手，没有人力可以去做，它把儿童之家的牌子挂在我这里，所以我这里做的任何事情都可以写在它的报告里面的，它可以写在它的报告里面去，它就有成就感。（30104 – YQ 社工）

社工机构嵌入社区开展儿童福利服务被认为是一个双赢的过程，有助于发挥社工专业性和实现基层减负，在各地得到了广泛的实践，包含两种方式。一是机构承接社区原有的儿童福利服务，以广州的家综服务和张家港的社区亲子园服务为例；二是社工与社区开展合作，为社区开展儿童福利服务提供协助，以云南为例。广州地区将儿童福利服务纳入家综服务体系，依托家综平台提供面向辖区内所有儿童的普惠性服务和特殊儿童的专项服务，初步形成了与儿童发展需要相匹配、与社会福利制度相衔接的适度普惠型儿童福利制度和服务体系。苏州、张家港、南京等地区也做了大量的儿童服务社区化的尝试。苏州建立了 14 个社区亲子中心，开展 0~9 岁的早期社区儿童家庭指导服务，着力打造儿童友好型社区。云南地区当前主推机构联动的社区儿童之家服务，该模式下社区仍然是服务的责任主体，社工通过为社区组织提供支持来间接服务儿童。受访社工表示，"在社区更多是以儿童之家的这个理念在推，但是在学校的话，儿童之家的这个理念就会相对弱一些，因为在学校你很难去联动到那么多的机构来打造这个儿童保护体系，但是在社区就可以"。

机构嵌入社区学校开展儿童服务能够实现社区儿童群体的广泛覆盖，同时也能够弥补学校教育功能之外的其他功能欠缺，包含"驻校服务"和"联校服务"两种类型。

我们叫联校服务，不叫驻校。我理解的联校，就是说联合学校来做这个服务，因为我们本身是家综，我们不是教育局购买的服务，所以我们只是跟学校合作去做这个服务而已。（20104-LD 社工）

驻校服务是指机构派社工长期驻扎学校开展服务，联校服务是指机构和学校达成合作，定期到校开展服务。调研发现，后一种形式更为普遍，在这种模式中，机构与学校属于合作式的关系，机构为学校提供服务，学校则提供场地和其他必要资源。联校服务在各地都得到了普遍的实践，在广州被纳入家综服务体系，机构安排社工定期在学校开展服务，学校一般不需要单独购买机构服务。在苏州，学校社工服务模式属于专项服务，机构通过政府购买或者学校购买的形式定期入校开展专业服务。武汉和昆明的学校服务也都属于政府购买项目。各地学校社工服务模式和内容基本相似，采用个案、小组和社区的方式开展服务，内容聚焦校园安全、心理健康、朋辈交往等。有所不同的是，因政府支持力度和社区关系基础不同，服务覆盖范围不同。东部地区政府支持力度最大，购买服务项目的学校最多；中西部地区服务则相对较少。

多主体协作的非嵌入式服务模式。多主体协作的非嵌入式递送模式有两个重要内涵：一是儿童服务机构未嵌入特定的社区或学校，服务对象不限于特定社区或学校；二是通过发挥机构主体责任，协同高校、企业等社会力量共同服务。高校为实践干预提供技术指导，助力服务的科学实施和有效落实；企业通过捐助、志愿者输送和体验交流等资源链接的方式保障服务供给和丰富服务形式。这种服务递送模式多以项目制运作，为儿童和家庭提供项目方要求的服务，项目结束，服务结束，服务的可持续性较弱。

"机构+高校志愿者"的服务模式，在各个领域的社会组织服务当中得到了广泛的实践，在儿童福利服务中也发挥了重要的作用。调研中的四个地区都在一定程度上采用了这种服务模式，通过与高校教师和学生的合作，张家港和苏州地区的一些社工机构建立了较为完善的服务程序和专业标准，针对部分儿童服务设计开发了科学、系统的服务内容，高校教师的专业督导则为社工能力提升提供了重要的保障。高校学生志愿者长期参与机构的儿童服务，补充了机构的人力资源，同时保障了服务的输出质量，部分机构还通过项目委托的方式将部分儿童服务直接交由高校志愿者长期独立开展。

我们机构自己出一些资金，把它委托给了附近大学的学生团体，由他们负责这批孩子（流动儿童）的服务，就是在他们小学期间直到毕业为止，服务才终结。（乔东平 2018 年 7 月苏州社会组织焦点小组）

"机构+企业"的服务模式集中在经济发达、企业资源密集的地区，例如广州、南京、苏州、张家港等地区。该模式下，企业除了向机构捐助物资外，还通过输送志愿者和活动共建的方式协同开展服务，例如为儿童提供参观、学习和职业培训等服务，丰富的企业资源有助于创新儿童服务方式。

培育社区内生力量自我服务模式。儿童所在的家庭和社区作为独立的单位，蕴藏着丰富的资源，动员家庭、社区内部资源开展在地的儿童服务，既可以增强服务可及性，还可以提升社区自我服务能力。南京市救助站工作人员也表示由于地区差异很大，适用于南京的服务模式不一定能够完全推广到其他地区，但是"做定向培养，培养当地人"的方式是普适的。当前围绕儿童福利服务已形成的社区自我服务方式包括"学校儿童之家"模式和"机构+家庭志愿者"模式。

都是教师（开展服务），卫生服务的话，就借助了当地的这个医疗机构，但是他们就是有需求的时候，做一些这个卫生啊、健康预防常识的一些讲座，主要还是依托我们这个自身的教师资源。（40204EJ－D 儿童主任）

民政部门把儿童之家建起来，还是要依托学校，这个我们认为是比较稳定的，孩子既然受教育，各方面的教育都在那里，不仅仅是书本的知识，还是要把这个学校的优势发挥出来。因为儿童在学校里面，他课余时间都可以参加这个学校的（项目），学校长久性要好一些。（40201MZ－A 科长）

可能别的地方儿童主任都是在社区去做，但是学校跟社区联合，它离学校近，这是个先天的优势。它有时候在这边做一些不管是个案辅导啊、小组活动啊、社区活动啊，这里面的环境更好，所以我们就把工作的地点定在这里，但是我们的服务范围是辐射到这边的村庄的。（40104EJ－Z 儿童主任）

"学校儿童之家"服务模式利用学校丰富的教学资源和专业的教学人员开展儿童服务，学校既是提供儿童服务的场所，也是儿童服务提供者。这种服务模式来源于湖北地区的儿童之家实践，由于农村地区资源匮乏，政府尝试将儿童之家设立在学校，教师是服务的主要提供者，这种服务模式被认为具有较高的可及性、服务的持续性和较好的质量保障。但是，将儿童之家设立在学校可能存在服务教育化倾向、专业性不足等问题。

家庭既是福利服务供给的对象，也是潜在的福利服务供给主体。"机构＋家庭志愿者"服务模式包含两种方式。一是家长作为协助者参与机构服务，其中母亲照顾者是主力军。调研中苏州和广州地区的一些社工机构实现了"机构＋家庭志愿者"模式的升级，这种模式在苏州被称为"人人志愿者模式"，希望通过推动家长志愿者参与实现儿童服务共建。二是服务机构培训家长志愿者，将家长志愿者转化为机构工作人员，例如广州地区的"妈妈公益人"，在充分认识到了家长在儿童照顾中的天然优势后，机构对家长志愿者进行专业培训，最终将家长志愿者作为专业人员纳入机构，解决流动女性的就业问题的同时保障了儿童服务的质量。

我们会有一个特色的"人人志愿者模式",我们会把我们的服务对象转换成为我们的志愿者,然后通过我们的模式去培养我们的"妈妈公益人"。(乔东平 2018 年 7 月苏州社会组织焦点小组)

一个是妈妈培育的部分。就是我们现在在培养各个社区的流动妈妈,让她们成为老师,然后给大家提供这样的一个服务。(20109 - LK 社工)

"线上 + 线下"组合式服务模式。有的枢纽型社工机构依托线上个案管理平台,通过线上接案、分类处置、服务转介、线下跟进的方式提供覆盖困境儿童及家庭的服务,如江苏省张家港市困境儿童关爱中心和广州团委12355 平台。12355 平台包含心理咨询、法律咨询、志愿服务、智慧团建、求学助学、两性情感、校园欺凌、禁毒宣教、留守儿童 9 个板块,每个板块进一步细化内容。由招募的专业人员接听全广东省内求助电话,接听员依据来访内容对问题进行干预或转介。部门、热线之间联系紧密,对于部分需要线下跟进的个案采取分级跟办的形式转介到求助者所在地共青团,由共青团协助联络专门的社工机构开展线下干预。南京市共青团 12355 服务平台设有6 个岗位全天 24 小时提供线上服务,服务人员具有社会工作或心理学相关专业背景和资格证书,年接听量在 30 万左右。

心理问题稍微严重一点的,或者其他问题需要线下跟进的,通过记录台账,生成公单,通过"广东青年之声"网上派发到各个地市,团市委接到单之后,就组织它这里的社工力量去线下跟进。通过回听录音……现在要求是按照 5% 回听完,那有问题的话,他会及时在群里通报……心理咨询师去听心理的,有哪些用语可能不太对,或者解释稍微有点偏颇,法律的也会把问题及时反馈给你(接听员)。(20103 - LC 工作人员)

目前,调研地区初步形成了以儿童多层次需求为中心、多样化服务模式为基础、多元服务主体、多来源渠道的儿童分类服务供给机制。服务供给是儿童需求满足的基础,除此之外还需要多种机制共同保障服务递送。

（三）全方位、多角度的福利服务协调机制

围绕服务的递送，我国当前还形成了多部门平行合作机制、服务垂直管理机制、双向互动评价监督机制和以人财物为主要构成的服务保障机制。

1. 多部门平行合作的服务协调机制

儿童福利服务的落实需要多个部门、不同主体的共同参与。这样有助于促进儿童福利资源的整合，但同时也容易出现管理职责不明、部门责任推诿等情况，背离合作的初衷，因此来自制度的约束和规范非常必要。访谈发现，社工机构会跟很多的职能部门联动，把资源链接到案主（服务对象）及其家庭，进而实现提升家庭功能。M工作人员认为"有些问题不是社工单一能够解决的，需要……有专业能力的人聚集在一起组建的这个团队"。民政部门的E工作人员表示"有些东西不通过联席会议，单靠民政部门我是落实不下去的"。

当前，调研地区均建立了民政部门牵头的留守儿童、困境儿童工作联席会议和针对所有儿童的联席会议两种部门合作机制，开展儿童福利工作跨部门合作，就更广泛的儿童群体面临的问题进行协商讨论，合力推动儿童福利服务工作开展。部分地区初步建立了联席会内部管理制度，就部门分工、例会制度、议事程序和监督反馈机制等达成共识。

保障这些权利其实单靠家庭也不够……他的照顾者也是需要支持的。那谁来支持他，就是一个更大的范围了，他所在的村委会、居委会，如果他还涉及一些案件之类的，那这些相关的像法律的那些工作者……（30103 - YC社工）

设有联席会议机制，2016年临时建立，2016年政策要关爱留守儿童，保障困境儿童，"五位一体"的政策支持，成立临时联席会议制度，包括8个部门，联席会议一般由分管副县长牵头。（30201MZ - YK股长）

社工需要理清楚整个过程，避免孩子再一次受到伤害，公安和司法就按照他们自己的程序去处理，但是社工在这里面会给他们一些意见，包括孩子的隐私这些要怎么处理……我们希望所有部门都可以参与到这个事件里，最

下面就会发挥社区的优势。他可以作为第一情报的掌握的人员，把这些安全的隐患或者是事件，赶紧快速地反映和上报上来，然后可以让各种的伤害降到最低。（30102 – YB 副主任）

我们有一个专门的农村留守儿童和困境儿童的联席会，一共 10 个成员单位，包括了像教育局、人社局、妇联、残联、团市委这样的群团组织，还有一些职能部门，每个季度会有一个工作进展的汇报，每年至少参与一次联络员会议，一次小组会议。（40101MZ – E 工作人员）

针对留守儿童，联合教育局在学校排查，教育局、残联、卫生局、妇联、法院等 8 部门合作，寻找失踪监护人，并为辍学儿童提供送学上门服务。（30201MZ – YG 副局长）

武汉地区的留守儿童、困境儿童联席会议由民政部门牵头，每季度进行一次工作汇报，每年至少召开一次联席会议。南京地区在市、区、街道都成立未成年人保护委员会，有助于实现未成年人保护网络化，市级委员会由市长担任主任，28 个部门的一把手作为成员，市级委员会每半年召开一次会议，区级和街道则依据实际需要定期举行会议。云南地区形成了面向所有儿童的联席会议，作为儿童服务的重要主体，社工机构也参与其中，社工的参与被认为可以起到儿童保护和资源链接的作用，"避免在这（干预）过程里面受到伤害的孩子再一次受到伤害"，实现部门联络和建立社区儿童保护网络。总体来说，当前联席会议的主体仍然以政府部门为主导，缺乏社会组织的参与，联席会议召开频率较低，内部制度和监督制度不明确、执行力有待考证。

2. 分类、分级、分层的服务垂直管理机制

调研地区初步形成了依托儿童服务信息管理平台、特殊儿童与普通儿童分类、分级评定、分层落实的服务管理机制，推动服务朝向全面、精准化发展。

调研地区均形成了针对困境儿童等特殊群体的报告制度和分类分级管理办法。儿童主任负责收集困境儿童的基本信息，逐级上报到乡、县、市级部

门，由未保中心或者儿童福利指导中心统一形成困境儿童名单，就儿童的实际情况评估分级，指派部门或委托机构进行干预。不同地区在分级标准和干预主体上有所区别，武汉民政部门 E 工作人员介绍当地施行四级分类方法，"一到三级全部是由市级，我们的救助站、未保中心，来进行帮扶。四级就是不太困难的，就是全部由各个区，自行属地管理"。江苏省张家港地区将困境儿童划分为 20 大类 40 个子类，进行三级评定。南京、昆明施行三级评定办法，由未保中心或儿童福利指导中心作为平台统一管理收集到的儿童信息，进行风险评定，社工机构是服务实施主体。

他（儿童主任）报到镇上，镇上审核一下，确实符合，然后报到市里，分级。市里我们是指派，派案给这个个案社工去做的。然后指导中心和这个平台再对这个服务进行一个跟踪，包括成效评估。（10115 – AM 社工）

社区把发现的案子上报专业的系统里面，然后未保中心把这些案子下派到各个社工机构。社工机构接案之后，要按照接案困境评估和拟定服务计划这样一个流程，接下来是执行服务计划和中间的过程评估、结果评估，达成目标后的结案和定期回访。（乔东平 2018 年 7 月苏州社会组织焦点小组）

张家港地区还开发了社工服务线上管理软件，在每次服务结束后社工都需要登录平台，详细记录服务的时间、地点、人员、过程和资源对接情况，便于社工及时跟进个案信息，方便机构、部门管理。此外，平台还链接了一些地区服务资源，社工在填写个案信息的时候还可以依据案主需要，选取合适的资源进行对接。

我们每次服务完之后，它有一个平台的，我们要写服务记录，上传到平台，就是你的时间、地点，去了哪几个社工，做了哪几个事情，很详细的，比如说链接了什么资源……特别是困境儿童那边资源还挺多的，有需要的话，比如说他们放出来一个资源，我这个个案是需要的，我就去申请。（10111 – T 社工）

　　部分地区初步构建了普通儿童保护分级预防—干预模式，针对儿童成长中可能面临的问题和潜在风险进行预防和干预。昆明地区针对广义的儿童安全问题形成了预防、介入、治疗三级干预机制，运用社区工作、小组工作和个案工作方法就儿童、家庭和社区开展服务。张家港地区的社会组织就儿童性侵问题制定了从预防、识别到干预，从社区、个人到家庭的三级管理制度，并且明确了每一级别的干预范围、主体、方式和内容。广州 LY 社工所在的机构形成了从超前预防、临界预防到矫正预防的金字塔式管理制度。

　　一级是针对普通的群众，让他们关爱儿童。二级预防针对存在这种安全隐患的孩子进行，会开展一些专门的工作小组之类的。三级预防里面最主要是设置个案，针对比如说车祸啊，或者是家庭暴力产生了心理阴影，或者是类似的一些情况进行行为矫正啊，或者是情绪支持。(30106－YJ 社工)

　　一级预防是从包括儿童、家长在内的社区（层面），比较全面一点；二级识别集中在家长跟学校层面；三级干预比较针对的是孩子，很不幸已经遭遇了状况，会有一些专业的人员，包括社工心理咨询师等介入。一级预防层面整合了五大类，第一个是儿童保护的视频、课程研发；第二个是社区倡导；第三个（是）介入课堂做自我保护的课程宣讲；第四个是妈妈工作坊，以团体性的服务去做；第五个是个案咨询，整合了妇联以及检察院相关的一些资源，当有这样子的情况的时候，可以跟我们对接，我们提供服务。(乔东平 2018 年 7 月苏州社会组织焦点小组)

　　依托平台，分类、分级、分层的儿童服务管理实质上是一种网络化的管理办法。其中，依托互联网的儿童服务管理平台发挥枢纽作用；横向的多主体和多部门联动实现资源整合，丰富服务内容和形式；纵向体系联动实现服务的垂直管理，能够一定程度上避免传统多主体条块分割造成的资源浪费、责任推诿、服务空白。

3.　"督导＋评估"双向互动的服务监督和评价机制

　　服务评估强化落实和服务督导提升服务质量的双向监管机制，有利于从动态和全方位的角度确保服务的质量。

以督导的形式划分，包括面向所有儿童福利工作者的集中督导、面向儿童服务组织的定向督导以及针对儿童服务工作者的个别督导。集中督导是最广泛的服务督导方式，政府定向委托社会组织或者政府部门直接为儿童督导员、儿童主任等儿童福利工作人员集中提供培训，这种督导方式的优势在于成本低、覆盖范围广和便于工作人员相互交流学习，得到了各地区政府的普遍采纳。面向儿童服务组织的定向督导，以机构为单位、聚焦项目，由专业的社会组织就机构开展服务过程中的问题进行指导，优势在于督导内容聚焦、连续性强、能够即时纠正机构服务过程中出现的偏离。云南省民政部门定向委托社会组织，为云南省所有地级市和州县的儿童之家提供实地督导和远程督导。张家港民政部门聘请台湾资深社工对 6 家社会组织的儿童服务项目开展持续的"巡回督导"。个别督导用一对一的方式，就工作人员服务过程中出现的问题提供及时性指导，张家港民政部门出资购买深圳社会组织和工作人员的服务，为地区社工开展长达 2~3 年的个人督导，包括实地督导、远程督导、集体授课等方式。

基本上就是说一个机构我们会去做一次实地的督导。日常督导的话是每个月都会要去做。然后他们是每半个月需要提交一个工作的日志给到我们，然后我们会根据日志还有他的工作计划去跟进他的工作，然后给他做一些指导，然后我们说这个工作最主要还是对那个管理人员的能力培养，不是以具体的服务为主。(30102 - YB 副主任)

以评估主体划分，包括委托第三方评估和机构自评两种方式。从评估的阶段和内容来说又可以分为服务前需求评估、风险等级评估、家庭评估、财务评估和服务结束后的成效评估。多样的评估在普通和特殊儿童群体服务中均普遍适用。

委托第三方评估由项目发起者（主要是政府）购买服务，委托评估机构就项目落实情况和财务状况进行考核，对照项目申请书里的量化指标评价项目完成情况，督促资金落实到儿童身上。例如之前的困境儿童津贴是直接发给家长，评估发现大量的津贴并没有实际用在儿童身上，而是被家庭挪用到其他方面，基于此部分地区改为直接减免服务费用，以减少经费挪用、乱用现象。机构自评属于内部式自我评估，一般由机构的管理层按照机构的安排就当前服务的开展情况进行检查，评估内容除了客观材料以外，也包括服务对象和工作人员自身的主观感受。

请第三方机构评估落实的情况，包括资金落实，像（对）孤儿基本生活费的发放这些进行评估，有时候是请事务所对财务方面专项审计，或者是专项绩效评价。每年我们都拨专项经费来做这个事情。（40201MZ－A 科长）

我们不会把钱直接发到他们（儿童）手上，就会让他们的监护人去开一个账号，然后就每个月往账号里面打（钱），你就负责孩子的生活啊，然后学习这些的。（40203EF－C 主席）

（对于）农村，以前我们是给钱，给家长，后来就发现不行，家长拿去买化肥，买牲口，买牛羊，给不了孩子，所以我们说，这个钱不能给到家长，你把孩子送到幼儿园，然后我们把幼儿园的托管费、伙食费、生活费给包了。（30110－YM 工作人员）

会有前期的测量表，前后测打分，或者是我们在活动结束后都会给他们一个反馈表问卷，让他们打分，还有一些是社工观察，像活动开始到结束有什么变化。（20102－LB 社工）

主观上我们大概知道他可能的问题在哪里，那我们怎么去印证我们的假设呢，通过具体的研究，通过问卷，过往服务资料总结，再加上访谈这些资料，然后我们也会跟居委会主任、青少年儿童、妇联或者团委，或者跟学校老师访谈。最终的话印证了我们原来的假设……我们再设计我们的一个服务。（20104－LD 社工）

服务评估和督导双向互动，服务督导情况也需要被评估，服务评估结果也会被反馈给督导，评估和督导双向监管和促进，从动态的、全方位的角度保障服务质量。尽管当前儿童福利服务实践形成了多种评估类型和方法，但总体而言儿童福利服务评估不规范，尚未形成统一的标准体系；评估内容侧重服务的数量、频率等量化指标，缺少对服务有效性、服务质量的评估指标；评估方式单一，过于强调服务过程留痕，导致工作者行政负担过重。

4. 政府部门主导的儿童服务保障机制

儿童福利服务是一项整体性、实践性强的工作，有赖政府为主导的多主体，从部门设置、政策保障和资源配置等方面提供外部保障，其中服务资源又包括资金支持和人力资源。

当前的儿童福利服务工作主要由民政部、团委、教育部、检察院、妇联、卫健委等多个政府部门共同参与，其中共青团中央成立的中国少年儿童发展服务中心是提供儿童服务的主要机构，中心为全国近 7000 座少年宫提供指导，开展儿童科普教育服务；教育部除了提供儿童基础教育服务以外，还联合卫健委、检察院等多个部门开展儿童健康、司法等服务；"妇女儿童之家"是妇联参与社会管理公共服务的重要抓手，通过参与妇女、儿童和家庭相关的服务和提供相应的支持，提升儿童福利水平；民政部是开展儿童福利服务的主体，建立了完善的从中央到地方的儿童福利服务机构体系。以民政部为主的政府部门初步建立了从中央到地方的儿童福利服务组织体系。2018 年底民政部单独设立儿童福利司，负责主管儿童工作。2019 年 8 月，调研地区基本完成地市级层面的机构改革，在民政局设立儿童处，负责管理地区儿童福利和保护事务，但有的地区没有配备齐工作人员，职责也不清晰。市民政局管理的儿童福利院和未成年人保护中心作为专门机构开展儿童服务。湖北武汉地区搭建了较为完善的省—市—区三级儿童福利组织体系，省民政厅设立专门的儿童福利处，就儿童福利工作进行统一部署，市民政局设立了儿童福利处，并建立了 14 个儿童福利指导中心（截至 2019 年调研时处于挂牌阶段，暂无人员和资金配备）。云南省建立了省—州—县三级儿童福利体系，乡一级的儿童福利工作则交由社会事务办负责。多层次的政府部门发挥兜底作用，通过政策、资金支持和服务监管等方式保障儿童福利服务开展，为儿童福利机构和社会组织提供行动指引。作为儿童福利服务抓手的社区儿童之家和儿童主任得到大范围推广，截至 2019 年调研时，江苏省建成儿童之家 408 个，全省聘请儿童主任 21056 人，专职 363 人，基层组织体系使解决儿童福利服务"最后一公里"问题成为可能。

> 武定县儿童福利主要由县民政局社会事务与儿童福利股管理，共有 2 人负责，无分管，州设有社会事务科，乡镇一级设有社会事务办（由 2 人管理民政，兼管儿童福利），乡镇一级的社会事务办管辖范围更广，包括民政、残联等。（30201MZ – YG 副局长）

当前的儿童福利相关政策和制度主要聚焦困境儿童等特殊儿童，从人群分类、保障内容和资金分配等方面对特殊儿童福利做出明确规定，缺乏对普通儿童福利需要的关注，尤其是与儿童发展性需要相关的福利内容。儿童福利服务重视不足，普遍未出台与儿童福利服务内容、保障机制、实施标准相关的政策。

儿童福利资金主要来源于中央、省、市拨款和福彩金以及部分社会捐赠。2018 年，昆明市民政儿童福利资金共计 3146 万元，中央拨款 1309.2 万元，省拨款 1642.8 万元，市拨款 194 万元；福彩金 1294 万元，其他来源 1852 万元。张家港地区民政儿童福利资金总投入 1658.7 万元，省拨款 28 万元，县拨款 1150.8 万元，福彩金 116.49 万元，其他来源 363.51 万元。当前，各地区都设立了困境儿童专项补贴、分配细则和发放标准，武汉市的两个区还设立了超过 150 万的儿童福利服务专项资金和 120 万的儿童福利基金，从制度和资金层面保障儿童福利服务实施。此外，来自企业、基金会、公众的资金支持也成为当前服务资源获得的重要补充。

在访问中发现，政策研究和实际工作者之间的合作和互动对增加服务的专业性非常重要。儿童福利服务专家以高校学者为主，通过协助机构服务规划和服务督导为儿童服务提供智力支持，实现了"高校—机构"资源联动。苏州地区聘请中国人民大学社会工作专业师生团队和华东理工大学师生团队对机构项目进行评估和指导，制定了未成年人和家庭手册，编制了未成年人保护资源地图，为社工链接资源提供便利。云南地区社工机构与高校的合作普遍，访谈中 YC 反复强调"专家的建议，很重要"，通过与高校专家的合作，明确了机构的战略规划，在高校学者的理论研究指导下构建了流浪儿童分级应急干预模式。

（四）当前儿童福利服务存在的问题及供需矛盾

1. 服务内容供需失衡

当前儿童服务内容供需失衡现象依然突出。随着政府部门的重视和社会力量的加大投入，儿童服务的数量、内容、覆盖面有所突破。但是，将近一半的受访家庭都认为，当前提供的服务与他们的需求不一致，尤其体现在学习能力提高、营养支持、课后辅导与照护、家庭教育、心理疏导、防性侵教育、防治家庭暴力、防治校园暴力等服务方面。服务内容供需不一致的主要表现有：服务形式不符合实际需要，服务多以政策宣传、公益讲座的形式开展，服务内容过于宽泛，难以回应儿童和家庭的具体需要。服务内容有选择的回应，无法覆盖儿童全部需求，部分儿童的需求未被纳入现有服务体系，家庭和儿童在亲子教育、家庭指导、心理健康、儿童早期服务方面需求迫切，但尚未得到重视。例如儿童早期服务，纳入国家计划免疫的儿童免费疫苗接种实现了普惠供给，其他服务严重缺失，零星的社会组织实践尝试也存在内容单一、服务碎片化、普及性小、规范性弱和政府重视不足等问题。YM 表示"学龄前的孩子就放野马没人管"。服务供不应求是指服务的供给数量小于实际需要。受访的未保中心 AH 科长就表示，"农村困境儿童，物质层面的保障好，缺口是精神层面的服务、医疗、监护安全风险、社会组织陪伴等"。调研了解到，各地都开展了一些与儿童健康、安全和陪伴相关的服务，当前这些基础性的儿童福利服务也仅在部分区域、针对部分人群开展，无法实现面向所有儿童的普惠式提供。服务供大于求是指部分地区服务仅以困境儿童、留守儿童、残疾儿童作为服务对象，不同部门缺乏沟通，服务提供存在重复供给和反复供给现象，特殊群体服务供大于求。

2. 服务资源的高需求与低供给矛盾

服务资源是指开展服务的经济资本和人力资本。"缺钱""缺社工""缺专业人员"等服务资源不充分问题是受访机构共同的难题，难以回应儿童实际需求。当前的儿童福利服务需求广泛，涉及照顾、儿童保护、家庭支持、休闲娱乐、教育支持、能力发展等多个领域，但政府未能就儿童福利服务形成专门的制度规定，设立专项资金，建立规范化的人才队伍，儿童福利服务保障系统亟待完善。

公益金上面，要有明确的执行。我们这个有一个规定就是养老不能低于50%，但是儿童就没有。(40201MZ - A 科长)

没有钱，那弄个空头文件干什么。那个空头文件，我们还整天学习学习学习的，是吧。就政府又出文件了，还学习学习学习的，都空头的。(30202 - YV 社工)

缺乏资金支持，没有儿童福利服务相关政府购买项目，全县有一家正规的社工机构，只有几名专职社会工作者。(30201MZ - YK 股长)

我院最缺的是三类，医护人员、特教教师、专业背景社工（不仅是有社工证），我院现有 13 个持证社工，都不是社工背景，不会干社工。(30112EF - YH 副院长)

这个儿童之家第一任儿童主任是兼任，离职了。第二任儿童主任认为工作过于琐碎，认同感低，也离职了。现在这个是第三任儿童主任。儿童主任人选非常重要。(30111 - YF 工作人员)

不同部门在儿童福利服务资金投入、使用和考核方面未形成统一的政策文本，不同政策之间存在重叠、冲突和空白。缺乏与儿童福利服务配套的资源清单和专项资金，致使项目服务内容缺乏持续性；资金投入零星化，无法形成整体效应。Y 副总干事提出"社工自己去链接资源的话，他其实能力和接触到的有限，我们更希望的是政府能够有一个资源清单"，云南地区 YP 社工反映"昆明项目里面是没有明确的经费比例来让给社工工资的，所有的费用都是用于开展服务活动的……社工是做人的工作……其实整个成本是花在人力工资上面的"。我国尚未建立一支人员充足的儿童福利工作者队伍，地方政府对照中央机构改革设立了专门的儿童部门，但实质上没有新增岗位和人员编制，A科长对此深感无奈"没实质性（作用），其实就是换汤不换药"。社区儿童主任多属于兼职担任，缺乏合理的工作报酬，甚至没有任何补贴，工作动力不足，人员变动快。社工机构工作人员也面临相同的困境，受限于当前政府采购资金使用制度和政府资金投入少，工作人员待遇低，工作任务繁重，服务积极性不高。儿童福利服务工作者专业训练不足，专业技能掌握不足，难以就儿童面临的问题开展有效的服务，特别是涉及心理支持和偏差行为干预的服务。社区儿童之家工作人员的能力建设不足，实地调研发现部分儿童之家工作人员对儿童福利工作政策制度了解不深、认识不清，无法说清楚儿童之家的目标、功能、定位、服务对象、服务内容、工作流程、运作管理等内容。

就是因为这种资金的投入，还没有达到一个体量，所以我们就是零零星星的有这么一个社区，没有形成一个效应，所以肯定还是有一些地方肯定是有需求的，但是我们没有涉及。（40105-P主任）

这两年不让招聘新人，等机构改革，我们缺社工，没有社工背景的人，有考上社工证的，我们需要专业社工。现在救助站大多数人是部队转业干部，大学生不到20人，近4年没招大学生了。未成年人现在发育好，长得快，性早熟，不好管理，青春期孩子太难教育了。（30114WB-YZ处长）

服务资源短缺严重制约了儿童福利服务获得和福利水平提升，加大儿童福利服务的人财物投入，配套与实际相符的制度，是推动儿童福利服务体系建设的基础。

3. 服务的普遍性需求和选择性可得的矛盾

调研发现城乡儿童需求多样且普遍，但服务覆盖面较窄；资源不平衡，服务城乡二元化现象严峻；服务地域化排斥，流动儿童在异地（跨城乡、跨区、跨市）无法享受服务。

> 江苏目前不能叫儿童福利，应该叫救助，34 万困境儿童和 18 万留守儿童都做的是儿童救助，人群窄，在做好救助的基础上"提标扩面"。（10019ETC – AF 处长）

服务覆盖面狭窄，以针对流动儿童、留守儿童、困境儿童为主的救助性服务占多数，服务标准有待提高，江苏省 AF 处长认为"提标扩面"是解决儿童福利问题的当务之急，也就是说既要提高现有的特殊儿童群体服务的供给标准，同时也要扩大服务人群，提供面向所有儿童的普惠型福利服务。

除国家政策规定各地必须提供的福利服务（如新生儿免费疫苗、0～6岁免费体检、义务教育）外，狭义的儿童福利服务存在地区区隔和城乡二元化问题。经济水平较发达的江苏、广州地区，资源丰富，呈现资源主体多样、形式多样、服务可得性高的特征。经济水平落后地区，资源单薄，呈现资源主体单一、形式缺乏、服务可得性弱的特点。调研各地的农村儿童福利服务组织稀缺，尤其是一些经济落后地区，整个楚雄市武定县"没有儿童福利服务政府购买项目，全县有一家正规的社工机构，只有几名专职社会工作者，为 6 个镇提供服务，没有专业的心理支持人员和其他辅导人员"。农村儿童福利服务匮乏，城市机构的临时到访和物资捐赠并不能真正提升儿童福利水平，农村地区的儿童之家仅能为儿童提供一些课业辅导、卫生健康和安全教育宣传服务，人员不足，服务开展频次低。

> 像我们在外面务工的，中餐费能免就好了，我们户口老家那边的孩子中餐费都是免的，我们就得自付，老家的待遇我也希望在外边务工也有的啊。（120－17 商妈妈）
>
> 我希望有一个跟南京本地人平等的待遇，不要说你是外地的排挤你，人家本地人要先上，你不可以进去这个幼儿园，我感觉到不满意。（210－08

董妈妈）

不是所有儿童都可以参加的，我们是必须要提供证明的，一个是你是低收入家庭，就是你公司开的证明，如果你没有机构就是那种正规的机构，只是小饭店那种，你要（让）别人写个介绍。基本上就是这几个吧，低收入，然后流动人口，不是本地户口的，父母都有工作。（10302－AK 社工）

户籍制度导致儿童福利服务地域化排斥，无法遵循"儿童最大利益"原则选择最优的医疗、教育、照顾、支持等服务。实际上，对大部分儿童群体来说，尤其是流动儿童群体，地区资源不平衡使得他们不仅无法从城市获得服务，也难以从家乡获得类似的支持。受访 LY 社工对此很无奈，"有资源也很难帮他。流动青少年的问题很多是户籍的原因造成的"，打破地区、城乡壁垒，享受公平的、普惠的儿童福利服务是儿童、家长和服务机构的共同愿景。

4. 儿童发展的整体性服务需求与当前部门职能条块分割的矛盾

儿童发展是各个发展领域整体的、内在关联的、互相促进的递进性发展，现有儿童福利服务多为碎片化供给，与儿童实际需求不符。服务部门割裂、职责不清、机构改革不彻底等，难以满足儿童发展的整体性需要。

机构改革后，现在社会事务处只有 1 人，儿童福利处也是 1 人，人员没配齐，工作忙不过来，手下没有人。（30113MZ－YD 处长）

13 个市有 4 个成立了儿童处。一个主要问题是改革这块，编制、人员较少，工作起来总感觉没人，没定能（职能），没有定岗去落实这个事……X 民政局设了一个儿童福利部，它对应了上级，它的工作是分散在它的区民政局的几个业务部门。（40101MZ－E 工作人员）

国务院的组织部门进行重大的机构改革……从上面改过来是很简单的切割……是指令性的，而我们底下实际操作层面（很难）……打一个比方讲，以前发现和那个现场巡查、处理，是我们跟公安、城管并行的，但是现在根据两办文件，就是中央办公厅文件和国务院办公厅文件，是它们先行的，第

一责任已经划公安和那个城管，但是到地方上还没有形成政府地方性文件。（40202WB－B 主任）

我国行政体制条块分割，儿童福利相关问题由不同的部门负责（王雪梅，2014），部门协同不足。例如"0～3 岁卫计委管，其中的困境儿童归民政"，受访的社工机构干事 YC 曾用"侦探"形容困境儿童政策未出台前的工作，开展服务时往往需要向多个部门咨询，"找孩子，找居委会，找村委会，找县政府……"部门跨领域协同难以实现。部门权责不清晰、考核不明确、管理人员流动性强，容易导致部门间职责交叉、推诿、重叠、空白等问题。机构改革不彻底、部门设置混乱、职责不清，与省市两级的儿童福利独立科室设置不同，基层政府尚未配备专门的儿童福利工作人员，放置社会事务科，一个科对市级所有的处室，与老人福利、残疾人福利、社会救助等事务混杂，基层负担过重难以开展儿童福利的专项服务，受访福利工作者用"上面千条线，下面一根针"的比喻形象地描绘了这一困境。受访的儿童处处长表示"必须一起管才行"，指出解决当前儿童工作条块分割的办法是建立基于儿童需要的统一部门，在各级部门建立和配备与省市级儿童福利部门配套的部门、岗位和人员。此外，还需就不同部门间的分工、职责和合作机制形成制度性规定。部分工作者对当前的困境儿童政策予以肯定，"困境儿童政策它是有国家政策针对性的引导，这个困境儿童领域由哪一个政府部门负责，特别好"。

我们苏州有一个未保委，它是挂在团委那边的，但我们未成年人社会保护领导小组又是民政这边的，这两个机构就是功能重叠的。（乔东平 2018 年 7 月苏州社会组织焦点小组）

政府购买项目都是大、泛、广，这种项目定位的情况下，决定了我们项目的指标、项目的内容，也（有）同样的特点，就会导致这个项目就是在各方面都不可能很深入。（40106－Y 副总干事）

从服务实施层面来说，未形成一套完整的与儿童福利服务递送体系匹配的程序指引和评定标准。服务内容缺乏基于整体性儿童发展的认识，导致儿童服务供给碎片化，多部门交叉管理还可能造成资源重复浪费和个别领域空白，例如0~6岁儿童的早期教育问题，存在认识不足、责任不清、收费混乱、标准不一等问题。

5. 部分服务机构有责无权、有名无实的矛盾

围绕儿童福利工作，国家民政部设立了儿童福利司，对应国家机构改革，调研地区在省市级层面设立了专门的儿童福利科室，建立了协调部门工作的留守儿童、困境儿童联席会议制度。实地调研了解到，很大一批的儿童服务机构只是挂牌，尚未开展实际工作，省市县级政府虽然设立了儿童工作的科室，但部门内部并没有新增人员和编制，实际工作未发生变化。此外，由于留守、困境儿童联席会议制度缺乏细致的合作制度和相应约束机制，难以真正实现部门力量整合。YD处长表示："联席会议机制不起作用，难以协调教育、医疗部门，教育部门不管，互相推诿……市教育局说区里管，区里也不管"。

《江苏省未（成年人）保（护）条例》写得很好，地位高，职责多，但是实际上做不到。未保中心只是属于一个科级事业单位，不独立。（10304WB – AG 副科长）

基层儿童督导员、儿童主任有，但都是兼职的、虚的。儿童福利指导中心在各区都有，放在民政口子下，业务量远小于未保（工作有重叠），无编制、没人员、无服务和资金保障、无精力，类似于"挂牌"，"名存实亡"。（10303EF – AS 院长）

法律和制度也需要更加规范，比如"特需孩子"，他们有监护人，但是监护人是精神病、流浪人，没有办法送回家只能滞留在福利院。比如事实孤儿，我们会起诉被监护人，剥夺家长的监护权，但是法院、公安因为情况特殊，难以处理，这些情况导致无法保障孩子的权利。（30112EF – YH 副院长）

除了儿童福利机构服务落实困难外，儿童福利服务提供者的身份合法性在服务过程中受到了挑战。福利院、未保中心等福利机构对特殊儿童照顾、监护负有责任，但由于现有法律、制度不完善，社会关注不足，儿童照顾权利实际行使困难重重。例如 AS 院长所提及的"儿童福利院没有办法接收服刑人员的子女的，这些孩子在法律意义上是有监护人。有些省份之前是只能将这些孩子暂时放到养老院进行安置，这也是实在没有办法的'办法'，甚至还有家长出狱之后反过来告政府"。YZ 未保处长也陷入了此类工作困境，表示"那时候，救助站工作人员穿警服……很有权力，现在不行了，害怕出事担责"，服务过程中感到非常被动，"得求着被救助者接受服务"。AF 处长认为儿童福利服务重要性被严重低估，缺乏话语权，"跟养老没法比。我做养老时的成就感很强，现在做儿童福利很难，开会说话没人关注"。社工也在实践中遭遇到了类似的处境，即使负有服务儿童的责任，但由于社会认同不足，实际工作开展多需要依靠政府支撑、推动，无法强制要求服务对象接受必要的服务。

有的老师依然以为他们（社工）是团市委的员工，是在编制内的事业单位的员工。而不是以一个社工的身份来看待他的，他觉得可能是一个市级层面的一个任务的安排，所以我们需要配合。(30107 – YP 社工)

他们的家人不愿意带他们去做鉴定，我们也没有办法强制让他们去做，他们有些行为会影响到社区的居民，其实对他本身的发展，可以说他们生存的尊严也有影响，但是我们社工真的很难介入，没有确诊我们只能多去探访。(20102 – LB 社工)

解决当前服务机构有名无实、有责无权的现象，需要在机构改革、政策制定、法律出台方面做出调整，更重要的是基于儿童服务需求和现状做好顶层规划，在宏观层面合理布局，厘清部门责任，从整体性视角出发制定相关法律政策。

6. 儿童福利服务重数量与轻质量的矛盾

为贯彻落实全国儿童福利工作会议精神，进一步加强儿童福利领域专业人才队伍建设，提升儿童福利专业服务能力，建设一支儿童福利专业队伍，2018 年全国儿童福利主任数量达到 61.53 万人，中央财政购买儿童类专业服务总金额达 5576 万元，儿童领域项目达 148 个（联合国儿童基金会、北京师范大学中国公益研究院，2019），儿童福利服务数量和服务人员获得了"爆炸式"的量增，同时引发了忽视服务质量的问题。

生活技能提高、领导力、抗挫折能力还有早期发育在学校还有幼儿园学过。学校教我们做家务，要做自己力所能及的事，就是生活技能提高……选班干部就是领导力嘛。每次考试对我都是抗挫折训练。（110 - 13 孩子小羊）

有的时候是光看视频，有的时候就是那种像快放暑假已经开始领成绩报告册的时候，老师给我们看了暑假要注意的几点，然后讲了一下，有的时候也不看，老师也不说，直接让人坐在这，有几个教务处领导来拍照，我也不知道他们拍照干吗。（10110 - 02c 小红）

留守儿童服务站已经有很多的指标，比如说一周要服务的时间有多长，孩子要有多少人，要签到……（40205 - L 会长）

政府的文字材料要求比较多，实质性的我们真正做了多少事情它并不是特别关注吧，因为我们也有做创投，一直做材料，各种材料特别多。（10104 - O 义工协会负责人）

服务质量重视不足的表现有：过于强调服务的数量、频率和服务人群的频数，缺乏对服务的科学性、专业性、供需一致性、有效性的考核；服务流于形式，内容趋同，存在服务重复供给、反复供给现象，难以满足儿童的真实需要；一份工作多方交代，行政压力大。受访 O 义工协会负责人表示"政府对我们的文字材料要求比较多，实质性的我们真正做了多少事情它并不是特别关注吧，一直做材料，各种材料特别多"。受访 YQ 社工表示只能"这个项目里面连党风廉政建设都放进来了，它要放东西才会给钱的，我要完成它的指标的，所以我们现在是拼盘式项目，一个活动我要多方去交代的"。

（五）当前儿童福利服务的经验

1.初步形成儿童福利服务多元主体网络

我国初步形成了以政府为主导，基层组织、社会组织和家庭为主体的多元儿童福利供给体系。政府通过自上而下的政策制定、服务规划、资源分配以及动态的服务督导和评估为福利服务的实施提供政策、制度、资金，政府的统筹规划和组织协调是维系多主体合作的必要条件。社区儿童主任是儿童福利服务的直接提供者，虽然具体服务情况地区差异很大，但在儿童信息排查、政策宣传和资源链接等方面被期待发挥"最后一公里"的基础作用，尤其是面向农村地区的儿童福利服务。社会组织是儿童福利服务实施的重要主体，关注儿童的成长与发展，就不同领域的儿童问题提供专业服务。家庭是儿童照顾的主要承担者，家庭与其他主体的互动是单向和被动的，这也反映出我国虽然形成了较为完整的儿童福利服务供给网络，但各主体间的关系、责任、工作机制尚待明确。

2.建立"分类＋分级"、依托平台、"线上＋线下"结合的特殊儿童管理机制

儿童福利服务实施是一个整体性工作，包含多元主体、多类客体以及多个程序。通过社区儿童主任、社工和其他基层工作者的走访，调查收集了大量的儿童基础信息，建立了儿童信息管理平台，初步实现对儿童信息的全面掌握和特定特殊儿童信息的动态化管理，委托部门或社会组织对平台信息进行管理，依据地区儿童风险等级评定标准认定儿童情况。依托信息管理平台为困境儿童、留守儿童等特殊群提供线上、线下结合的服务。

以儿童信息管理平台为依托的儿童服务管理机制，实现了服务主体、儿童和服务内容的整合，能够克服传统的主体条块分割式服务造成的资源浪费、责任推诿、服务空白等弊端。

3.以社区为载体的儿童福利服务传递模式得到广泛实践

《中国儿童发展纲要（2011～2020年)》提出要强化城乡社区儿童服

务功能，将社区视为实现儿童福利目标的重要场所和提供主体。社区能否实现儿童福利目标的重建取决于多种因素，其中最为关键的是社区是否具有相应提供能力，并嵌入新的目标实践中。一般来看，社区能力是指在特定社区内的人力资本、组织资源及社会资本的互动，可以将一个社区中的集体知识用于解决社区集体问题的经济、物质、社会和组织资源（宋梅，2013）。

社会组织嵌入社区开展儿童福利服务有利于破解儿童福利资源困境，在世界各国和地区均有实践。日本的社区儿童中心服务被证实是一种有效的儿童福利保障方式，政府通过"指定管理者制度"推行政府购买，开放 NPO、社区团体、民营企业等多元主体参与服务供给（李智，2016）。以社区为载体、机构嵌入的儿童福利服务模式在我国多个地区得到实践，机构嵌入社区，通过整合政府、学校、社区、家庭等主体资源，推动服务朝向"儿童最大利益"的目标靠近。有学者认为信息不对称和传播受阻是造成当前儿童福利服务可及性低的重要原因（彭华民等，2020），机构嵌入社区开展服务可以从缩短空间距离和增加知晓率方面提升服务可及性。

五 中国儿童福利服务发展的战略目标与体系构建

2020 年是我国全面建成小康社会的历史转折点，儿童成为国家未来发展的社会资本，儿童福利服务的重要性应该提到国家发展战略高度来认识，在传统注重"问题解决"的福利供给取向中加强"上游干预"和"投资未来"的取向。根据本研究框架（见图 7-3），在发展型儿童福利视角和生命周期理论指导下，基于本研究发现的儿童福利服务需要、供给现状、经验和问题，构建新时代中国特色儿童福利服务体系，明确服务发展的战略目标。

（一）战略目标："全儿童视角"的普惠性儿童福利服务

这里的"全儿童视角"指全体儿童都应该享受儿童福利服务，特别是儿童保护服务。这借鉴于联合国儿童基金会、英国救助儿童会等国际组织多年来倡导的"以权利为基础"（Rights-based）的儿童保护制度（Save the Children，2010），要求全面保护所有儿童。每个儿童都有法定的生存权、发展权、受保护权、参与权等基本权利，每个儿童都有平等享有福利的需要。因此，面向全体儿童、城乡一体的福利服务，体现了每个儿童平等享有福利和保护的权利。国家履行支持家庭养育和保护儿童权利的责任，必须制定儿童福利发展战略，普惠性儿童福利服务更好地体现了国家责任。研究表明，以儿童为核心的投资战略具有双重效益（Jenson and Saint-Martin，2006），对于提升个体人力资本和国家劳动力资本、增强个体和国家的未来竞争力等均产生积极作用。

新时代需要重点解决儿童不平衡、不充分发展问题，推动城乡一体的儿童福利服务体系建设是解决我国儿童福利长期"城乡二元"的重要目标。在没有普惠的现金福利的情况下，普惠的服务福利对促进社会发展成果惠及每个儿童，特别是农村儿童至关重要。目前，建立城乡一体的普惠制的儿童福利服务体系已经起步，但由于城乡之间，特别是发达地区和欠发达地区在认识、理念、专业人员、资金支持等方面的巨大差异，实现这一目标面临诸多困难。提高服务能力、可及性和扩大覆盖面，是解决儿童福利不平衡不充分发展问题的重要途径。

实现普惠性儿童福利服务这一战略目标的路径、策略是"分步走"：

第一步，我国已经从服务孤儿、弃婴和流浪儿童扩大到服务城乡困境儿童（包括贫困儿童、残疾儿童、监护缺失或监护不当的儿童）、农村留守儿童等；

第二步，我国应该继续扩大服务对象，服务于有各种特殊需要的、处境不利的城乡儿童群体，如单亲家庭儿童、学业困难儿童、心理和行为问题儿童、城市留守儿童等；

第三步，儿童福利服务对象扩大到城乡全体儿童，本研究显示，普通儿童也有服务需求，每个儿童都应该得到所需要的福利服务，其中儿童保护服务也应该纳入国家基本公共服务清单，这也是关系儿童生存权的公共卫生问题。

（二）体系构建：中国儿童福利服务的基本要素和机制

服务体系由一系列基本要素和机制构成。基本要素包括服务主体、服务客体（对象）、服务内容、服务方式、服务项目等。服务机制包括保障机制、管理运行机制、合作机制、评估机制、专业支持机制等。服务福利比现金福利更复杂、更难执行和落实，因此更需要保障各项儿童福利服务项目实施和效果的机制等。

1. 服务主体

福利国家危机爆发后，福利多元主义理论受到了广泛的关注和实践，重视政府之外的多元主体共同参与福利供给。依据福利提供主体的不同，福利多元主义理论可以划分为罗斯的三分法派别（Rose，1986）和约翰逊等人的四分法派别（Johnson，1987）：三分法派别将政府、企业、社会视为福利的提供者；四分法将国家、市场、家庭和志愿组织当作福利供给的主体。福利多元主义理论打破了传统的政府一元主导模式，是对福利客体多元需求的一种积极回应。调研发现，我国儿童福利服务提供主体也呈现多元化，现有政策明确了困境儿童和农村留守儿童服务的多元主体责任原则，即"家庭尽责"、"政府主导"、"社会参与"和"全民关爱"，强调家庭是"促进儿童发展第一责任主体"，家庭不仅是服务对象，更是福利责任主体。

未来面向全体儿童的福利服务需要进一步强化和细化其他服务主体，如政府、社会力量（包括社会组织、群团组织、志愿服务组织、社区居委会、企业等）对家庭的支持和帮助。目前，社会组织（特别是社工机构）和社区/村居儿童主任在儿童福利服务中的作用得到重视，但需要加强服务能力建设，培育社区内生力量；政府需要增加儿童福利服务的财政投入和购买儿童福利服务量；激活和充分发挥企业和志愿者的作用。儿童福利服务的发展应该是多元主体依托福利机构、家庭、社区、教育机构、托幼机构、医疗机构、市场、网络等各种服务平台，为全体儿童提供服务。

2. **服务对象**

全周期的儿童。按照生命周期理论，童年处于生命周期开端，上一阶段的生活对下一阶段有非常重要的影响或决定作用，因此儿童需要的满足和权利保护状况将影响其一生。未来儿童福利服务必须面向 0～18 岁整个周期的儿童（未成年人）。

全类别的儿童。未来儿童福利服务不限于目前服务关注的孤儿、事实无人抚养儿童、困境儿童、农村留守儿童、流动儿童、涉罪未成年人等重点类别，而是为所有类别的儿童提供福利服务，包括心理和行为障碍儿童、学业困境儿童、少女妈妈、单亲家庭儿童等。同时，加强对受虐儿童（包括受性侵）、受忽视儿童的保护服务，这种儿童保护服务也是国际儿童保护的重点。

分层次的儿童。儿童的生活境况是动态变化的，根据儿童的需要状况和风险层次，为儿童及其家庭提供预防性服务、干预性服务、替代性服务。

3. **服务内容**

理论上说，需要和需求决定儿童福利服务的对象、范围、次序，也是衡量福利服务的标准。调研发现，现有儿童福利服务的突出问题是服务供给不足以及与儿童及家庭需要的匹配度低，甚至不匹配。

未来儿童福利服务体系构建和发展的重点是服务提供必须与服务需要相匹配，在此基础上增加服务供给量，覆盖城乡有需要的儿童。计划服务内容时，可以把童年分为 4 个阶段，即 0～3 岁、3～6 岁、6～12 岁小学阶段、12～18 岁中学阶段，基于不同阶段儿童发展的普遍性基本需要和特殊群体的特殊性需要，提供普惠性的照顾、教育、健康、保护服务，以及残疾康复、特殊教育、社区矫正、替代性养护等方面的服务，见表 7－4。在优先特殊儿童群体分类保障的基础上，为全体儿童及其家庭提供普惠性福利服务，根据需要的优先性和紧迫性逐步推进服务的普惠进程，实现儿童福利服务的"应有尽有"。

表7-4 设计我国儿童福利服务体系可能的服务项目（自制）

需要	对象	健康		教育	照顾	保护
全体儿童普遍性需要	0~3岁儿童	开端计划				
	3~6岁儿童	心理疏导、生命教育、同伴交往、人际交往、抗逆力提升	营养计划、免费疫苗、免费体检	早期教育 / 学前教育	托育服务、上学接送服务、家访服务	预防校园暴力与干预、预防儿童性侵与干预、预防家庭暴力与干预
	6~12岁儿童			学业指导、偏差行为干预	上学接送服务	
	12~18岁儿童					
特殊儿童特殊性需要	残疾儿童	情感关怀、精神慰藉等关爱服务	康复治疗	特殊教育	专门性托育服务	权益维护
	孤儿、事实孤儿、艾滋病病毒感染儿童				类家庭服务、家庭寄养、社会妈妈	权益维护
	大病儿童		医疗援助、舒缓治疗	病房学校	专业护理	
	涉罪未成年人			工读学校（专门学校）		社会调查、社区矫正、合适成年人项目
	流浪儿童			正式学校合作、类学校、类家庭教育	临时庇护	预防拐卖、法律援助
	流动儿童			异地入学	社会适应、学习空间改造	
	留守儿童			防辍保学	儿童之家为载体的关爱服务	权益维护
	单亲家庭儿童					
	贫困儿童		营养计划	学习空间改造		
	受虐儿童		创伤辅导		临时庇护服务、长期安置	家庭服务、国家监护
家庭普遍性需要	全体儿童家庭	孕期指导、妇幼保健、家庭教育指导、亲子关系辅导、亲子活动中心、儿童照顾、托育服务				

需要	对象	项目			
		健康	教育	照顾	保护
家庭特殊性需要	残疾儿童家庭	照顾者康复指导、照顾者喘息服务、政策咨询（家内残疾儿童）；"类家庭"指导（福利院残疾儿童）			
	孤儿、事实孤儿家庭	寄养家庭监护人培训			
	大病儿童家庭	照顾者健康护理指导培训、照顾者支持			
	涉罪未成年人家庭	法律援助、父母心理疏导			
	流浪儿童家庭	送孩子回家、送孩子回学校			
	流动儿童家庭	临时性补充照顾服务、照顾者社会支持			
	留守儿童家庭	亲子关系维系服务			
	单亲儿童家庭	托育服务、课后服务			
	贫困儿童家庭	扶贫政策咨询、就业支持			
	受虐儿童家庭	照顾者辅导、法律援助			

4. 服务项目

根据表 7 - 4 的服务内容设计服务项目，以 0 ~ 3 岁儿童托育服务为例，可以设计社区临时托育项目。通过各级政府财政补贴、村居社区经费、企业社会投资、家长会员制缴费等方式，基于现有的社区（村居）儿童之家和社区（村居）综合服务中心，改造和扩建适合 0 ~ 3 岁幼儿活动和生活的场所，保障每个社区（村居）至少有一处适合 0 ~ 3 岁儿童接受临时替代性照顾的标准化场所。把保障婴幼儿安全、健康和照护功能的实现放到首位。充分发挥儿童主任的作用，监督和管理托育场所，招募本社区妇女志愿者，通过岗前的育儿培训，使其掌握基本儿童照护的要求和规范，并建立人身安全、饮食安全、消防安全和卫生健康安全等工作流程和制度。由卫生健康部门、民政部门等部门进行管理和指导，消防部门、食品药品监管部门等定期进行检查，基层妇幼保健院、公办学前教育机构等定期派人进行业务指导和育儿培训。为社区内有临时托管需要的 0 ~ 3 岁幼儿家庭提供支持，也为社区内 0 ~ 3 岁儿童的活动创造公共空间，发挥社区资本的作用，促进社区互动。

5. 服务方式、模式

调研发现现有儿童福利服务方式多种多样，按照直接服务对象分类，可以分为三种：一是以儿童为中心的服务，直接服务儿童；二是以家庭为中心的服务，直接服务对象是家庭或父母、照顾者，通过支持家庭来服务儿童；三是以社区为中心的服务，通过社区宣传教育、社区活动等为儿童及家庭服务。

未来儿童福利服务方式仍然可以根据上述三种来设计，比如儿童保护服务，可以采取对受虐儿童的临时庇护、对受虐儿童父母的情绪控制训练、社区儿童保护宣传和虐童预防。更具体的服务形式有个案服务、团体服务、儿童之家、家访、院舍照顾、家庭寄养、整合资源等。在疫情防控常态化的情况下，儿童福利服务方式可以扩展到线上服务、电话服务、新媒体服务等远程方式。

6. 服务保障机制

儿童福利服务主体把服务内容或服务项目递送给服务对象，需要进一步完善儿童福利服务的保障机制。

首先，政策法律要从国家战略高度保障儿童福利服务的人财物投入，特别是应明确国家、地方政府在儿童福利服务方面的责任和财政投入比例，建立筹资机制。在我国全面建成小康社会、2020 年人均 GDP 已经超过 1 万美元的历史阶段，儿童福利服务资金应该有所增长。经济发达地区可以先行先试，先发展普惠性服务。欠发达地区财政困难的情况下，需要争取上级政府的财政转移支付和福利彩票公益金，还可以从企业、基金会、个人等社会力量多方面筹措资金，激活、鼓励、调配和整合各类资源，实现资源流动。在国际上，募捐是筹措福利服务资金的重要方式。

其次，目前比出台政策法律更重要的是现有政策法律以及相关制度、机制的有效落实。目前关于资金支持的最新规定体现在 2019 年民政部等10 部门联合出台的《关于进一步健全农村留守儿童和困境儿童关爱服务体系的意见》，其要求"各级财政部门要结合实际需要，做好农村留守儿童和困境儿童关爱服务经费保障。要统筹使用困难群众救助补助等资金，实施规范未成年人社会保护支出项目。民政部本级和地方各级政府用于社会福利事业的彩票公益金，要逐步提高儿童关爱服务使用比例。要加大对贫困地区儿童工作的支持力度，各地分配各类有关资金时要充分考虑贫困地区未成年人救助保护机构数量、农村留守儿童和困境儿童等服务对象数量，继续将'贫困发生率'和财政困难程度系数作为重要因素，向贫困地区倾斜并重点支持'三区三州'等深度贫困地区开展儿童关爱服务工作"。如果现有政策法律得到落实，将提高儿童福利服务的保障水平。只让工作不给资金支持的政策很难真正落实，特别是在贫困地区。未来儿童福利服务发展应该避免仅仅"发文件、开大会、挂牌子、设机构、交总结"，而未实际改善儿童福利服务的状况。

最后是儿童福利服务人员保障，未来将形成以专业社工、儿童福利机构和未成年人救助保护机构工作人员、社区儿童主任为主，以儿科医生、妇幼保健人员、幼师、早教人员、中小学教师、青少年法律援助律师、志愿者等为辅的儿童福利和儿童保护工作者队伍。目前，全国城乡社区（村居）60多万名儿童主任基本上是兼职，服务的积极性和能力很有限，除了加强培训，政府还应该给予专项补贴。社工也应该享有合理的薪酬标准和福利保障，这样才能促进未来儿童福利服务队伍的稳定。

7. 服务管理运行与合作机制

国务院妇女儿童工作委员会是我国儿童工作的协调议事机构，包括35个成员单位。其中，民政部儿童福利司是我国狭义儿童福利服务的行政主管部门，统筹儿童福利和儿童保护行政管理工作，管理面较窄，主要负责孤残儿童、事实无人抚养儿童、困境儿童、留守儿童、流浪儿童等特殊群体的服务提供和管理。从广义儿童福利服务看，卫健委和教育部是卫生保健服务、托幼服务、义务教育服务的管理部门；未成年人检察部门、公安部门和少年法庭也开展未成年人保护工作；妇联、共青团、残联、关工委等也在各自领域承担着与儿童福利或儿童保护相关的工作。服务管理部门比较分散。

2018年，从中央到地方都建立了由民政部门牵头的"农村留守儿童关爱保护和困境儿童保障工作联席会议"机制，相关政府部门共同讨论和处理与农村留守儿童和困境儿童相关的重点问题。基于"全儿童视角"和儿童权利视角，普惠性儿童福利服务发展将不限于目前重点关注的这些特殊儿童群体，而是面向所有儿童，民政部门进行服务管理的难度将加大，需要提升其权限。2021 年 4 月底，国务院未成年人保护工作领导小组成立，这个高级别的协调机制必将促进普惠性的儿童保护和儿童福利服务发展。

普惠性儿童福利服务将更加重视多部门合作机制，如政府与社会组织的合作、政府与企业的合作、社会组织之间的合作、政社企合作、社会组织与社区合作、社会组织与学校合作、社会组织与医院合作，等等。合作有利于整合资源，取长补短，提高服务效率和质量。

8. 服务质量监测和评估机制

为避免低质、劣质服务造成的资源浪费和对儿童及家庭的消极影响，国家需要完善服务的监管体系。建立服务质量监督和评估机制的目的是保证儿童福利服务质量，需要以下条件：一是制定并切实落实儿童福利服务标准，标准化服务流程；二是加强儿童福利服务的循证研究，了解服务干预的质量和效果，为高质有效的儿童福利服务提供证据；三是通过教育培训、服务督导、服务转介、多专业协作、行业协会等为儿童福利服务提供专业支持网络，提升和监督服务质量；四是建立社会组织、儿童主任、儿童督导员服务考核机制，通过专业方法评估服务实施过程及结果。

同时，国家需要建立儿童信息管理平台，开展全国性调查，建立全国儿童及福利服务数据库，获得各类儿童统计数据，只有做到服务对象底数清楚，才能较准确地支撑资金和人员的合理配置。服务主体应该合理地共享和使用数据，为高质量的服务项目设计和实施提供依据。

综上所述，基于儿童权利和我国国情，建立普惠性儿童福利服务体系作为我国的战略目标，具有正当性和可行性。

（致谢：感谢曾为本研究提供建议或资料的谢倩雯、何玲、张柳；感谢参与实地调研或文献梳理的北京师范大学 2017 级、2018 级和 2019 级研究生。）

附　件

附表7－1　儿童福利主管单位及服务机构访谈名单

地区	编号	受访者	单位类型
湖北省阳新县	40201MZ	A 科长	政府部门
湖北省阳新县	40202WB	B 主任	政府机构
湖北省阳新县	40203EF	C 主席	儿童福利院
湖北省阳新县	40204EJ	D 儿童主任	儿童之家
湖北省阳新县	40205	L 会长	志愿团体
湖北省武汉市	40101MZ	E 工作人员	政府部门
湖北省武汉市	40102WB	F 工作人员	未保中心
湖北省武汉市	40103EF	G 院长	儿童福利院
湖北省武汉市	40104EJ	Z 儿童主任	儿童之家
湖北省武汉市	40105	P 主任	社工机构
湖北省武汉市	40106	Y 副总干事	社工机构
湖北省武汉市	40107	H 法人	社工机构
江苏省张家港市	10101	K 社工	社工机构
江苏省张家港市	10102	W 社工	社工机构
江苏省张家港市	10110－01	M 工作人员	社工机构
江苏省张家港市	10103	N 社工	社工机构
江苏省张家港市	10104	O 义工协会负责人	志愿团体
江苏省张家港市	10105	S 工作人员	政府部门
江苏省张家港市	10111	T 社工	社工机构
江苏省张家港市	10106	R 社工	社工机构
江苏省张家港市	10110－02C	V 社工	社工机构
江苏省张家港市	10110－03C	AB 社工	社工机构
江苏省张家港市	10107	AC 社工	社工机构
江苏省张家港市	10108	AD 副主席	政府部门
江苏省张家港市	10109	AQ 科长、AE 科长	政府部门
江苏省张家港市	10119EF	AZ 院长	儿童福利院
江苏省张家港市	10120WB	AY 科长	未保中心

续表

地区	编号	受访者	单位类型
江苏省张家港市	10121MZ	AK 副局长	政府部门
江苏省张家港市	10115	AM 社工	社工机构
江苏省张家港市	10117	AL 负责人	社工机构
江苏省张家港市	10116	AR 工作人员	社工机构
江苏省南京市	10019ETC	AF 处长	政府部门
江苏省南京市	10304WB	AH 科长、AG 副科长	未保中心
江苏省南京市	10301	AT 工作人员	社工机构
江苏省南京市	10303EF	AS 院长、AU 副院长	儿童福利院
江苏省南京市	10302	AK 社工	社工机构
云南省武定县	30111	YF 工作人员	基金会
云南省武定县	30202	YV 社工	社工机构
云南省武定县	30201MZ	YG 副局长、YK 股长	政府部门
云南省昆明市	30101	YA 老师	社工机构
云南省昆明市	30102	YB 副主任	社工机构
云南省昆明市	30103	YC 社工	社工机构
云南省昆明市	30104	YQ 社工	社工机构
云南省昆明市	30105	YH 社工	社工机构
云南省昆明市	30106	YJ 社工	社工机构
云南省昆明市	30107	YP 社工	社工机构
云南省昆明市	30108EJ	YE 儿童主任	儿童之家
云南省昆明市	30109	YX 社工	社工机构
云南省昆明市	30110	YM 工作人员	基金会
云南省昆明市	30112EF	YH 副院长	儿童福利院
云南省昆明市	30113MZ	YD 处长	政府部门
云南省昆明市	30114WB	YZ 处长	未保中心
广东省广州市	20101	LA 副总干事	社工机构
广东省广州市	20102	LB 社工	社工机构
广东省广州市	20103	LC 工作人员	政府部门
广东省广州市	20104	LD 社工	社工机构
广东省广州市	20105	LE 社工	社工机构
广东省广州市		LF 副总干事	
广东省广州市	20106	LG 副主任	社工机构

地区	编号	受访者	单位类型
广东省广州市	20107	LH 主任	社工机构
广东省广州市	20108	LJ 校长	社工机构
广东省广州市	20109	LK 社工	社工机构
广东省广州市	20110	LY 社工	社工机构
广东省广州市	20111	LZ 社工	社工机构
广东省广州市	20112	LQ 工作人员	社工机构
广东省广州市	20113	LP 主任	社工机构
广东省广州市	20114	LR 理事长	社工机构
广东省广州市	20115	LT 主任	社工机构
广东省广州市	20116	LS 社工	社工机构

参考文献

安宏玉、刘丽红，2011，《太原市高中生的心理健康教育观调查研究》，《吕梁教育学院学报》第 3 期，第 14 - 17 页。

毕蕙、李克敏、张小松、周敏、赵更力，2009，《北京城区青少年青春期相关知识、态度、行为及保健需求调查》，《中国妇幼保健》第 26 期，第 3690 - 3693 页。

蔡迎旗、王佳悦、张亮，2019，《我国学前教育供给模式的演变历程与展望：1949 - 2019》，《华中师范大学学报（人文社会科学版）》第 5 期，第 25 - 37 页。

陈晨，2013，《我国孤儿心理需求状况调查——基于 10 省市儿童福利机构的调查数据分析》，《中国特殊教育》第 11 期，第 8 - 13 页。

陈丽，2012，《流动儿童家长对儿童保健需求的调查》，《浙江预防医学》第 3 期，第 74 - 75 页。

陈鹏，2018，《个案工作介入服刑人员未成年子女帮扶工作的路径与实施策略》，《社会科学辑刊》第 2 期，第 78 - 85 页。

程福财，2013，《从经济资助到照顾福利：关于上海儿童与家庭照顾福利需求的实证调查》，《中国青年研究》第 9 期，第 67 - 71 + 75 页。

邓纯考，2019，《民政主导视域下的农村留守儿童关爱保护研究——基于浙江省的调研》，《温州大学学报（社会科学版）》第 5 期，第 12 - 20 页。

邓猛、苏慧，2012，《融合教育在中国的嫁接与再生成：基于社会文化视角的分析》，《教育学报》第 1 期，第 83 - 89 页。

邓猛、朱志勇，2007，《随班就读与融合教育——中西方特殊教育模式的比较》，《华中师范大学学报（人文社会科学版）》第 4 期，第 125 – 129 页。

邓倩、胡登全，2013，《留守儿童文化生活需求下的农家书屋建设研究——以重庆市留守儿童为例》，《图书情报工作》第 20 期，第 80 – 83 页。

丁建定、方之瑜，2019，《中国心理性困境儿童社会保护和支持体系的构建》，《江汉论坛》第 6 期，第 135 – 139 页。

冯元、彭华民，2014；《我国流浪儿童救助模式的转向研究——基于抗逆力理论的视角》，《江苏大学学报（社会科学版）》第 5 期，第 24 – 30 页。

符勤怀、林东耳、申龙强、王宏，2018，《学龄前儿童家长对儿童心理健康教育的认知、需求状况及获取儿童心理健康知识途径》，《广西医学》第 21 期，第 64 – 66 + 82 页。

傅王倩、肖非，2013，《医教结合：现阶段我国特殊教育发展的必然选择——对路莎一文的商榷》，《中国特殊教育》第 7 期，第 3 – 7 页。

高中建，2018，《留守儿童帮扶需求与公益组织介入研究》，《青年探索》第 6 期，第 60 – 72 页。

葛承辉、朱月伟、朱旭红、章菱，2011，《杭州市下城区流动儿童保健体检覆盖率研究》，《中国妇幼保健》第 10 期，第 1445 – 1447 页。

谷长芬、陈耀红、王蕊、曹雁、穆歌、李媛媛，2010，《北京市 0 – 7 岁残疾儿童家庭需求调查研究》，《中国特殊教育》第 10 期，第 9 – 13 页。

郭波，2016，《产褥期妇女母婴保健知识需求调查分析》，《基层医学论坛》第 21 期，第 2932 – 2933 页。

韩央迪、黄晓华、周晶，2016，《助残服务的充足性与家庭生活质量——基于对上海地区残障儿童的家庭照料者研究》，《社会建设》第 11 期，第 39 – 51 + 59 页。

贺连辉、陈涛，2018，《我国社区儿童保护和服务机制发展新走向》，《中国青年社会科学》第 3 期，第 111 – 119 页。

洪秀敏、朱文婷、陶鑫萌，2019，《新时代托育服务的供需矛盾与对策——基于青年家庭获得感和需求的 Kano 模型分析》，《人口与社会》第 6 期，第 3 – 14 页。

胡敏洁，2019，《学龄前儿童照顾政策中的公私责任分配》，《北京行政学院学报》第 2 期，第 76 – 82 页。

胡晓毅、姜依彤，2019，《北京孤独症儿童家庭需求及生活质量研究》，《残疾人研究》第 4 期，第 3 – 10 页。

黄金园、顾华妍、张海燕、何丹、秦茂、刘佳，2019，《青春期校园门诊实践及服务模式探索》，《重庆科技学院学报（社会科学版）》第 11 期，第 1654 – 1656 + 1661 页。

黄君、彭华民，2018，《项目制与嵌入式：困境儿童保护的两种不同实践研究》，《南通大学学报（社会科学版）》第 3 期，第 131 – 138 页。

黄辛隐、张锐、邢延清，2009，《71 例自闭症儿童的家庭需求及发展支持调查》，《中国特殊教育》第 11 期，第 43 – 47 页。

金博、李金玉，2014，《论我国身心障碍者监护制度的完善》，《西北大学学报（哲学社
　　会科学版）》第 5 期，第 95 – 106 页。

金梅，2020，《贫困儿童及家庭公共服务需求与供给匹配研究——以甘肃省临夏回族自
　　治州为例》，《西北师大学报（社会科学版）》第 2 期，第 138 – 144 页。

雷杰、邓云，2016，《"社区为本"的儿童保护服务本土化模式创新——以佛山市里水镇
　　"事实孤儿"保护项目为例》，《青年探索》第 3 期，第 41 – 49 页。

李坚，2011，《农村留守儿童看护问题探讨》，《湖南社会科学》第 6 期，第 92 – 94 页。

李莹、韩文瑞，2018，《我国儿童保护制度的发展与取向：基于国际比较的视角》，《社
　　会建设》第 4 期，第 48 – 58 页。

李永勤、朱月情、林海英，2017，《上海市听障儿童康复教师专业化发展现状及需求调
　　查研究》，《中国听力语言康复科学杂志》第 3 期，第 219 – 221 页。

李泽影、刘恒，2010，《留守儿童能力培养行动研究——四川农村留守儿童服务站个案
　　研究》，《中华女子学院学报》第 3 期，第 84 – 88 页。

李智，2016，《日本社区儿童服务的多元主体供给》，《外国中小学教育》第 9 期，第
　　48 – 53 页。

联合国儿童基金会、北京师范大学中国公益研究院，2019，《中国儿童福利与保护政策
　　报告 2019》，https：//www. unicef. cn/reports/professional – and – universal – child –
　　welfare – and – protection – system，第 16 – 17 页，最后访问日期：2021 年 2 月 1 日。

林典，2019，《我国儿童虐待处遇机制研究——从深圳虐童案谈起》，《预防青少年犯罪
　　研究》第 1 期，第 67 – 74 页。

刘继同，2008a，《当代中国的儿童福利政策框架与儿童福利服务体系（上）》，《青少年
　　犯罪问题》第 5 期，第 13 – 21 页。

刘继同，2008b，《当代中国的儿童福利政策框架与儿童福利服务体系（下）》，《青少年
　　犯罪问题》第 6 期，第 11 – 21 页。

刘继同，2021，《中国现代儿童福利服务体系制度化建设论纲》，《探索与争鸣》第 10
　　期，第 140 – 147 + 179 – 180 页。

刘兰华、伏燕，2017，《我国社会福利机构的能力建设：个案、反思与政策优化——以
　　儿童福利院为例》，《中国行政管理》第 9 期，第 106 – 110 页。

刘松、张惠兰、刘晓冬、李晓妹、李向云，2012，《2009 年潍坊市部分产妇保健知识需
　　求状况调查》，《预防医学论坛》第 2 期，第 17 – 19 页。

刘显威、周迎春，2016，《残疾儿童康复现状与需求调查分析——以北京市朝阳区为
　　例》，《残疾人研究》第 4 期，第 31 – 35 页。

刘颖，2019，《市场化与集团化对学前教育普惠和质量的挑战：英国的案例》，《外国教
　　育研究》第 4 期，第 18 – 31 页。

刘颖、冯晓霞，2014，《政府购买学前教育服务的方式及其特点与影响》，《学前教育研

究》第 11 期，第 9 - 16 页。

刘宇佳，2020，《课后服务的性质与课后服务的改进——基于我国小学"三点半难题"解决的思考》，《当代教育论坛》第 1 期，第 45 - 51 页。

刘中一，2018，《中国家庭主义福利模式下的儿童照顾——以西班牙为参照》，《黑龙江社会科学》第 4 期，第 85 - 89 页。

刘中一，2019，《我国托育服务管理职责体系建设——兼论托育服务行政主管部门的确立》，《行政管理改革》第 2 期，第 8 - 15 页。

陆士桢，2010，《适度普惠社会保障体制下的社会福利服务——以儿童福利的视角》，《社会保障研究》第 2 期，第 62 - 70 页。

陆士桢、李月圆，2014，《中国儿童福利服务现状与发展》，载王延中主编《中国社会保障发展报告 2014》，北京：社会科学文献出版社。

马斯洛、亚伯拉罕，2013，《动机与人格》（第 3 版），许金声等译，北京：中国人民大学出版社。

倪泽敏、韩仁锋，2010，《武汉市 0 ~ 7 岁流动儿童保健现况调查》，《中国妇幼保健》第 16 期，第 2258 - 2262 页。

彭华民、屠蕴文、张双双、梁祖荣，2020，《福利提供机制、福利服务提供与福利理念传递研究——以 Z 市困境儿童福利制度构建为例》，《社会工作》第 2 期，第 23 - 30 + 109 页。

亓迪，2018，《英国儿童社会工作发展概况介绍（一）》，《中国社会工作》第 28 期，第 55 - 56 页。

乔东平，2014，《困境儿童保护制度建设：从理念到实践》，《中国社会报》1 月 27 日，第 3 版。

乔东平，2015，《困境儿童保障的问题、理念与服务保障》，《中国民政》第 19 期，第 23 - 25 + 28 页。

乔东平，2016，《地方政府儿童保护主管机构建设研究——基于 A 县和 B 市的儿童保护试点实践》，《社会建设》第 2 期，第 18 - 27 页。

乔东平、黄冠，2021，《从"适度普惠"到"部分普惠"——后 2020 时代普惠性儿童福利服务的政策构想》，《社会保障评论》第 3 期，第 79 - 94 页。

乔东平、廉婷婷、苏林伟，2019，《中国儿童福利政策新发展与新时代政策思考——基于 2010 年以来的政策文献研究》，《社会工作与管理》第 3 期，第 78 - 88 + 95 页。

尚晓援、李海燕、伍晓明，2003，《中国孤残儿童保护模式分析》，《社会福利》第 10 期，第 38 - 41 页。

尚晓援、刘浪，2006，《解析东亚福利模式之谜——父系扩展家庭在儿童保护中的作用》，《青少年犯罪问题》第 5 期，第 4 - 11 页。

沈冠辰、陈立行，2018，《社会工作介入我国农村留守儿童的实务模式研究》，《吉林大学社会科学学报》第 6 期，第 118 - 126 + 208 页。

宋梅，2013，《个体化时代的社区福利建设研究》，中国社会出版社，第 47 - 48 页。

孙婷、唐启寿、张武丽、刘德培、邓柯欣，2018，《农村在校留守与非留守儿童心理健康服务获取现状及需求比较》，《中国公共卫生》第 12 期，第 1623 - 1626 页。

童小军，2017，《国家监护视角和困境儿童服务》，《中国民政》第 11 期，第 53 页。

万国威、马杨卿，2019，《中国儿童福利机构的实践困境与建设方向》，《社会福利（理论版）》第 3 期，第 12 - 18 页。

王培峰，2011，《我国学前教育的五大结构性矛盾及其政策应对——兼论残疾儿童等弱势群体学前教育安排的政策思路》，《教育发展研究》第 6 期，第 25 - 34 页。

王倩、史坤翀、王洁，2009，《北京市丰台区流动儿童保健现状调查分析》，《中国妇幼保健》第 15 期，第 2119 - 2121 页。

王善峰、郭冬梅，2011，《从"接收"到"接纳"：农民工子女义务教育的新需求》，《当代教育科学》第 20 期，第 8 - 11 页。

王婷、窦贵旺、李凌竹、李革，2012，《重庆市小学生突发事件心理危机干预需求》，《中国学校卫生》第 4 期，第 410 - 411 页。

王晓芬，2019，《流动儿童学前教育需求及社会支持》，《甘肃社会科学》第 4 期，第 139 - 146 页。

王雪梅，2014，《儿童福利论》，北京：社会科学文献出版社。

王彦华、刘峰、刘铁军，2009，《北京市西城区中学男生生殖健康知识行为需求调查》，《中国学校卫生》第 9 期，第 781 - 783 页。

王燕、潘利萍、王惠珊、宫丽敏、黄小娜、张丽晋等，2011，《城市婴幼儿家长营养与喂养现状及需求》，《中国儿童保健杂志》第 6 期，第 33 - 35 页。

王玉香、杜经国，2018，《抗逆力培育：农村留守青少年社会工作服务的实践选择》，《中国青年研究》第 10 期，第 114 - 119 + 100 页。

魏少芳，2018，《智障儿童社会化的需求分析及介入策略——以某特殊教育学校为例》，《文化创新比较研究》第 15 期，第 172 - 173 页。

翁洁，2019，《小学生托管教育服务：现状、问题及对策——基于福州市小学 1450 份问卷的抽样调查》，《南昌教育学院学报》第 3 期，第 53 - 56 页。

吴帆，2016，《我国农村留守儿童社会工作服务发展现状与主要问题》，《中国民政》第 12 期，第 18 - 20 页。

汪涛、陈静、胡代玉、汪洋，2006，《运用主题框架法进行定性资料分析》，《中国卫生资源》第 2 期，第 86 - 88 页。

武俊青、李玉艳、周颖、李亦然、纪红蕾、赵瑞、于传宁、杨宏琳，2017，《杭州市某区高中生对学校性教育的态度和需求分析》，《中国健康教育》第 2 期，第 182 - 184 页。

夏明娟、窦义蓉、曹型远，2018，《重庆市部分中小学青春期性健康教育现状和对策》，《中国学校卫生》第 9 期，第 42 - 45 页。

肖非，2005，《中国的随班就读：历史·现状·展望》，《中国特殊教育》第 3 期，第 3 -

7 页。

谢琼，2020，《中国儿童福利服务的政社合作：实践、反思与重构》，《社会保障评论》
    第 2 期，第 87 - 100 页。

谢宇、冯婷，2018，《福利院孤残儿童社会化问题的社会工作介入研究——基于"类"
    情境的探索》，《社会福利（理论版）》11 期，第 16 - 20 + 33 页。

邢浩杰、张淑、朱长才，2011，《受艾滋病影响儿童的关怀需求及干预措施的研究现
    状》，《中国艾滋病性病》第 1 期，第 100 - 103 页。

徐丽敏、徐永祥、梁毓熙，2019，《需求与结构：现代家庭视角下困境儿童保护的政策
    研究——基于天津市第二批全国儿童社会保护试点区的案例分析》，《学海》第 5
    期，第 101 - 106 页。

徐倩、周沛，2016，《残疾儿童福利困境与"精准助残"发展策略——以无锡、荆州、
    西安、宝鸡四市调查为例》，《东岳论丛》第 11 期，第 79 - 84 页。

徐月宾，2001，《儿童福利服务的概念与实践》，《民政论坛》第 4 期，第 17 - 21 页。

薛璐、葛兰，2019，《小学生课后托管现状及校内托管服务模式探析——以徐州市 TS 区
    为例》，《教育观察》第 29 期，第 40 - 44 页。

杨慧、厉丽、黄若彤，2019，《民族地区困境青少年隐性"辍学"问题的社会工作介入
    研究——基于云南省 N 乡的调研》，《民族教育研究》第 6 期，第 41 - 50 页。

杨菊华，2018，《理论基础、现实依据与改革思路：中国 3 岁以下婴幼儿托育服务发展
    研究》，《社会科学》第 9 期，第 91 - 102 页。

杨孝霞、黄任秀、蒋蓓、熊枫，2017，《特殊儿童家庭无障碍环境现状与需求调查分
    析》，《世界最新医学信息文摘》第 60 期，第 25 - 26 + 33 页。

杨雪燕、井文、王洒洒、高琛卓，2019，《中国 0 - 3 岁婴幼儿托育服务实践模式评估》，
    《人口学刊》第 1 期，第 5 - 19 页。

姚建龙、滕洪昌，2017，《未成年人保护综合反应平台的构建与设想》，《青年探索》第
    6 期，第 5 - 17 页。

郁菁、黄晓燕，2016，《论生态系统视角下的流动儿童社区保护》，《中国青年社会科学》
    第 4 期，第 59 - 63 页。

曾华源、郭静晃，1999，《少年福利》，台北：亚太图书出版社。

张晋、刘云艳，2019，《学前教育公共服务的意蕴、结构及制度演变》，《教育评论》第
    2 期，第 60 - 65 页。

张明锁、王洁、柴文莉、王岑琛、王晓明，2013，《建立适度普惠型的流浪儿童救助服
    务体系——以某省流浪儿童救助保护中心为例》，《社会工作》第 4 期，3 - 15 +
    152 页。

张娜、蔡迎旗，2009，《不同监护类型留守幼儿在生活、学习及沟通方面的困难与需求
    差异比较》，《学前教育研究》第 5 期，第 31 - 36 页。

张耀庭，2018，《论农村留守儿童的心理问题与应对策略》，《学理论》第 11 期，第 114 -

115 + 120 页。

张永梅、唐佳丽，2013，《流动儿童母亲的儿童健康保健认知现状和需求分析——基于湖州市的调查》，《湖州师范学院学报》第 1 期，第 41 - 45 页。

赵川芳，2017，《近年我国流浪儿童救助保护的演变、问题与对策》，《青年探索》第 16 期，第 27 - 32 页。

赵静茹、王一森、余红兵，2019，《深圳农民工子女教育基本服务供需研究》，《中国国情国力》第 9 期，第 75 - 79 页。

周静，2009，《渝东南地区中学生心理健康态度的调查研究》，《重庆科技学院学报（社会科学版）》第 3 期，第 99 - 100 页。

周森，2017，《7 岁以下流动儿童保健服务现状与需求探讨》，《世界最新医学信息文摘》第 16 期，第 127 页。

周维宏，2016，《社会福利政策的新基本原则："看护四边形理论"及其研究课题》，《社会政策研究》第 1 期，111 - 126 页。

祝玉红、张红，2018，《智力障碍儿童家庭照顾者的社会支持状况研究》，《社会保障研究》第 4 期，第 69 - 78 页。

Hazel Fredericksen、R. A. Mulligan 、刘继同，2013，《英美儿童福利理论、政策和服务的历史演变与制度特征》，《社会福利（理论版）》第 5 期，第 2 - 14 页。

Bai, Yu, Rebecca Wells, and Marianne M. Hillemeier. 2009. "Coordination between child welfare agencies and mental health service providers, children's service use, and outcomes." *Child Abuse & Neglect* 33（6）：372 - 381.

Barth, Richard P. , John Landsverk, Patricia Chamberlain, John B. Reid, Jennifer A. Rolls, Michael S. Hurlburt, Elizabeth M. Z. Farmer, Sigrid James, Kristin M. McCabe, Patricia L. Kohl. 2005. "Parent – training programs in child welfare services: planning for a more evidence – based approach to serving biological parents." *Research on Social Work Practice* 155：353 - 371.

Berliner, Lucy, Monica M. Fitzgerald, Shannon Dorsey, Mark Chaffin, Steven J. Ondersma, Charles Wilson. 2015. "Report of the APSAC task force on evidence – based service planning guidelines for child welfare." *Child Maltreatment* 201：6 - 16.

Billings, Peggy, Terry D. Moore, and Thomas P. McDonald. 2003. "What do we know about the relationship between public welfare and child welfare? . " *Children and Youth Services Review* 25（8）：633 - 650.

Bowman, Miriam Elizabeth. 2018. "The grand challenges of social work: deaf children in the child welfare system." *Children and Youth Services Review* 88：348 - 353.

Bradshaw, Jonathan. 1972. "The taxonomy of social need." *New Society* 496：640 - 643.

Brodowski, M. L. , Flanzer, C. Nolan, 2003. " Quality improvement centers on child protective services and adoption: testing a regionalized approach to building the evidence base—a federal perspective. " *Professional Development: The International Journal of Continuing Social Work Education* 61/2: 10 – 16.

Brookes, Devon, and D. Webster. 1999. "Child welfare in the United States: policy, practice and innovations in service delivery. " *International Journal of Social Welfare* 8: 297 – 307.

Bunger, Alicia C. , Emmeline Chuang, and Bowen McBeath. 2012. "Facilitating mental health service use for caregivers: referral strategies among child welfare caseworkers. " *Children and Youth Services Review* 34 (4): 696 – 703.

Burns, Barbara J. , Sarah A. Mustillo, Elizabeth M. Z. Farmer, David J. Kolko, Julie McCrae, Anne M. Libby, and Mary Bruce Webb. 2010. "Caregiver depression, mental health service use, and child outcomes. " In *Child Welfare, Child Well – Being, New Perspectives from the National Survey of Child and Adolescent Well – Being*, edited by Mary Bruce Webb, Kathryn Dowd, Brenda Jones Harden, John Landsverk, Mark Testa. pp. 351 – 379. New York: Oxford University Press.

Cameron, Gary, and Nancy Freymond. 2015. "Accessible service delivery of child welfare services and differential response models. " *Child Abuse & Neglect* 39: 32 – 40.

Chambers, Ruth M. , and Cathyrn C. Potter. 2008. "The match between family needs and services for high - risk neglecting families. " *Journal of Public Child Welfare* 2 (2): 229 – 252.

Choi, Sam, and Joseph P. Ryan. 2007. "Co – occurring problems for substance abusing mothers in child welfare: matching services to improve family reunification. " *Children and Youth Services Review* 29 (11): 1395 – 1410

Coady, Nick, Sandra L. Hoy, and Gary Cameron. 2013. "Fathers' experiences with child welfare services. " *Child & Family Social Work* 18 (3): 275 – 284.

Coles, Dorothy C. . 2015. "Identifying diffferences between privatized, partially privatized, and non – privatized state foster care systems: a comparative study examining efficiency and effectiveness. " PhD diss. , Virginia Commonwealth University, Retrieved from http: // scholarscompass. vcu. edu/cgi/viewcontent. cgi? article = 4830&context = etd.

Collins – Camargo, Crystal, Bowen McBeath, and Karl Ensign. 2011. "Privatization and performance – based contracting in child welfare: recent trends and implications for social service administrators. " *Administration in Social Work* 35 (5): 494 – 516.

Dettlaff, Alan J. , and Joan R. Rycraft. 2010. "Factors contributing to disproportionality in the child welfare system: views from the legal community. " *Social Work* 55 (3): 213 – 224.

Dettlaff, Alan J. , and Yali Lincroft. 2010. "Issues in program planning and evaluation with immigrant children and families involved in the child welfare system. " *Evaluation and Program Planning* 33 (3): 278 – 280.

Esping – Andersen, Gosta. 1990. *The Three Worlds of Welfare Capitalism*. Princeton University Press.

Esping – Andersen, Gosta. 1999. *Social Foundations of Postindustrial Economies*. Oxford University Press.

Fong, Hiu – fai, Margarita Alegria, Megan H. Bair – Merritt, and William Beardslee. 2018. "Factors associated with mental health services referrals for children investigated by child welfare." *Child Abuse & Neglect* 79: 401 – 412.

Fowler, Patrick J. , and Dina Chavira. 2014. "Family unification program: housing services for homeless child welfare – involved families." *Housing Policy Debate* 24 (4): 802 – 814.

Fuller, Tamara, and Martin Nieto. 2014. "Child welfare services and risk of child maltreatment rereports: do services ameliorate initial risk? ." *Children and Youth Services Review* 47: 46 – 54.

Garrett, Paul Michael. 2004. "Talking child protection: the police and social workers 'working together'." *Journal of Social Work* 41 (1): 77 – 97.

Gilbert, Neil, eds. . 1997. *Combatting Child Abuse: International Perspectives and Trends*. Oxford: Oxford University Press.

Gilbert, Neil, Nigel Parton, and Marit Skivenes. 2011. "Changing patterns of response and emerging orientations." In *Child Protection Systems – International Trends and Orientations*, edited by Neil Gilbert, Nigel Parton, and Marit Skivenes. New York: Oxford University Press.

Heggdalsvik, Inger Kristin, Per Arne Rød, and Kåre Heggen. 2018. "Decision – making in child welfare services: professional discretion versus standardized templates." *Child & Family Social Work* 233: 522 – 529.

Hoffman, Jill A. , Alicia C. Bunger, Hillary A. Robertson, Yiwen Cao, Kristopher Y. West. 2016. "Child welfare caseworkers' perspectives on the challenges of addressing mental health problems in early childhood." *Children and Youth Services Review* 65: 148 – 155.

Horwitz, Sarah McCue, Michael S. Hurlburt, Jeremy D. Goldhaber – Fiebert, Amy M. Heneghan, Jinjin Zhang, Jennifer Rolls – Reutz, Emily Fisher, John Landsverk and Ruth E. K. Stein. 2012. "Mental health services use by children investigated by child welfare agencies." *Pediatrics* 130 (5): 861 – 869.

Howard, S. , 2014. "Review of Engaging fathers in the early years: a practitioners guide." *Practice: Social Work in Action* 262: 133 – 134.

Howell, James C. , Marion R. Kelly, James Palmer, Ronald L. Mangum. 2004. "Integrating child welfare, juvenile justice, and other agencies in a continuum of services." *Child Welfare: Journal of Policy, Practice, and Program* 83 (2): 143 – 156.

Hubel, Grace S. , Alayna Schreier, David J. Hansen, and Brian L. Wilcox. 2013. "A case study of the effects of privatization of child welfare on services for children and families: the Nebraska experience. " *Children and Youth Services Review* 35 (12): 2049 – 2058.

Huggins – Hoyt, Kimberly Y. , Orion Mowbray, Harold E. Briggs, Junior Lloyd Allen. 2019. "Private vs public child welfare systems: a comparative analysis of national safety outcome performance. " *Child Abuse & Neglect* 94: 104024.

Jack, Gordon, and Owen Gill. 2010. "The role of communities in safeguarding children and young people. " *Child Abuse Review* 19 (2): 82 – 96.

Jarpe – Ratner, Elizabeth, Jennifer L. Bellamy, Duck – Hye Yang, Cheryl Smithgall. 2015. "Using child welfare assessments and latent class analysis to identify prevalence and comorbidity of parent service needs. " *Children and Youth Services Review* 57: 75 – 82.

Jenson, Jane, and Denis Saint – Martin. 2006. "Building blocks for a new social architecture: the LEGO paradigm of an active society. " *Policy & Politics* 34 (3): 421 – 451.

Johnson, Norman. 1987. *The Welfare State in Transition: The Theory and Practice of Welfare Pluralism.* University of Massachusetts Press.

Jonson – Reid, Melissa. 2011. "Disentangling system contact and services: a key pathway to evidence – based children's policy. " *Children and Youth Services Review* 33 (5): 598 – 604.

Leitner, Sigrid. 2003. "Varieties of familialism: the caring function of the family in comparative perspective. " European Societies 5 (4): 353 – 375.

Léveillé, Sophie, and Claire Chamberland. 2010. "Toward a general model for child welfare and protection services: a meta – evaluation of international experiences regarding the adoption of the Framework for the Assessment of Children in Need and Their Families (FACNF) . " *Children and Youth Services Review* 32 (7): 929 – 944.

Lundahl, Brad, Chad McDonald and Mindy Vanderloo. 2020. "Service users' perspectives of child welfare services: a systematic review using the practice model as a guide. " *Journal of Public Child Welfare* 14 (2): 174 – 191.

Marcenko, Maureen O. , Sandra J. Lyons, and Mark Courtney. 2011. "Mothers' experiences, resources and needs: the context for reunifification. " *Children and Youth Services Review* 33 (3): 431 – 438.

Mathis, Karen J. . 2007. "The American bar association addresses the national problem of youth at risk. " *Family Court Review* 45 (3): 354 – 360.

McLanahan, Sara S. , and Marcia J. Carlson. 2002. "Welfare reform, fertility, and father involvement. " *The Future of Children* 121: 146 – 165.

Narayan, Jayanthi, Raja Pratapkumar, and Sudhakara P. Reddy. 2017. "Community managed services for persons with intellectual disability: andhra pradesh experience. " *Journal of Intellectual Disabilities* 21 (3): 248 – 258.

Oppenheim, Elizabeth, Lee, Rashelle, Lichtenstein, Carolyn, Bledsoe, Katrina L, and Fisher, Sylvia K. . 2012. "Reforming mental health services for children in foster care: the role of child welfare class action lawsuits and systems of care." *Families in Society* 93 (4): 287 – 294.

Orloff, Ann, and Shola. 1993. "Gender and the social rights of citizenship: the comparative analysis of gender relations and welfarestates." *American Sociological Review* 58: 303 – 328.

Pérez Jolles, Monica, Flick, Jodon Anne, Wells, Rebecca, and Chuang, Emmeline. 2017. "Caregiver involvement in behavioural health services in the context of child welfare service referrals: a qualitative study." *Child & Family Social Work* 22 (2): 648 – 659.

Pinkerton, John, and Denis Muhangi. 2009. "Linking social welfare development with cash transfers and education to promote child wellbeing – what we know and what we need to know." *Vulnerable Children and Youth Studies* 4 (S1): 55 – 67.

Pott, Robbin. 2017. "Delivering social work services in collaboration with the legal representation for individual clients: an effective, ethical and economical approach to supporting families in child abuse and neglect legal proceedings." *Child Abuse & Neglect* 73: 24 – 29.

Raghavan, Ramesh, Arleen A. Leibowitz, Ronald M. Andersen, Bonnie T. Zima, Mark A. Schuster, and John Landsverk. 2006. "Effects of medicaid managed care policies on mental health service use among a national probability sample of children in the child welfare system." *Children and Youth Services Review* 28 (12): 1482 – 1496.

Rose, Richard. 1986. "Common goals but different roles: the state's contribution to the welfare." In *The Welfare State East and West*, edited by Richard Rose and Rei Shiratori. New York: Oxford University Press.

Ryan, Joseph P. , and John R. Schuerman. 2004. "Matching family problems with specifific preservation services: a study of service effectiveness." *Children and Youth Services Review* 26 (4): 347 – 372.

Save the Children. 2010. "Building rights – based national child protection systems: a concept paper to support Save the Children's work", https://resourcecentre.savethechildren.net/document/child – protection – initiative – building – rights – based – national – child – protection – systems – concept/, Retrieved: 5 Feb. 2022.

Scannapieco, Maria, Rebecca L. Hegar, and Kelli Connell – Carrick. 2012. "Professionalization in public child welfare: historical context and workplace outcomes for social workers and non – social workers." *Children and Youth Services Review* 34 (11): 2170 – 2178.

Schneiderman, Janet U. , and Margarita Villagrana. 2010. "Meeting children's mental and physical health needs in child welfare: the importance of caregivers. " *Social Work in Health Care* 49 (2): 91 – 108.

Sherr, Lorraine, Anna Rodgers, Rebecca Varrall, Joanne Mueller and Michelle Adato. 2009. "Examining ways in which contact opportunities associated with transfers might help identify vulnerable households and link them with social welfare services: a systematic review of the literature. " *Vulnerable Children and Youth Studies* 4 (S1): 10 – 40.

Smith, Brenda D. . 2008. "Child welfare service plan compliance: perceptions of parents and caseworkers. " *Families in Society* 89 (4): 521 – 532.

Trocmé, Nico, Catherine Roy, and Tonino Esposito. 2016. "Building research capacity in child welfare in Canada. " *Child and Adolescent Psychiatry and Mental Health* 10 (1): 1 – 8.

U. S. Department of Health & Human Services. 2016. "Administration for children and families, administration on children, youth and families, children's bureau. " Child Maltreatment 2014. Retrieved August 26, 2017. http: //www. acf. hhs. gov/programs/cb/research – data – technology/statistics – research/child – maltreatment.

U. S. Department of Health & Human Services. 2017. "Administration for children and families, administration on children, youth and families, children's bureau. " Child Maltreatment 2015. Retrieved August 26, 2017. http: //www. acf. hhs. gov/programs/cb/research – data – technology/statistics – research/child – maltreatment.

Wells, Melissa, Anastasiya Vanyukevych, and Sherri Levesque. 2015. "Engaging parents: assessing child welfare agency onsite review instrument outcomes. " *Families in Society* 96 (3): 211 – 218.

第八章
关于中国儿童福利发展
战略问题的思考

尚晓援　乔东平　王小林　姚建平[*]

摘　要： 儿童福利发展战略涉及九个宏观问题。一是四个战略目标：实现儿童发展机会平等、增加新生儿数量、提高儿童素质、保障儿童安全。二是国家发展战略决定儿童发展状态，儿童发展亦促进国家发展。三是还生育权于家庭，赋权家庭；提高家庭的儿童养育能力，赋能家庭，建设健康的家庭环境。四是在福利服务的提供上，要节制资本和监督市场，扶植非营利机构。五是建设部分普惠的儿童福利制度。六是对儿童的现金救助项目，应主要是补缺性的；为了鼓励生育，考虑在部分地区试行普惠性项目。七是基于"全儿童视角"提供普惠性儿童福利服务，并解决儿童不平衡、不充分发展问题。八是建设儿童安全和儿童友好的发展环境。九是缓解相对贫困（收入和能力方面），阻断贫困的代际传递。

一　关于儿童福利发展的战略目标

中国的儿童福利发展战略，需要考虑三个方面。第一，怎样在国家发展

---

* 尚晓援，北京师范大学教授（退休），研究方向为儿童福利、儿童保护；乔东平，北京师范大学教授、博士生导师，研究方向为儿童福利、儿童保护；王小林，复旦大学六次产业研究院教授、博士生导师，研究方向为贫困治理、公共服务、国际发展等；姚建平，华北电力大学教授，研究方向为儿童福利、社会救助。

的大背景下，实现儿童福利的最大化。为此，儿童福利必须成为国家人力资本战略的有机组成部分。第二，国家和儿童发展所处的战略环境，特别是未来几十年发展的战略环境，如城市化、工业化、科技创新、人口老化等对儿童发展的要求。第三，儿童发展的状态，特别是缺口和不足，以及下一阶段哪些方面亟须改进。从这些考虑出发，根据本书各章的分析，我们提出下列四个相互关联的战略目标：实现儿童发展机会平等、增加儿童数量、提高儿童素质、保障儿童安全。这是现阶段儿童福利发展战略需要瞄准的最重要的一组战略目标。

第一，实现儿童发展机会平等。为所有儿童的发展建立公平公正的起点，使所有的儿童都能够实现自己最大的发展潜能，为解决儿童贫困问题和不平等的代际传递问题奠定坚实的制度基础。如此亦可使中国未来的人力资本实现总量最大化，即在实现儿童福利最大化的同时，对国家发展的贡献也最大化。

第二，增加新生儿出生数量。通过多种措施，减少家庭养育的后顾之忧，缓解因为成本约束而减少生育（即有生育意愿的家庭，因为儿童养育成本过高而放弃生育），最大限度地避免出生率的下降，增加儿童数量。这也能够增加国家的人力资源，减缓人口老龄化的冲击。

第三，培养高素质的儿童。首先，科学养育儿童，利用最先进的研究成果，促进儿童身心健康发展，使儿童具有未来高级能力发展所必需的身体、智力和心理素质。其次，提高儿童受教育程度，延长义务教育或免费教育的时间到 15 年，并最终大大增加儿童未来获得高等教育的可能性。最后，除了延长教育年限之外，还要提高养育质量和教育水平，促进所有儿童高级能力的发展。这样培养的儿童，应该成为中国未来中等收入群体的中坚力量，并具有强大的国际竞争力。

第四，保障儿童安全。减少儿童面对的风险，建立儿童安全的家庭、社区和校园环境。实现儿童安全，需要瞄准儿童成长风险问题，为所有儿童构建多维度的安全的成长环境，包括家庭环境、校园环境、社会环境、生态环境、网络环境等。

二　关于国家发展战略和儿童福利的发展

国家发展战略决定了儿童福利的发展。本研究的焦点是儿童福利的发展战略。基于1978年改革开放以来的经验，本书发现，在中国，儿童发展和儿童福利的状态，高度取决于国家的发展状态和国家战略。国家发展战略决定了儿童发展和儿童福利状态。反过来，就人力资本形成来说，儿童发展可以成为促进国家发展的有利因素。儿童福利是国家对未来最好的投资。这一发现包括如下三个方面。

第一，国家发展战略的宏观选择，最终影响到每个家庭和其中的儿童的存在状态，例如就业方式、居住地选择、子女的数量和成长条件、可支配的资源，以及可获得的教育、医疗和其他儿童福利服务，等等。再如，大量留守儿童的出现与城市化滞后于工业化和中国工业化过程中优先发展沿海地区的战略密不可分。因此，国家制定发展战略时，应该考虑到其对家庭和儿童的影响，特别是中长期影响，并进行有关的评估。

第二，儿童福利是国家人力资本投入的重要部分。国家发展本质上是人的发展，人的发展从儿童开始。因此，促进儿童发展的儿童福利，是对国家未来的人力资本的投资，对国家未来的发展具有重要的战略意义。目前，从国家发展的战略环境看，人力资本的培养对各个国家，都是未来发展和国际竞争中的最重要的因素之一。中国还面对迅速的人口老龄化。在这样的背景下，作为形成未来人力资本的重要一环，国家对儿童福利的投入，不仅仅是对儿童的投入，更是对中国未来的投入。

第三，儿童福利对儿童发展和中国未来的影响举足轻重。儿童发展状态，可能成为国家发展的战略目标能否实现的重要因素。中国过去40余年能够实现高速的经济发展，和改革开放早期对儿童教育和健康的投入有直接关系。从历史上看，1980年代，中国的政治家认识到，普及义务教育对实现国家的主要战略目标——四个现代化，具有重要的战略意义，将为10～20年后的中国经济起飞培养数以亿计的技术工人和数以千万计的管理人员。因此，经过多次调研，在人均 GDP 不足 300 美元的背景下，国家制定了普及九年制义务教育的战略目标。现在看来，这是在改革开放之初，最成功的战略决定之一。这既是关于国家发展的战略决定，也是关于儿童福利的战略决定。这一决定，极大地影响了中国儿童发展的水平，也大大提高了其后几十年中国劳动力在国际市场上的竞争力，使儿童发展和人力资本形成，最终成为促进中国经济高速发展的重要原因之一。这是国家发展和儿童发展相互支持和相互成就的经典案例。本书第五章考察的教育扶贫，又称"人力资本扶贫"，也是此类的经典案例。

虽然有上述因素，但是儿童福利对国家发展的重要战略意义，不一定为所有人和决策者所理解，儿童福利发展能够在国家发展战略中占据优先位置，和决策者的远见卓识有关，和社会关注有关，也和儿童福利制度的设计有关。为了把儿童福利和儿童发展纳入国家的总体发展战略，还需要儿童福利有关的部门、政府和非政府组织以及学术界和实际工作者的进一步努力，让更多的人认识到儿童发展对国家发展的重要战略意义。为此，从人力资本形成的角度讨论儿童福利的发展战略，可以更好、更清楚地说明儿童福利在国家发展中的战略意义。

三 关于国家、家庭和儿童

儿童福利发展战略的核心，是处理好几组关系：国家和家庭，国家、家庭和儿童，国家、家庭、市场和民间社会之间的关系。

第一，明确国家必须承担的责任：实现儿童福利发展战略的核心，是明确国家责任，如儿童福利提供和实现儿童福利发展的责任，以及国家和家庭在儿童养育和发展中的分工。在当代中国，儿童养育和发展中的很多责任，已经全部或部分地从家庭转到国家，如生育健康、义务教育、卫生保健和医疗等。《未成年人保护法》规定：国家保障未成年人的生存权、发展权、受保护权、参与权等权利。为了实现儿童福利发展的战略目标，国家需要全面承担起提供均等化的基本公共服务的责任，例如，提供儿童的医疗保健卫生服务，提供从早期教育到高中教育的服务，提供残疾儿童服务，提供儿童保护的服务等，以便减少家庭必须承担的儿童养育成本和儿童养育的后顾之忧，以及消除儿童贫困。

第二，赋权家庭：为了实现提高生育率、增加儿童数量的战略目标，中国迫切需要赋权家庭，还生育权于家庭。这是实现儿童福利发展战略的基础。过去的几个世代中，为了达到人口总量控制的目的，家庭的生育权转移到国家。目前，在人口老龄化和生育意愿急剧下降的情况下，中国迫切需要还生育权于家庭。通过赋权家庭，扶助家庭，允许家庭按照自己的意愿生育子女，并在法律允许的范围内，按照自己的意愿和方式养育儿童。国家通过政策引导家庭，通过服务支持家庭，而不是强制家庭按照国家意志养育儿童。

第三，赋能家庭：教育家长，扶助家庭，提高家庭在儿童监护、保育、教养等各个方面的能力，建设健康的家庭环境。儿童需要在健康的家庭环境中成长，这样才能获得未来高级能力发展所必需的智力和心理素质。教育不平等始于婴儿期。婴儿时期从照料者那里获得刺激和护理，对于扩大儿童在今后生活中的选择和帮助他们充分发挥自身潜力至关重要。父母的教育决定了从怀孕到幼儿期的培育性护理质量：一个积极响应、情感支持充分、满足儿童健康和营养需求的家庭环境，能合理激发儿童的发展；同时能提供玩耍、探索的机会和保护儿童免受逆境。

诺贝尔奖获得者福格尔（2011）讨论新形式的不平等时提出，当物质领域的基本需求得到满足之后，非物质领域分配的不平等问题则凸显成为问题的中心，重要的精神资源的分配不平等，要求新的社会政策。福格尔列举了15种重要的精神资源，它们的共同特征是儿童都是在非常年幼的时候，通过他人的传授获得该种精神资源。在这里，家庭的影响举足轻重。精神财富带来的个人潜能的实现并不能被国家立法规定，因为非实物资产大多数是通过私人的转移发展起来的，很少通过市场。"一些最为关键的精神上的资产，例如坚定的意志、自尊、遵守纪律、对机遇的洞察力以及对知识的渴望，都是一个人非常年轻的时候从别人那里转移而来的"（福格尔，2011）。在这里，儿童从婴幼儿时期就赖以生存和成长的家庭环境具有极其重要的意义。

第四，为儿童计终生，坚持儿童利益优先和儿童权利保障的原则。虽然上面讨论了国家发展战略和儿童福利发展战略之间的关系，强调了国家发展对儿童发展的主导性影响，以及儿童发展对国家未来的人力资本积累的重要作用。但是，无论在理论上还是在实践中，儿童利益优先和国家发展在现阶段高度一致。目前，国家面临着重大的挑战，革命性的创新技术的高速的发展，使现在的儿童面对着极为不确定的未来。只有通过引入最新的科学的儿童养育方式，加大对儿童可行能力的投入，才能使现在的儿童具备在未来高度竞争性和创新性环境中生存的能力。"家长爱子女，为其计长远"，儿童福利发展战略，对所有的儿童，都需要包括这种"国家计长远，为儿童计终生"的战略方面。

四　关于国家、家庭和市场：节制资本和监督市场

在儿童成长的过程中，利用市场资源是必不可少的。在儿童发展的各个方面，市场的确提供了丰富的可供选择的资源。国家提供的服务，有相当重要的部分（如学前教育），亦采取了政府购买的方式，家长也需要从市场上选购。因此，市场在儿童发展中的积极作用不可低估。但是，市场的逻辑是资本的逻辑，即盈利，只有在盈利的条件下，才顾及儿童发展的利益。而儿童是易受伤害的群体，更容易受到劣质商品的负面影响。因此，在和儿童有关的由市场提供的商品和服务方面，国家监管力度应该强于一般性的商品和服务。对劳动密集型的儿童福利服务，其创造巨额利润的空间有限，国家在购买服务时，当考虑主要从非营利机构购买。

五　儿童福利的提供原则：部分普惠的儿童福利制度

国家提供的儿童福利，包括以现金形式提供的福利，和以商品和服务形

式提供的福利。在这项研究中，我们提出中国选择部分普惠的儿童福利制度，主要考虑有两点。第一，普惠的儿童福利，应该包括全体儿童。在实践中，"适度普惠"的"度"其实很难确定。而部分普惠，是以儿童福利的项目来区分的。有些儿童福利项目，如义务教育、公共卫生、医疗保障，已被列入国家基本公共服务项目清单，以普惠形式提供，在操作中非常清楚，包括所有儿童的就是普惠，没有哪些儿童群体不在里面。第二，在给成年人提供的福利中，应该尽可能提供现金福利，把服务的选择权交给实际使用服务的人，这样才可以使福利提供对使用者的效用最大化。但是，儿童福利与此不同，儿童自身处于发展过程中，尚未成熟，对现金缺少掌控能力，对服务的质量和安全缺少判断能力，对他们来说，有质量保障的服务提供往往比现金支持更加重要。因此，能够列入国家基本公共服务清单的儿童福利的服务，应该提供给所有儿童，一视同仁，都是普惠性质的。针对有特殊需要的儿童的服务，如对残疾儿童的康复服务，也应该以普惠的形式提供给该群体中的所有儿童。

当然，由于国家提供的是"基本公共服务"，只有底线的保障。有些家长希望给自己的孩子提供超出基本公共服务的更高层次的服务，并且从市场上购买，国家也应该支持。因为这些都是家庭对未来的人力资本的投资。整个国家都可以从这些家长的投资中获益。对这些市场上提供的、更高层次的服务，国家只发挥监管的作用，保证这些提供给儿童的服务，是安全优质的。

六 关于中国儿童收入支持和现金救助制度的战略思考

本书第六章讨论了中国对儿童的现金救助项目。这些项目主要是补缺式的。如果是普惠制，成本极高，从改善儿童福利状态的角度看，不如把有限的资源用于改善最需要支持的儿童群体的福利状态。目前的补缺式儿童现金转移支付制度的主要功能是减贫与儿童基本生活保障。其对孤儿和困境儿童的保障力度比较大。对低保家庭儿童的支持方面，主要缺点是现金支持水平较低，减贫力度不够，需要改进。虽然目前基本上没有普惠制的以现金形式提供的儿童福利，但是，在生育率不断降低的情况下，中国各地正在更多地采用普惠式的儿童现金转移支付政策来鼓励生育。考虑到低生育率会成为中国面临的长期问题，对新生儿的普惠制现金支付福利，越来越具有重要的战略意义。

七　关于建立"全儿童视角"的普惠性儿童福利服务

第一，"全儿童视角"指全体儿童都应该享受儿童福利和儿童保护服务。每个儿童都有法定的生存权、发展权、受保护权、参与权等基本权利，每个儿童都有平等享有福利的需要，因此，面向全体儿童、城乡一体的福利服务，体现了每个儿童平等享有福利和保护的权利。国家履行支持家庭养育和保护儿童权利的责任，普惠性儿童福利服务充分体现了国家责任。第二，新时代需要重点解决儿童不平衡、不充分发展问题，推动城乡一体的儿童福利服务体系建设，实现为儿童提供均等化的基本公共服务，解决我国儿童福利长期"城乡二元"的问题。在没有普惠的现金福利的情况下，普惠的服务福利对促进社会发展成果惠及每个儿童，特别是农村儿童至关重要。

八　建设儿童安全和儿童友好的发展环境

由于高风险发展阶段的来临（如第三章所探讨），中国的儿童福利发展战略，应该把如何应对儿童发展中的风险问题考虑进来，包括各种旧的和新形式的风险，例如，暴力、意外伤害、大规模的自然灾害、气候变迁、公共卫生风险、突发事件、环境污染等。在所有这些方面，建立儿童安全和儿童友好的发展环境是第一位的。

九　缓解相对贫困，儿童福利任重道远

在缓解相对贫困，实现"两个一百年"奋斗目标，把我国建设成为社

会主义现代化强国的过程中，儿童福利发展承担着重要的作用，任重道远。

第一，儿童福利在缓解相对贫困中的作用举足轻重。2020 年之后，中国的扶贫进入了缓解相对贫困的新阶段。这在全世界都是难以打赢的一场战争。儿童教育福利在阻断贫困代际传递、缓解相对贫困中的作用不容低估。为了实现新的战略目标，义务教育需要从数量的普及向高质量、均衡方向转变。发展均衡教育主要体现在两个方面：一是就不同地区的受教育群体而言，相关政策应向贫困地区、西部地区、特困地区贫困人口倾斜，二是就教育阶段而言，在发展义务教育的同时，均衡发展学前教育、高中教育、职业教育、高等教育和特殊教育。

第二，未来我国可能遭遇人力资本相对不足的问题，为了应对这个问题，延长义务教育，拓展高中、大学教育，已经刻不容缓。

第三，中国正在面对新技术变革带来的工作性质的变革。为了使儿童能够在日后应对新技术变革的挑战，要从全生命周期开展对儿童的培养和教育。我们现在已经进入信息经济、知识经济时代，2035 年之前，随着人工智能的发展，大规模可重复、可编码的劳动将被机器取代，新的就业岗位对劳动力的高级认知技能和社会情感技能要求更高。在这种情况下，对人的可行能力的定义，将和以前大为不同。从全生命周期来看儿童教育福利的供给，要在儿童发展不同阶段的各个方面进行干预。除了关注儿童的营养、健康和教育，还要关注社会情感技能的形成。因此，在数理化等学术科目之外，儿童发展需要音乐、美术、体育、社会参与等一系列相关教育。

参考文献

福格尔，2011，《经济增长性质的变革》，载宋洪洁编《影响你一生的北大演讲大全集》，上海：立信会计出版社。

图书在版编目（CIP）数据

中国儿童福利发展战略研究／尚晓援等著. －－北京：
社会科学文献出版社，2022.6
ISBN 978 - 7 - 5228 - 0157 - 5

Ⅰ.①中… Ⅱ.①尚… Ⅲ.①儿童福利 - 发展战略 -
研究 - 中国 Ⅳ.①D632.1

中国版本图书馆 CIP 数据核字（2022）第 086859 号

中国儿童福利发展战略研究

著　　者／尚晓援　乔东平　王小林　姚建平

出 版 人／王利民
组稿编辑／恽　薇
责任编辑／孔庆梅　胡　楠
责任印制／王京美

出　　版／社会科学文献出版社·经济与管理分社　（010）59367226
　　　　　地址：北京市北三环中路甲 29 号院华龙大厦　邮编：100029
　　　　　网址：www. ssap. com. cn
发　　行／社会科学文献出版社　（010）59367028
印　　装／三河市尚艺印装有限公司

规　　格／开　本：787mm × 1092mm　1/16
　　　　　印　张：17　字　数：258 千字
版　　次／2022 年 6 月第 1 版　2022 年 6 月第 1 次印刷
书　　号／ISBN 978 - 7 - 5228 - 0157 - 5
定　　价／98.00 元

读者服务电话：4008918866